U0812573

A LIBRARY OF
DOCTORAL
DISSERTATIONS
IN SOCIAL SCIENCES IN CHINA

中国
社会科学
博士论文
文库

高等学校内部权力制约机制研究

The Mechanisms of Power Restriction in Public Universities & Colleges in China

张晓冬　著

导师　刘献君

中国社会科学出版社

图书在版编目（CIP）数据

高等学校内部权力制约机制研究/张晓冬著．—北京：中国社会科学出版社，2016.6

（中国社会科学博士论文文库）

ISBN 978－7－5161－7953－6

Ⅰ．①高…　Ⅱ．①张…　Ⅲ．①高等学校—学校管理—研究—中国　Ⅳ．①G647

中国版本图书馆 CIP 数据核字（2016）第 070486 号

出 版 人　赵剑英
责任编辑　侯苗苗
特约编辑　沈晓雷
责任校对　周晓东
责任印制　王　超

出　　版　中国社会科学出版社
社　　址　北京鼓楼西大街甲 158 号
邮　　编　100720
网　　址　http：//www.csspw.cn
发 行 部　010－84083685
门 市 部　010－84029450
经　　销　新华书店及其他书店

印　　刷　北京君升印刷有限公司
装　　订　廊坊市广阳区广增装订厂
版　　次　2016 年 6 月第 1 版
印　　次　2016 年 6 月第 1 次印刷

开　　本　710×1000　1/16
印　　张　19.75
插　　页　2
字　　数　334 千字
定　　价　76.00 元

凡购买中国社会科学出版社图书，如有质量问题请与本社营销中心联系调换
电话：010－84083683
版权所有　侵权必究

《中国社会科学博士论文文库》
编辑委员会

主　　任： 李铁映

副 主 任： 汝　信　江蓝生　陈佳贵

委　　员：（按姓氏笔画为序）

王洛林　王家福　王缉思

冯广裕　任继愈　江蓝生

汝　信　刘庆柱　刘树成

李茂生　李铁映　杨　义

何秉孟　邹东涛　余永定

沈家煊　张树相　陈佳贵

陈祖武　武　寅　郝时远

信春鹰　黄宝生　黄浩涛

总 编 辑： 赵剑英

学术秘书： 冯广裕

总　序

在胡绳同志倡导和主持下，中国社会科学院组成编委会，从全国每年毕业并通过答辩的社会科学博士论文中遴选优秀者纳入《中国社会科学博士论文文库》，由中国社会科学出版社正式出版，这项工作已持续了12年。这12年所出版的论文，代表了这一时期中国社会科学各学科博士学位论文水平，较好地实现了本文库编辑出版的初衷。

编辑出版博士文库，既是培养社会科学各学科学术带头人的有效举措，又是一种重要的文化积累，很有意义。在到中国社会科学院之前，我就曾饶有兴趣地看过文库中的部分论文，到社科院以后，也一直关注和支持文库的出版。新旧世纪之交，原编委会主任胡绳同志仙逝，社科院希望我主持文库编委会的工作，我同意了。社会科学博士都是青年社会科学研究人员，青年是国家的未来，青年社科学者是我们社会科学的未来，我们有责任支持他们更快地成长。

每一个时代总有属于它们自己的问题，“问题就是时代的声音”(马克思语)。坚持理论联系实际，注意研究带全局性的战略问题，是我们党的优良传统。我希望包括博士在内的青年社会科学工作者继承和发扬这一优良传统，密切关注、深入研究21世纪初中国面临的重大时代问题。离开了时代性，脱离了社会潮流，社会科学研究的价值就要受到影响。我是鼓励青年人成名成家的，这是党的需要，国家的需要，人民的需要。但问题在于，什么是名呢？名，就是他的价值得到了社会的承认。如果没有得到社会、人民的承认，他的价值又表现在哪里呢？所以说，价值就在于对社会重大问题的回答和解决。一旦回答了时代性的重大问题，就必然会对社会产生巨大而深刻的影响，你也因此而实现了你的价值。在这方面年轻的博士有很大的优势：精力旺盛，思想敏捷，勤于学习，勇于创新。但青年学者要多向老一辈学者学习，博士尤其要很好地向导师学习，在导师的指导下，发挥自己的优势，研究重大问题，就有可能出好的成果，实现自己的价值。过去12年入选文库的论文，也说明了这一点。

什么是当前时代的重大问题呢？纵观当今世界，无外乎两种社会制度，一种是资本主义制度，一种是社会主义制度。所有的世界观问题、政治问题、理论问题都离不开对这两大制度的基本看法。对于社会主义，马克思主义者和资本主义世界的学者都有很多的研究和论述；对于资本主义，马克思主义者和资本主义世界的学者也有过很多研究和论述。面对这些众说纷纭的思潮和学说，我们应该如何认识？从基本倾向看，资本主义国家的学者、政治家论证的是资本主义的合理性和长期存在的“必然性”；中国的马克思主义者，中国的社会科学工作者，当然要向世界、向社会讲清楚，中国坚持走自己的路一定能实现现代化，中华民族一定能通过社会主义来实现全面的振兴。中国的问题只能由中国人用自己的理论来解决，让外国人来解决中国的问题，是行不通的。也许有的同志会说，马克思主义也是外来的。但是，要知道，马克思主义只是在中国化了以后才解决中国的问题的。如果没有马克思主义的普遍原理与中国革命和建设的实际相结合而形成的毛泽东思想、邓小平理论，马克思主义同样不能解决中国的问题。教条主义是不行的，东教条不行，西教条也不行，什么教条都不行。把学问、理论当教条，本身就是反科学的。

在21世纪，人类所面对的最重大的问题仍然是两大制度问题：这两大制度的前途、命运如何？资本主义会如何变化？社会主义怎么发展？中国特色的社会主义怎么发展？中国学者无论是研究资本主义，还是研究社会主义，最终总是要落脚到解决中国的现实与未来问题。我看中国的未来就是如何保持长期的稳定和发展。只要能长期稳定，就能长期发展；只要能长期发展，中国的社会主义现代化就能实现。

什么是21世纪的重大理论问题？我看还是马克思主义的发展问

题。我们的理论是为中国的发展服务的，绝不是相反。解决中国问题的关键，取决于我们能否更好地坚持和发展马克思主义，特别是发展马克思主义。不能发展马克思主义也就不能坚持马克思主义。一切不发展的、僵化的东西都是坚持不住的，也不可能坚持住。坚持马克思主义，就是要随着实践，随着社会、经济各方面的发展，不断地发展马克思主义。马克思主义没有穷尽真理，也没有包揽一切答案。它所提供给我们的，更多的是认识世界、改造世界的世界观、方法论、价值观，是立场，是方法。我们必须学会运用科学的世界观来认识社会的发展，在实践中不断地丰富和发展马克思主义，只有发展马克思主义才能真正坚持马克思主义。我们年轻的社会科学博士们要以坚持和发展马克思主义为己任，在这方面多出精品力作。我们将优先出版这种成果。

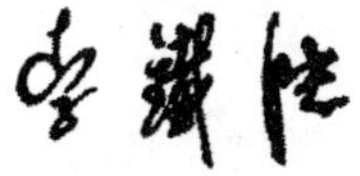

2001 年 8 月 8 日于北戴河

序

自20世纪七八十年代起，大学权力及其相关问题成为学术界和社会各界关注的重要议题之一。这与特定时代背景下大学的社会合法性等因素影响有关。由于大学治理传统和大学权力运行的具体社会文化背景不同，对有关大学权力及权力运行相关问题研究的具体认识和关注点也会有所不同。早期有关大学权力的代表作，如约翰·范德格拉夫的《学术权力——七国高等教育管理体制比较》、伯顿·克拉克的《高等教育系统——学术组织的跨国研究》等，主要从权力结构和决策模式等维度，以“权力—利益”为分析框架，对大学权力问题进行了研究。鲍德里奇和伯恩鲍姆同样以利益和决策结构为核心要素，从组织文化视角对大学权力运行模式进行了系统研究。

自20世纪90年代以来，从治理的视角研究大学权力相关问题成为一种时尚。“治理”的实质是寻求大学决策权力分配及其利益的平衡关系，这涉及权力制约问题。从大学内部决策主体、决策结构及决策功能而言，大学的决策主要有基于个人知识和专业权威的学术决策、基于科层结构和服从关系的行政决策，以及具备以上两方面特质的综合决策三种决策模式。在建设有中国特色的现代大学制度背景下，诉求依法治教、依法治校和依法执教，根本上是诉求大学内部决策主体的专业化、决策程序的规范化、决策基础的民主化和决策结果的科学化。这需要学校内部各类权力围绕学校的核心价值和根本目的相互协调、彼此配合，以此构建既有合理制约，又能积极配合的权力关系体系和大学善治格局。

就我国大学内部治理结构而言，公办大学实行党委领导下的校长负责制，学校党委代表的主要是学校决策权，实行集体决策、民主集中、分工负责的权力运行原则；校长作为学校法人代表，主要通过校长办公会行使决策执行权力；学术委员会和教职工代表大会则主要代表了学校的审议咨询和民主管理与监督权利。以上权力构成了学校内部“决策权—执行权—监督权”相互协调和积极配合的权力关系结构体系。但是从学校内部权力的实际操作考察发现，学校的实际决策系统仍存在亟待改进和完善的空间，如学校党委会和校长办公会决策主体构成重叠的现象；权力的兼职和多重身份使学校的分权制约模式有向议行合一决策模式蜕变的趋势；学校决策过程中基于个人经验决策的现象仍然比较多见，等等。由于以上原因，大学权力的不规范操作，甚至腐败现象也时有发生。这是大学内部权力制约相关问题成为关注热点的主要原因。

权力制约机制是权力制约关系处理的技术手段和措施，是权力制约关系得以妥当处理的具体方式方法。机制的构建需要以一定的体制和制度为基础，前者涉及组织的结构和功能及相应的权责配置，后者涉及的主要是行为规范。但是，权力制约机制这一概念在实际操作中并不容易把握，学术界有关大学权力制约机制的系统研究也并不多见。因此，开展有关这一议题的研究，提供决策咨询，显得十分迫切。本书笔者正是在这一背景下，对大学内部权力制约机制的构建、完善，进行了探索性研究。笔者以“大学内部权力制约机制”为核心概念，以“纵—横—变”为分析框架，以“（权力）主体—（权力）关系—（权力制约）机制”为思维逻辑，从三个层面对提出的问题进行了探索性回答。

第一，关于大学权力制约机制是什么。本书从历史视角，对自中世纪大学和我国现代大学以来的内部权力构成、结构关系、制约机制类型等进行了发掘和研究。对于“是什么”的问题实际上并不好回答，其要么基于大样本的数据调查，要么基于翔实的历史史料考察。面对时间跨度大、内容不好把握的历史史料，本书笔者通过将案例研究和历史研究方法相融合的方式，对特定时期的典型案例学校进行深入分析，较好地处理了关于“是什么”的问题。这实际上也是一种学术研究的转换能力，即将抽象的概念研究转变为具体可操作的实例研究，有利于对问题的界定和解释。

第二，关于大学权力制约机制运行现状如何。本书笔者参加由我牵头的《大学治理结构中权力制约机制和权力监控机制研究》课题组，对国内60余所高校基于制度的权力制约机制建设等情况作了面上调查统计。通过统计分析和实地调查访谈，提出了一些新的观点和认识，如调查发现制度设计意义上并不存在大学两个“一把手”问题，但是，在大学权力实际运行中却普遍存在两个“一把手”协作与配合问题；党委权力设计的集体性和权力实际运行中的个体性引致的组织利益与个人利益的矛盾问题；大学治理结构设计上的分权制约模式和权力主体兼职现象引致的行政和泛行政化问题，以及由此导致的高校决策权力的相对集中和决策中“议行合一”问题等。这些发现都是完善大学内部治理结构和权力制约机制的关键环节，具有一定的参考价值。

第三，关于大学权力制约机制如何完善。本书笔者结合历史研究和现状调查，从四个方面提出了完善的建议和意见，其中有些建议和观点反映了大学内部权力运行和制约机制的普遍特征。如提出的学校内部党、政、学、社各类权力差异决策、优势互补的权力运行格局，既是世界一流大学权力运行的共同特征，也符合我国公办高校内部权力运行的体制机制设计的理性诉求。党的十八大报告等都明确提出“健全权力运行制约和监督体系，坚持用制度管权、管事、管人，保障人民的知情权、参与权、表达权、监督权，确保决策权、执行权、监督权既相互制约又相互协调，按照法定权限和程序行使权力，坚持科学决策、民主决策、依法决策，健全决策机制和程序，发挥思想库作用，建立健全决策问责和纠错制度。……推进权力运行公开化、规范化，……让人民监督权力，让权力在阳光下运行”，表明了党建立健全权力科学规范运行体系的决心。大学作为利益相关者组织，不仅体现了国家办学的意志，也代表着社会广泛群体和组织机构的利益。诉求对大学的共同治理是当代大学治理结构完善的普遍趋势。因此，完善党委领导下的校长负责制，探寻大学权力制约的机制是治理时代大学面临的新命题。

由于笔者多年从事该课题研究，进行了广泛深入的艰苦探究，本书具有一定的创新性和理论深度。尽管权力制约是政治学意义上的一个古老命题，但是关于大学组织内部权力制约问题的系统全面研究还不太多见。这源于关于大学权力的界定本身就是一个复杂的问题。英美学者倾向于将大学权力主要界定为学术权力或泛学术权力；欧洲学者则将大学权力看作大学自治行政权力，如德国；我国学者将大学权力主要分为行政权力和学术权力二元权力结构。实际上，无论哪一种界定，都是相对的，因为我们很难将现代大学的重要决策归为要么是纯粹的学术问题，要么是纯粹的行政管理问题。正如布鲁贝克在其著作《高等教育哲学》中提出的，决策的意义太过重要，就如战争的意义太过重大不能完全交给将军决定一样，大学的决策问题也不能完全交给教授。现代大学里的每一次重大决策都涉及广泛群体的利益。寻求对权力的合理分配和决策程序的科学规范显得尤为重要而艰难。本书笔者从制度制约权力机制、权力制约权力机制、社会权利制约权力机制和文化制约权力机制四个层面提出了完善大学内部权力制约机制的意见和建议，具有一定的实践价值。但由于笔者本人身份的局限性，有些观点难免存在一定的理想性和片面性，需要进一步的探索、完善。

本书内容属于教育经济与管理学科领域的一个新的研究成果，其研究的思路和分析框架为进一步研究大学权力制约等议题提供了新的空间和思路。本书可供从事高校管理研究的学者和学生，以及高校领导者、教师和管理人员阅读和参考。

刘献君

2015 年 8 月

摘　要

党的十八大报告等明确提出了健全权力运行制约和监督体系，要求确保权力正确规范运行，这表明党对权力运行机制认识的深化。我国公办高校内部权力相对集中，顶层权力没有得到有效的约束，权力制约机制非制度化运行的现象存在。基于以上背景和现象，本研究对如何完善大学内部权力制约机制问题进行了深入分析和研究。本书围绕核心概念“权力制约机制”，遵循“（权力）主体—（权力）关系—（权力制约）机制”的研究思路，运用多案例与历史和比较研究的方法，从三个层面对提出的问题进行了回答，并形成研究的内容框架。

通过历史研究分析发现，中世纪大学内部权力制约机制主要是以宗教信仰、神圣的宣誓与大学章程为基础的文化制约权力机制。近代大学因为规模、功能的扩展以及国家权力的介入，形成了典型的“学术—行政”权力结构二重性的权力制约权力机制类型。现代大学作为利益相关者组织，除基本的制度制约权力机制、权力制约权力机制外，以董事会为形式的社会权利制约权力机制是其主要特征。

从大学治理结构变革的角度划分，我国高校内部权力制约机制的形成经历了行政控权的京师大学堂时期、教授治校的北京大学和西南联合大学时期、党组或党委领导下的校长或校务委员会负责制的新中国大学时期。权力制约机制除民国时期典型的“三会”分权制约机制类型比较突出外，主要表现为“螳螂捕蝉，黄雀在后”式隶属型权力制约权力机制和基于个人道德自觉的道德（文化）制约权力机制。前者具有自上而下的监督意味，后者具有一定的“人格”依赖性。

通过对美、英、德、日四国高校内部权力制约机制的横向比较研究发现，美国高校内部权力制约机制仍表现为以董事会制为特征的社会权利制约权力机制形式，这一机制是以分权治理和大学自治为基础的；英国高校内部权力制约机制表现为以社会权利和文化制约权力机制为特征的“牛桥”大学模式，以“董事会、理事会和评议会”三会分权制约机制为特征的“1992 前”大学模式和以董事会为形式的社会权利制约权力机制为特征的“1992 后”大学模式；德国大学权力制约机制以“教授治校”为基础，以分权制约机制为主要特征，逐步转向寻求以董事会为形式的社会权利制约权力机制类型；日本大学在《国立大学法人法》颁布实施后，形成以校长为首的新型集权控制模式，而寻求外行参与大学治理的社会权利制约权力机制是其完善大学内部权力制约机制的趋势之一。

通过调研访谈和统计分析，本研究认为完善各项规章制度，依法治校仍是我国高校当前和今后一段时期重点要解决的议题。从权力制约机制运行效果看，我国高校内部权力制约机制存在非制度化运行的问题，主要表现在党委权力设计的集体性与党委权力执行的个体性矛盾、大学决策权力与监督权利的矛盾、两个“一把手”权力的博弈和决策中的组织立场与个人立场问题等方面。

针对以上问题，本书从四个维度提出了政策建议与对策，认为：(1) 完善权力制约权力机制，校党委会应主要发挥大学治理权，保留对大学的重要决策审议核准权；校长实施遴选制，实现校长选举与任命相分离，实现大学校长的职业化；赋予学术委员会对大学内部决策的违章否决权。同时，根据董事会或理事会与教代会制度建设要求，提高社会权利和民主权利对大学权力制约的效果，最终形成在学校党委的领导下，“党、政、学、社”四权差异决策、优势互补的内部权力运行制约关系。(2) 完善制度制约权力机制应在修订完善高教法的基础上，明确大学章程和大学内部各项规则的法律效力，保证大学权力依法行使和程序正当。同时，将大学纪检监察与审计部门从学校系统独立出来，由上级纪委监察审计主管部门领导，实施对学校内部权力和制度规范运行的监督和约束。(3) 对于完善权利制约权力机制的基本建议是，教育主管部门和学校应明确董事会参与大学决策的有效机制，赋予董事会对学校决策权力和法人代表的问责权、评价权与推荐权等。赋予教代会对大学主要权力主体的选举权与提请解聘权，确定教代会议事规则及相关规程的法律效力，完善教代会的运行机制。确保教代会在学校党委的领导下独立自主的行使民主管理与监督权利。(4) 对于文化制约权力机制的完善建议是，重构学术生态文化，培育党委治理、校长管理、教授治学、民主监督的权力运行文化。营造一个政治权力领导与治理廉洁自律、行政权力管理与服务勤勉高效、学术权力治学自治与自由创新和民主权利监督阳光正义的权力运行制约氛围和大学治理生态文化。

关键词： 大学内部权力；大学治理结构；权力制约机制

Abstract

The 18th Report of Communist Party of China explicitly put forwards the improvement of power restriction and supervision system to ensure powers running correctly. The report above mean our party a deepening cognition on the power operation mechanism. At the same time, internal power of public higher learning institution is highly concentrated in, as s result, the campus top power – holders without being effectively restricted, which runs in a way of non – institutionalized. Based on the above background and problems, this study mainly focuses on the problem of how to build and perfect the university internal power restriction mechanisms. Around the core concept of "power restriction mechanism", this study follows a research train of thought of " (power) subjects, (power) relations and (power) restriction mechanisms" to answer the questions with case study, historical and comparative research methods. The book ' s framework is formed on three proposed problems.

The medieval university internal power restriction mechanism, through the study of history, is mainly mechanism of limiting the power with culture based on religion, sacred oath and University charter. That of modern time ' s universities is mainly "academic–administrative power" duality of power restricting power mechanism type because of the enlargement of the scales, functions of universities and the intervention of state power. Modern universities as a stakeholder organization, in addition to the basic restriction mechanism, its outstanding features of power restrict mechanism is in the form of social rights of board.

According universities internal power relations change, Chinese colleges and universities internal power restriction mechanisms have experienced periods of the administrative control of the imperial university, faculties governance of Beijing University and the southwest united university, and the period of under the leadership of party committee of the People's Republic of China. Power restriction mechanism in addition to the typical of senate, administration and faculty decentralized restriction mechanism in special times of the southwest united university, are mainly show feature of "the mantis catching cicada" type. It is a vertical power restriction mechanism. Another power restriction mechanism based on personal moral conscious. The former appears something of vertical supervision, while the later mainly depends on individual morality.

By comparing the internal power restriction mechanism in universities among the United States, Britain, Germany and Japan, the author found the stick out feature of the US universities' power restriction mechanism is still mechanism of rights restricting powers by the board of directors' system. This mechanism is based on decentralized management and university autonomy. There are three models of power restriction mechanisms in British universities, which are model of Oxford and Cambridge universities, pre – 1992 and post – 1992 universities and colleges. The former mainly is a mechanism of restricting power with rights and culture, while the latter is of decentralized restriction mechanism and right restricting power mechanism by the board of directors; German universities power restriction mechanism on the basis of "faculty governance" and decentralized governance mechanism gradually to seek social rights, in the form of board of directors, restricting power mechanism type. After the national university corporation law enacted, Japanese universities form a new centralized control mode, headed by President but for amateur participation in university governance for the social constraints of power mechanism.

Through interviews and statistical analysis, the author found that perfect each rules and regulations is still the current and future issues needed to solve in Chinese public universities. Seeing from the effect of power restriction mechanisms, the author found essential issue is its non – institutionalized operation problems in campus in China, main performs the follow contradictions, which are the contradiction between the leadership of the party committee and that of secretary of the party committee, the contradiction between power and right at the university, "two heads" of the game, and Decisions in position of organization's or personal's, etc.

According to the problems above, this study, from four dimensions, proposes the countermeasures. First of all, the party committee should mainly play right of university governance and reserve of approval of important decisions at the university; President Selection system needed to be implemented, the government and universities should make President election and appointment of phases separated, promote university principal professionalization; Giving the academic committee of violations "chapter" veto power. At the same time, the author suggests improving the effectiveness of the social and democratic powers in university power restriction as both system requirements, and finally forming differences decision – making and complementary advantages in the internal power relations among party, administrators, professors and social stakeholders. Second, the author advises to revise and perfect the higher education law of china, and to be sure the legal effect of universities statutes and other internal rules. The party committee and president and other internal power – holders in universities should guarantee exercise by laws and due processes. While, discipline inspection committee and auditing department should be independently exercised for its' duties led by higher committees outside of universities. Third, the author argues that government and universities should definitude the legal status of the board and its mechanism of participating in university decision – making, and empower the board rights of query, evaluate and recommend on president for duties. The author also argues guaranteeing faculty delegates' congress rights to vote and to ask dismissing the president and other power – holders. Simultaneously, government and university power – holders should definitude the legal validity of running laws and rules of faculty delegates' congress and perfect the operation mechanism of it. Based on above, government and university power – holders should ensure faculty delegates' congress run its duties independently under the leadership of the party committee. Last improvement proposal is for the cultural restrictions. The study suggests university power – holders to reconstruct academic ecological culture, which are culture of clean political power governance, culture of efficient and responsible for administrative power service, culture of free academic power autonomous and innovation and culture of harmonious and democratic rights of supervision. Universities' power – holders should convert university statutes, rules transform into the value of faith, so as to each power – holder executes power & right in a way of cultural consciousness, and to be sure effectiveness of cultural restriction powers.

Key words: University internal powers; University governance structure; Power restriction mechanism

目　录

上篇　历史溯源

中篇　现状分析

下篇　解决路径

Contents

Part Ⅱ Situation Analysis

Part Ⅲ Way Out

第一章

绪　论

第一节　研究的问题与研究的意义

一　问题的提出

党的十五大报告提出，“要深化改革，完善监督机制，建立健全依法行使权力的制约机制”。党的十七大报告同样指出，“要完善制约和监督机制，保证人民赋予的权力始终用来为人民谋利益，确保权力正确行使，必须让权力在阳光下运行”。根据十七大报告精神，党的十七届四中全会、五中全会进一步强调要健全权力运行制约和监督机制，推进反腐倡廉制度创新。党的十八大报告更加坚定明确地提出：“健全权力运行制约和监督体系，坚持用制度管权、管事、管人，保障人民的知情权、参与权、表达权、监督权，确保决策权、执行权、监督权既相互制约又相互协调，按照法定权限和程序行使权力，坚持科学决策、民主决策、依法决策，健全决策机制和程序，发挥思想库作用，建立健全决策问责和纠错制度。……推进权力运行公开化、规范化，……让人民监督权力，让权力在阳光下运行。”以上表明党对权力运行机制认识的深化，对于规范机关、事业单位的权力运行具有重要的指导意义。近年来一些高校权力存在运行失范甚至腐败现象，表明我国高校内部权力运行制约机制存在薄弱环节和漏洞。高校频发的腐败案件打破了大学“神圣净土”的神话。完善大学内部权力制约机制、规范大学权力运行是建设现代大学制度的必要条件，也是治理时代背景下消解大学社会危机的路径之一，十分迫切。

不同的大学利益相关者对规范大学权力运行的关注点有所不同。国家政府主要是从法规和制度建设视角，以预防大学权力腐败、规范权力运行为目的，推进大学权力制约监督机制和制度建设，如《国家中长期教育改革与发展规划纲要（2010—2020年）》指出建立健全中国特色现代大学制度，推进依法治教，完善高校治理结构和监督问责机制。国务院办公厅发出的《国务院办公厅关于开展国家教育体制改革试点的通知》（国办发〔2010〕48号），以黑龙江省、江苏省、湖北省为试点，健全高等学校廉政风险防范机制和预防腐败体系。《高等学校章程制定暂行办法》（教育部令第31号，2012年1月1日起执行）等相关政策文件指出要尽快完善大学章程和各项议事规则的建设。社会公众对大学内部权力问题的讨论似乎倾向于大学与政府关系、大学权力的监督等方面。而学者群体对大学内部权力的研究主要在学术权力自治、学术权力与行政权力关系等方面，研究的主要结论是大学权力行政化、泛行政化现象严重，学术权力虚化，二者不平衡，诉求构建学术权力与行政权力二元对等的权力制约关系与结构。

实际上，从预防腐败的角度讨论权力制约机制问题是消极意义上的研究与思考，将权力制约局限于预防腐败也是对大学权力制约过于狭隘的理解。在实践中，权力除了存在不当运行外，还有不作为现象。后者的逻辑是"保证不犯错误"、"多一事不如少一事"、"不决策的决策"等思维逻辑，使事态向着有利于关键决策者利益维护的方向发展。这同样也是权力运行不到位甚至不当的现象，但却很难定性和判断。从积极的角度思考，权力制约机制构建和完善的目的主要是增强基于合理分权的权力之间的协作与配合关系，并最终形成权力规范运行的文化自觉性。

根据1999年1月1日起执行的《中华人民共和国高等教育法》（以下简称《高教法》）和《中国共产党普通高等学校基层组织工作条例》（2010年修订，以下简称《高校组织工作条例》），国家举办的学校实行"中国共产党高等学校基层委员会领导下的校长负责制"（《高教法》第39条，《高校组织工作条例》第3条）。中国共产党高等学校基层委员会（以下简称党委会）根据中国共产党章程和有关规定，统一领导学校工作，支持校长独立负责地行使职权。《高教法》同时规定学校设立"学术委员会"和以教师为主体的"教职工代表大会"，分别发挥审议咨询和民主管理与监督职能。

从《高教法》和《高校组织工作条例》等的制度设计看，我国公办高校内部的权力构成及组织机构主要是：党委会、校长及校长办公会、学术委员会、教职工代表大会（以下简称教代会）四种。它们之间的关系实际上是一种“决策—执行—审议监督”的权力结构关系。其中，党委会是学校的最高决策权力机构，校长及校长办公会是学校的最高决策执行权力主体与组织机构，学术委员会和教代会是学校的审议咨询和民主监督权利代表，具体见图1－1。

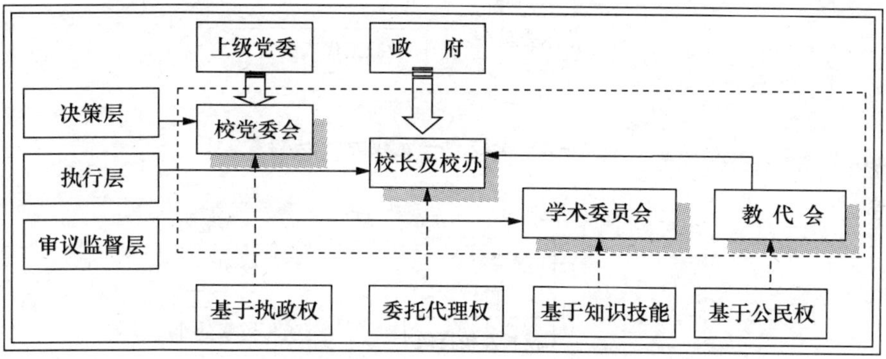

图1－1　大学内部权力结构关系

这些权力之间，横向维度形成大学内部权力的不同类别系统，其中，党委会权力主要源于执政党权力，是基于政权产生的一种权力；校长由上级主管行政部门任免，其权力源于政府的授权委托，并对校党委会和政府负责；学术委员会权力基于专门的知识技能，也来自行政授权，由校长任命，对校长和校行政负责，与党委和校长之间是一种领导与被领导关系[①]；教代会是校党委领导下的群众组织，主要发挥的是民主管理与监督权利。从纵向维度看，大学内部权力实际上是校党委会直接或间接领导下的“一元权力”领导体系（见图1－2），它们之间有一种天然的自上而下的权力制约监督关系。同时也存在自下而上的权力制约监督关系，如《高教法》规定的学术委员会审议学科、专业设置等咨询权和教代会民主参与管理与监督权利。另外还设有专门负责监督职能的“党的纪律检查

① 有关学术委员会直接由哪个部门领导，不同的学校有不同的理解和表述，有的认为是党委领导下的学术组织机构，有的认为是校长及校行政领导下的学术组织机构，也有的表述是党委和校行政同时领导下的学术组织机构。

委员会”（以下简称纪委）、“监察处”和“审计处”等专门负责具体的监督检查工作的职能机构。主要负责对党员、行政人员和财务工作的监督（见图1－3）。

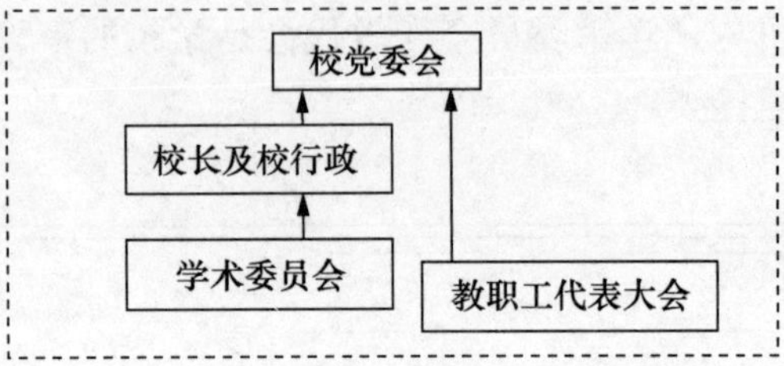

图1－2 学校“一元权力”结构

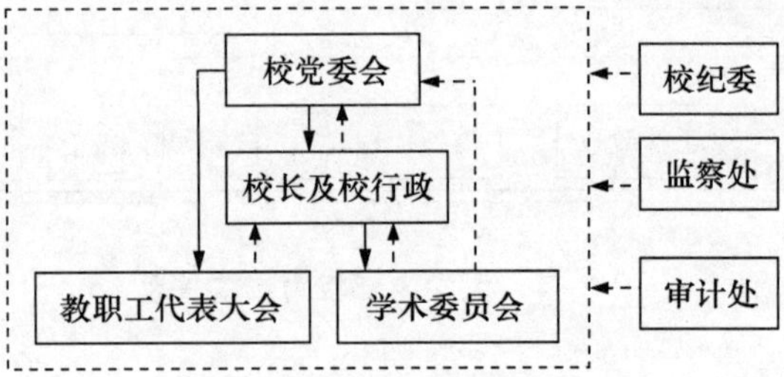

图1－3 学校内部权力制约监督关系

注：实箭头表示强势监督关系，虚箭头表示弱势监督关系。

从学校内部权力的实际运行，以及各权力的主体构成情况看，存在以下特征：党委会（党委常委会）委员和校长办公会主要成员存在重叠的现象，即有些委员一人身兼双重身份，在党委会和校长办公会上仅仅以不同的身份参会。学校的党政领导班子基本都是党委常委会的委员。学术委员会成员的构成也主要是以双肩挑人员为主。关于这一点有学者已做了全国性调研统计，统计结果显示副系主任以上行政职务与学术委员会委员身份相关系数高达0.908，有处级以上行政职务身份的人员与学术委员会委员的相关系数是0.786，均在0.01置信水平上显著。[①] 这和本书实地调查

① 李海萍：《大学学术权力现状研究》，博士学位论文，湖南师范大学，2010年，第73页。

的结果是相吻合的。大部分学校学术委员会主任都是由校长（包括原任校长）、副校长或者院士担任，也有些学校由党委书记担任，由教授担任的属于个别现象。教代会代表名义上以教师为主体，但实际情况是有行政职务的人员占到了教代会代表的近半数，有些学校甚至更多。教代会主席团成员也主要是校级领导和其他工会干部，教师代表是比较少的。①

从学校内部权力的实际构成和运行来看，大学各类权力实质上都已掌握在学校党、政机构，决策权力比较集中。党委领导名义上是“集体领导、分工负责”，但在实际执行中，一些学校却以“党委书记领导、分工负责”的形式运行。党委会的决策是党委的意图还是党委书记的意图实际上是很难区分的。

根据以上学校内部权力运行现象，我们发现大学内部决策权力，尤其是顶层决策权力没有受到有效的制约和约束，特别是来自学术权力与学术权利和基层院系及职能部门的监督制约效果是不足的。原因在于党、政权力与学术委员会权力、教代会民主管理与监督权利之间是一种领导与被领导关系，存在先天性权力监督制约心理障碍。这种内部权力运行制约监督机制造成的影响有：（1）大学内部权力在实际运行中有向“议行合一”演变的趋势；（2）权力兼职引致大学权力行政化和泛行政化现象存在；（3）学术权力和学术权利趋于异化，学术行政化现象明显；（4）大学官僚文化已经形成，崇拜行政权力的文化心理比较普遍。以上现象和问题制约着我国现代大学制度建设的进程和高教强国战略目标的实现。

为规范大学内部权力运行方式，充分发挥“党委领导下的校长负责制”的制度优越性，保证大学决策的科学性与民主性，高校应有一个什么样的内部权力制约机制？该制约机制体系构建和完善的路径与方式又是什么？这是本书拟重点回答的问题。

这一问题涉及三个子问题，一是大学权力制约机制是什么？二是大学权力制约机制运行现状如何？三是大学权力制约机制完善的路径是什么？以上问题是本书的整体框架。对于第一个问题，将主要从历史与比较的视角分析讨论，并形成对大学内部权力制约机制的基本认识；第二个问题将在第一个问题分析的基础上，根据调研访谈资料和统计分析情况，明确大

① 郭卉：《权利诉求与大学治理——中国大学教师利益表达的制度运作》，中国海洋大学出版社2009年版，第72页。

学权力制约机制运行的现状与问题；第三个问题将在前两个问题研究的基础上，根据本书的理论基础和实际问题，从总体上提出完善内部权力制约机制的对策和路径。

二 研究的意义

意义取决于需求，实践需求越迫切，研究就越有价值和意义。我国高等教育目前正处于从规模向质量、从计划向市场、从集权向分权、从行政化运行向去行政化运行转型发展的时期。这一时期既是我国推进现代大学制度建设、实现高等教育强国战略目标的关键时期，也是高等教育运行容易产生问题的时期。目前我国高校内部决策权力过于集中，权力制约不足和制约机制的不完善是大学权力不规范运行甚至发生腐败的重要原因。这已经给我国现代大学制度建设等带来不利影响。完善大学治理结构，构建科学合理的大学内部权力制约机制是当前和今后一段时期亟须解决的重大课题，十分迫切。

1. 理论意义

有关大学内部权力问题的系统研究在20世纪七八十年代才开始出现。我国较早研究大学内部权力问题是在20世纪90年代。研究成果远远滞后于解决复杂多变的大学权力实际运行问题的需求，再加上已有的研究主要是大学治理结构的研究，没有触及大学权力运行的具体问题。本书针对大学内部权力运行的实际问题，以大学权力制约机制为研究对象，以案例研究为主要研究方法，从研究视角和研究方法两方面深化和丰富我国大学权力研究理论。

2. 实践意义

现代大学制度建设要求在实践中平衡和兼顾各方面的利益和关系，把大学作为一个文化组织来建设。建设服务型行政文化，去除权威主义的政治文化、服从主义的行政文化、官本位为内核的官僚文化。① 根本目标是使大学成为政府有限理性影响下的学术自治体。虽然我国建立现代大学制度的国际和国内环境条件已初步具备，但从目前我国大学内部的组织构架和管理模式来看，仍然存在浓厚的政府行政管理色彩，很难反映大学作为

① 刘献君：《现代大学制度建设的哲学思考》，《中国高教研究》2011年第10期。

学术组织的基本属性。[1] 大学自治权力在实际落实中还存在一些亟待解决的问题，大学内部治理的氛围还没有形成。针对大学内部权力高度集中、顶层权力制约不足和权力运行不规范等问题，研究构建科学合理的大学内部权力制约机制，规范大学的权力运行是推进我国现代大学制度建设的重要一环。本书针对这一现实问题展开研究，为我国现代大学制度建设、大学内部权力制约机制的完善提供实践依据和理论参考。

第二节　大学内部权力、权力制约机制的研究进展与认识

大学权力及相关议题的研究是大学治理研究的核心内容，兴起于20世纪60年代至80年代的欧美国家，有影响的成果如科尔森的《大学和学院的治理》，被认为是美国第一本研究大学治理的专著，还有如伯恩鲍姆的《大学运行模式》和《学术领导力》、埃伦伯格的《美国的大学治理》、夏托克的《成功大学的管理之道》等。而后来的鲍德里奇（Baldridge）、科恩（Cohen）、马奇（March）等也是在大学治理研究领域产生重大影响的学者。

而明确以高等教育系统内部权力为研究对象的代表性成果及研究者主要是约翰·范德格拉夫等编著的《学术权力——七国高等教育管理体制比较》、伯顿·克拉克编著的《高等教育系统——学术组织的跨国研究》和《高等教育新论——多学科的研究》，以及后来的鲍德里奇的《大学里的权力与冲突》（*Power and Conflict in the University*）和《决策与领导艺术》（*Policy Making and Effective Leadership*），黛妮思·J. 盖尔（Dennis John Gayle）和鲍哲特（Bhoendradatt）等的《21世纪的大学治理：领导艺术与战略管理》（*Governance in the Twenty - First - Century University*：*Approaches to Effective Leadership and Strategic Management*），Catherine Bargh、Jean Bocock、Peter Scott 和 David Smith 著的《大学领导：常务副校长的角色》（*Universities Leadership*：*The Role of the Chief Executive*）等著作。另外还有一些研究大学校长权力的著作，如科恩和马奇的《大学校长及其领导艺术》、杜德斯塔特的《舵手的视角：变革时代领导美国大学》等研究

① 张密丹：《现代大学制度：高教改革的关键》，《光明日报》2011年7月10日。

成果。

国内有关大学内部权力系统研究的主要成果有：刘献君的《大学之治与大学之思》、张维迎的《大学的逻辑》、张德祥的《高等学校的学术权力和行政权力》、李硕豪的《权力博弈：一所中国大学内部权力运行的故事》、赵俊芳的《论大学的学术权力》、周玲的《大学组织冲突研究》、张正峰的《权力的表达：中国近代大学教授权力制度研究》、郭卉的《权利诉求与大学治理》、毕先顺的《权力整合与体制创新》、肖昊和周丹的《高等学校运行机制》等。而从治理的角度对大学权力涉及的研究著作有：刘献君的《院校研究》、韩春虎的《大学治理：一种科学发展视域下的制度安排》、洪源渤的《共同治理：大学法人治理结构》、程勉中的《现代大学管理机制》。另外还有对校长权力的专门研究，如眭依凡的《大学校长的教育理念与治校》、王洪才的《大学校长：使命、角色与选拔》、黄俊杰的《大学校长遴选》、程斯辉的《中国近代大学校长研究》、高伟强等编著的《民国著名大学校长：1912—1949》等。

一　对大学内部权力的认识与理解

伯顿·克拉克是较早从组织理论与系统论角度研究大学内部权力的学者之一。受后现代主义社会变迁理论和权力理论的影响，伯顿·克拉克把权力作为高教系统的基本要素，从工作实践中看到了由大学学科权力的张力而引致的利益关系，如董事会和大学行政人员、政治家等的权力，这些权力都影响着作为学术组织的大学系统的运转，构成了大学系统的基本要素。但是，伯顿·克拉克强调，大学组织中最主要的权力仍然是学术权力。[①] 在《学术权力——七国高等教育管理体制比较》一书中，伯顿·克拉克明确提出了学术权力的十种概念，即教授个人统治权力、教授集团统治权力、学者行会权力、专业权力、魅力权威、院校董事权力、院校官僚权力、政府官僚权力、政治权力、学术寡头权力。在《高等教育系统——学术组织的跨国研究》中，他又把以上学术权力压缩为扎根于学科的权力、学院权力和系统权力三种说法。其中扎根于学科的权力包括个人统治权力、学院式统治权力、行会权力和专业权力；学院权力包括董事

① ［美］伯顿·克拉克：《高等教育系统——学术组织的跨国研究》，王承绪等译，杭州大学出版社1994年版，第6—9页。

权力和院校的官僚权力；系统权力包括政府的官僚权力、政治权力和全系统的学术权威人士权力。[①] 可见，克拉克所说的大学组织权力实际上都属于学术权力或者是学术权力的衍生物。

张维迎在其《大学的逻辑》中也是基于大学作为学术组织强调大学内部的权力主要是学术权力，是一种“教授治学、校长治校”的权力格局。美国学者伯恩鲍姆则把大学看作规范性组织，概括提出大学的“控制二重性”权力结构特征，认为大学权力主要是个人影响权力和专长权。[②] 而他所说的个人影响权力是指因为一个人承认另一个人的权威，并愿意接受这个人的影响的一种能力；专长权则指在某一领域具有某些特殊知识或能力的人向他人施加影响，并被他人接受的能力。这是和强制权、奖励权和合法权等强制组织和功利组织所说的权力相对而言的。实际上，伯恩鲍姆认为大学里的权力主要是学术权力，是“盎格鲁—撒克逊”传统的大学权力观。把大学中的权力视为大学自治行政权观点的则主要是大陆法系传统的大学权力观，如在德国，“大学的自治行政权”是大学在处理与大学教学、研究、课程及进修直接有关的行政事务时所享有的自治权。

我国学者对于大学内部权力的认识和理解多从行政权力与学术权力两个维度谈论，如陈治亚等。[③] 这一大学权力的二分法主要是受布鲁贝克的高等教育“政治论”与“认识论”二元哲学观的影响。此外，正如周光礼教授所说，把英美法系的“学术权力”和大学法系的“行政权力”引入后作为大学内部权力的一对范畴谈论，因为行政和学术对峙恰恰是我国高校内部长期存在的现象。

对于学术权力的理解，国内主要观点认为学术权力是以教授和学术组织为主体、以知识和学术事务与资源为主要客体所拥有和行使的一种权力。如陈建俞、别敦荣、张德祥等。国内学者对于大学内部行政权力的理解，多从一般行政权力的含义进行下位解释，如认为大学内部行政权力就是依据相关法律法规，强力实施的一种为实现高等教育目标的行政管理能

---

① ［美］伯顿·克拉克：《高等教育系统》，王承绪译，浙江教育出版社 1994 年版，第 120—137 页。

② ［美］罗伯特·伯恩鲍姆：《大学运行模式》，别敦荣译，中国海洋大学出版社 2003 年版，第 14 页。

③ 陈治亚：《略析大学内部权力结构的平衡》，《中国高教研究》2009 年第 4 期。

力，如刘波等。也有认为教育行政权力是法律赋予的一种公权力，其边界包括法制边界、专业边界和价值边界，主要遵循“行政合法性原则”和“行政合理性原则”行权等，如龙耀等。对于高校的政治权力，大部分学者将政治权力与行政权力相混淆或者等同使用，只有个别学者予以论证和说明，如杨克瑞明确指出，高校的政治权力就是高校所有人基于国家或社会整体发展需要而对高等教育所形成的各种影响力。并且认为高校政治权力是国家政治权力的一种延伸，有高校外部政治权力与内部政治权力之分，而高校的党委会就是我国高校政治权力的具体表现形式，是基于对学校所有权的一种大学权力。① 也有学者引用伯顿·克拉克对高校政治权力的界定，认为政府作为大学的资产所有者，无论大学营利与否都要对其资产的有效合理使用行使选择权，这就是高校政治权力的表征，并因此认为，高校政治权力就是高校的所有权人对高校各项事务决策而施加的各种影响力，是高校存在的本质属性之一。②

秦惠民则根据高等教育法提出大学四种权力观，即政治领导权力、行政权力、学术权力和民主管理权力。③ 持四种权力观的还有林荣日，他认为大学内部存在着行政权力、学术权力、学生权力和政党权力。④ 李硕豪则提出大学内部三元权力格局说，认为大学内部主要是政党权力、行政权力和专家权力。⑤ 持此三元权力观的还有毕先顺⑥等。费坚等则认为大学组织中的三种权力为市场权力、学术权力和行政权力。⑦ 刘士民的大学内部三元权力观则由学术权力、行政权力及学生权力构成。⑧ 另有学者从利

---

① 杨克瑞：《高校的政治权力分析》，《高教探索》2007 年第 6 期。

② 赵峰：《论高校的政治权力与去行政化》，《西北师大学报》（社会科学版）2011 年第 2 期。

③ 秦惠民：《我国大学内部治理中的权力制衡与协调——对我国大学权力现象的解析》，《中国高教研究》2009 年第 8 期。

④ 林荣日：《论高校内部权力》，《现代大学教育》2005 年第 2 期。

⑤ 李硕豪：《权力博弈：一所中国大学内部权力运行的故事》，中国社会科学出版社 2011 年版。

⑥ 毕先顺：《权力整合与体制创新——中国高等学校内部管理体制改革研究》，教育科学出版社 2006 年版。

⑦ 费坚、巫丽君：《我国大学行政权力的重新配置——基于“三权制衡”模式的思考》，《扬州大学学报》（高教研究版）2005 年第 1 期。

⑧ 刘士民：《传统与超越：高校权力结构的解构与重建》，《高教发展与评估》2006 年第 1 期。

益相关者视角提出大学多重权力观，包括学生权力、教师权力等，如陈玉琨、戚业国将我国高校的权力构成分为政党权力、行政权力、学术权力、学生权力和外部权力。[①]

总体而言，西方学者所理解的学术权力和行政权力的外延更宽，内涵也略有不同。我国学者对于大学内部权力的理解范围比较窄且具体，而且主流观点是学术权力与行政权力二元对立权力观，而从利益相关者视角理解大学权力逐渐成为一种新的趋势。

二　对大学内部权力的专题研究

对大学内部权力的专题研究相对比较丰富。下面主要从有关学术权力、行政权力、政治权力和民主监督权利的专门研究角度进行分类梳理。其中，学术权力是研究最多的议题，并且常常和行政权力对照起来研究。行政权力主要倾向于以校长权力为议题的研究，而民主监督权利是目前逐渐热起来的一个研究领域。大学里的政治权力研究则相对较少，但已受到关注。另外还有专门研究学生权力（利）、教师权力（利）等利益相关者权力（利）的专题研究等。

1. 有关大学学术权力的研究

对学术权力的研究主要涉及对学术权力的概念、合法性、功能、生成逻辑、实体机构和实践逻辑等方面的研究。

从教育政治学视角，对大学学术权力的起源、发展、结构、特性、功能及其合法性基础等问题进行研究，认为我国学术权力建构存在的主要问题是对西方“学术权力”的误读、学术权力关系错位、学术规则实施机制失效、学术评估快餐化、教授权力式微几方面，而根本的途径就是合理分权、依法治校、健全学术机构、加强教授在学术事务中的决策能力。[②]另有学者从“权力—利益”视角，对大学学术权力—教师利益诉求的制度途径及实现进行了研究。通过案例研究得出中国大学教师利益组织、表达和传递的基本情况是：双重利益表达制度，即教代会侧重表达物质利益和学术委员会侧重表达学术利益的制度；矩阵利益组织结构，即院系和组

① 陈玉琨、戚业国：《论我国高校内部管理的权力机制》，《高等教育研究》1999年第3期。

② 赵俊芳：《论学术权力》，博士学位论文，吉林大学，2006年，第130—161页。

群两种纵横组织结构；行政控制的利益表达机制，即学术委员会和教代会的运行深受大学行政的控制；防护性制度功能和象征意义，即防护政策的不合理执行和大学作为文化组织的象征性。[①] 也有学者以近代大学教授权力制度为研究对象，从近代大学教授权力制度形成、保障和因权力带来的利益之争的研究中对大学学术权力进行了研究。[②] 研究认为近代教授会制度存在多种两难选择，认为应该参照美国大学的先例，建立大学教授协会，通过法律诉讼和声明以及“谴责名单”制度等途径实现和获取参与大学管理的更多权力。[③] 有学者把“学术权力”界定为大学的学术人员和学术组织基于其专业特长和学术能力对大学学术事务所拥有的控制力，并基于此限定调查研究了我国大学学术权力的生存现状。[④] 研究认为我国大学存在学术行政化和学术伦理沦丧的发展态势，并且认为最根本的原因还在于我国现行的高等教育体制，这一体制使大学倾向于行政化，表现在单位级别、干部任免、组织架构甚至日常管理的行政化态势，而根本的矫正措施是改革高等教育体制，实施多元方式改革，实行大学董事会制管理。还有学者对中国教授委员会进行了研究，认为中国教授委员会定位实际上是“教授委员会集体决策基础上的院长负责制”；功能是基层学术事务的决策和非学术事务的审议；本质是“教授治学”而非“教授治校”以及作为新生组织的不成熟性等。[⑤]

其他有关学术权力的研究涉及概念研究，如伯顿·克拉克、别敦荣[⑥]、周光礼[⑦]、陈建俞[⑧]等。学术权力行政化研究[⑨]、学术权力合法性研

---

① 郭卉：《利益诉求与大学治理》，中国海洋大学出版社 2009 年版，第 182—188 页。

② 张正峰：《权力的表达：中国近代大学教授权力制度研究》，福建教育出版社 2007 年版，第 8 页。

③ 同上书，第 169—188 页。

④ 李海萍：《大学学术权力现状》，博士学位论文，湖南师范大学，2010 年。

⑤ 张君辉：《中国教授委员会研究》，博士学位论文，东北师范大学，2006 年。

⑥ 别敦荣：《学术管理、学术权力等概念释义》，《清华大学教育研究》2000 年第 2 期。

⑦ 周光礼：《问题重估与理论重构：大学“学术权力”与“行政权力”二元对立质疑》，《现代大学教育》2004 年第 4 期。

⑧ 陈建俞：《明确高校学术权力的内涵》，《中国高等教育》2003 年第 2 期。

⑨ 阎亚林：《论我国高校学术权力行政化》，《陕西师范大学学报》（哲学社会科学版）2003 年第 1 期。

究[①]、学术权力的实践逻辑研究[②]、学术权力的特点[③]、基层学术组织权力研究[④]、学术权力的历史研究[⑤]等。较早提出学术权力问题的学者有许晓东、杜作润等。

目前，国外学者有关学术权力研究的关注点主要有：学术权力的性别差异研究[⑥]、学术权力主体内部冲突研究[⑦]、学术职业化研究[⑧]及学术质量与管理关系研究[⑨]等。

可以看出，学术权力在我国语境下是相对大学行政权力而言的概念。由于学术权力的匮乏和被挤压，我国学术权力研究主要倾向于学术权力的合法性、建构性等方面的研究，与西方学者关注点略有不同。

2. 有关大学行政权力的研究

大学行政权力研究主要有大学内部行政事务权力和大学校长权力两个视角的研究。鲍德里奇在《大学里的权力与冲突》中研究认为，大学权力结构的松散、模糊和不确定性造成了大学内部各权力主体之间冲突和利益之争，如行政人员之间的冲突与利益之争，行政管理人员与教师及其他群体之间错综复杂的矛盾冲突等，而根源在于大学的行政管理结构。[⑩] 在此基础上，鲍德里奇构建了基于利益的大学政治控制模式。伯恩鲍姆从组织和系统的角度指出大学管理者主要职责是决策和增进理解，并提出了大

① 赵俊芳：《论大学学术权力的合法性》，《东北师范大学学报》（哲学社会科学版）2008年第2期。

② 冯向东：《大学学术权力的实践逻辑》，《高等教育研究》2010年第4期。

③ 李立国：《学术权力的特征与运行机制》，《学术界》2004年第1期。

④ 陈何芳：《大学基层学术权力探析》，《清华大学教育研究》2003年第5期。

⑤ 缪榕楠、谢安邦：《教授权威的历史演变》，《高等教育研究》2007年第1期。

⑥ Alison Wylie, Kathleen Okruhlik, Leslie Thielen – Wilson, Sandra Morton, "Feminist Critiques of Science: The Epistemological and Methodological Literature", *Women's Studies International Forum*, March 1989, pp. 379 – 388.

⑦ James C. Hearn and Melissa S. Anderson, "Conflict in Academic Departments: An Analysis of Disputes over Faculty Promotion and Tenure", *Research in Higher Education*, No. 5, 2002, pp. 503 – 529.

⑧ Anna Smolentseva, "Challenges to the Russian Academic Profession", *Higher Education*, No. 4, 2003, pp. 391 – 424.

⑨ David C. Baldridge, Steven W. Floyd and Lívia Markóczy, "Are Managers from Mars and Academicians from Venus? Toward an Understanding of the Relationship between Academic Quality and Practical Relevance", *Strategic Management Journal*, No. 11, 2004.

⑩ J. Victor Baldridge, *Power and Conflict in the University: Research in the Sociology of Complex Organizations*, New York: John Wiley, 1971.

学运行与控制的五种模式。[①] 在《学术领导力》(*How Academic Leadership Works*) 中，伯恩鲍姆将校长领导力与其支持度关联考虑，认为优秀大学校长成功的关键是教职员工的广泛支持和校长较强的沟通能力，而失败的校长主要是一种独裁领导，把领导力看成是一种自上而下的施加影响的过程。[②] 所以，伯恩鲍姆提出分享领导力是很重要的，主要表现在校长要善于倾听、乐于接受他人的影响、寻找管理的平衡点、不重视官僚结构或者线性策略、聚焦学校优势、激励他人的领导力等。[③] 在伯恩鲍姆眼中，学术领导力不仅仅指校长，还包括管教学的副校长、院长、评议会和工会甚至普通教师人员，这和我国学者理解的行政权力有所不同。

博格、博克、斯科特和戴维斯 (Catherine Bargh, Jean Bocock, Peter Scott and David Smith) 对大学副校长权力进行了研究，主要目的是检验《贾得勒报告》(*Jarratt Report*) (1985 年) 以来大学常务副校长已经成为首席执行官这一命题的真实性。[④] 他们通过对瑞典、波兰、荷兰和美国几国大学的副校长的实际工作、活动研究发现，存在对大学副校长自相矛盾的看法，如强有力和软弱无力、工作有序和工作混乱、富有挑战性和平庸无奇等。[⑤] 所以，博格 (Catherine Bargh) 等认为大学副校长在工作上某些趋同性是根植于大学组织体系本身的特性，他们和理事会主席之间的关系实际上是学术领导与战略规划的关系。[⑥]

杜德斯塔特以密歇根大学等为例，对美国大学校长职业路径、校长遴选和校长领导力进行了研究，提出校长的领导力主要体现在行政领导力、学术领导力、政治领导力、道德领导力和战略领导力几个方面。[⑦] 杜德斯塔特认为传统的学术一途仍然是校长专业成长的最好路径，即先做教师或者学者奠定坚实的基础，再沿着学术领导阶梯走上校长岗位，并且还认

① [美] 伯恩鲍姆:《大学运行模式》，别敦荣译，中国海洋大学出版社 2003 年版，第 174 页。

② [美] 罗伯特·伯恩鲍姆:《学术领导力》，周作宇等译，北京师范大学出版社 2008 年版，第 78—86 页。

③ 同上书，第 143—164 页。

④ Catherine Bargh, Jean Bocock, Peter Scott and David Smith, *Universities Leadership: The Role of the Chief Executive*, Buckingham: SRHE and Open University Press, 2000. preface.

⑤ Ibid., p. 112.

⑥ Ibid., pp. 52 - 155.

⑦ [美] 杜德斯塔特:《舵手的视角：变革时代领导美国大学》，桑新民译，教育科学出版社 2010 年版，第 343 页。

为，最优秀的校长仍然是从学术领导序列一路走来，对所在大学有较强理解的人。对大学校长的研究还有迈克尔·D. 科恩、詹姆斯·G. 马奇[①]等。国外对行政权力的研究主要从与教学和学术管理相关的行政职位权力如校长、副校长权力等视角进行的研究，从大学自治、大学校长与董事会关系等角度展开的研究也比较多见。

我国学者对大学行政权力的研究主要是从大学行政职务权力和大学校长权力视角的研究。涉及大学行政权力的内涵、权力边界、权力运行和制约、去行政化等问题的讨论。认为大学行政权力有内外部之分，外部行政权力包括法律授权、职权主体授权和举办者授权三种权力来源，内部行政权力源于执行外部行政权力和配置资源的需要产生。二者都需要优化，并通过法律法规和市场机制、共同治理以及行政人员的专业化等途径实现优化。[②] 有学者从办学自主权、法人治理、高校领导体制、学术权力、高校管理及学生权利保障几个层面对行政权力给予了解释。[③] 从去行政化角度认为我国高校行政权力存在泛化[④]、行政权力异化[⑤]等现象，因此，讨论高校行政权力生成的合法基础[⑥]、行政权力结构[⑦]、行政权力的运行边界[⑧]、行政权力的监督[⑨]和法律控制[⑩]等问题就很有必要了。

受1998年北大校庆时江泽民主席讲话精神、世界一流大学建设和高等教育全球化与国际化等的影响，21世纪初开始，我国学者一方面反思近代的一批精英校长们的治校理念、治校方法和治校实践等，如高伟强、余启咏、何卓恩编著的《民国著名大学校长（1912—1949）》（湖北人民

① ［美］迈克尔·D. 科恩、詹姆斯·G. 马奇：《大学校长及其领导艺术：美国大学校长研究》，郝瑜译，中国海洋大学出版社2006年版。

② 朱健、董石桃：《论高校行政权力的来源及其优化机制》，《高校教育管理》2011年第3期。

③ 张献勇：《不同语境中的高校行政权力探析》，《山东社会科学》2008年第12期。

④ 董云川：《论大学行政权力的泛化》，《高等教育研究》2000年第2期。

⑤ 杨凡铭：《当代中国行政权力的异化与治理对策》，《新学术》2008年第5期。

⑥ 宋伟：《大学组织行政权力生成的哲学基础》，《清华大学教育研究》2005年第4期。

⑦ 别敦荣：《我国高等教育行政权力结构及其改革》，《清华大学教育研究》1998年第2期。

⑧ 龙耀：《论教育行政权力的边界：基于中国高等教育行政化问题研究》，《中国高教研究》2011年第6期。

⑨ 刘祥国：《论高校行政权力的监督》，《湖南人文科技学院学报》2005年第6期。

⑩ 刘鸿：《高等学校行政权力的法律控制》，《漳州师范学院学报》（哲学社会科学版）2003年第2期。

出版社 2007 年版）、程斯辉的《中国近代大学校长研究》（人民教育出版社 2010 年版）等。另一方面则是对大学校长的教育理念、大学校长的使命、角色和选拔机制等进行了系统的研究，如眭依凡的《大学校长的教育理念与治校》（人民教育出版社 2001 年版）、王洪才的《大学校长：使命·角色·选拔》（上海交通大学出版社 2009 年版）、黄俊杰的《大学校长遴选：理念与实务》（北京大学出版社 2006 年版）、张天雪的《校长权力论：政府、公民社会和学校层面的研究》（教育科学出版社 2008 年版）等著作。

在英美国家，大学的行政权力关系主要指大学与外部行政事务的关系。而在学校内部，尽管校长与教务长或者副校长之间有一个明确的分工，并且形成"教师—系主任—院长—教务长—校长"这样一个科层序列，但是他们把这个科层序列称为是学术等级序列而非行政等级序列，并把校长处理与州政府或联邦政府、校董会、新闻媒体及其他相关利益群体之间关系的能力称为校长的政治领导力。[①] 因此，他们所理解的大学行政权力和政治权力主要是大学的外部行政事务或政治事务能力，校内科层权力和公共管理权力都可以归为学术权力范畴，这和我国学者的理解有一定区别。

3. 有关民主监督权利和大学政治权力的研究

我国《高等教育法》中明确规定"高等学校通过以教师为主体的教职工代表大会等组织形式，依法保障教职工参与学校民主管理和监督，维护教职工合法权益"。这是对我国高校内部民主管理与监督权利法律意义上的规定。《高教法》和 1985 年 1 月 28 日教育部与教育工会全国委员会颁布的《高等学校教职工代表大会暂行条例》可以看作是我国学者研究大学民主监督权利的法律依据。主要有两种研究路径：一是从高校民主管理制度的视角进行研究教代会的运行情况[②]；二是从教代会这一组织视角研究高校民主管理问题。[③] 而后一种路径是主要的研究思路。围绕"教代

① ［美］杜德斯塔特：《舵手的视角：变革时代领导美国大学》，桑新民译，教育科学出版社 2010 年版，第 125—197 页。

② 李大健：《论高校民主管理的原则与方法》，《中国高教研究》2002 年第 1 期。

③ 张安迎：《高等学校教职工代表大会制度研究》，硕士学位论文，中国政法大学，2010 年。

会”（工会）开展的大学民主监督权利研究主要涉及：教代会的职能[①]、学校定位与法律地位[②]、教代会与高校其他权力之间的关系[③]、实施途径和运行机制[④]等方面。主要观点是发挥教代会在高校民主管理中的作用很有必要，但目前教代会职能的发挥存在一定的障碍，制度建设和职能发挥还需要进一步的完善。[⑤]

系统地对我国大学教代会问题进行研究的有郭卉博士和张安迎研究生等。郭卉博士从“权利—利益”视角对教代会作为大学教师表达利益诉求的一种制度安排进行了深入调查研究，包括教代会形成过程、组织结构、政治功能等内容。[⑥] 张安迎研究生从法律和制度建设的视角对教代会进行了系统研究，包括教代会制度的概念、历史发展、法律性质以及对教代会制度运行中存在的问题进行了分析，并在此基础上从领导思想和法律制度层面对完善教代会制度提出建议。[⑦] 对于目前部分学校运行较为成功的“院（系）二级教代会制度”、“教代会代表巡视制度”、“教代会代表列席校长办公会制度”和“接待教代会代表日制度”四种制度创新模式，研究者认为还存在制度随意性强、持续性差等问题，必须通过制定《高等学校教职工代表大会法》、完善教代会代表选举制度、健全提案制度、构建长效工作机制及引入教代会学生观察员制度等推进教代会制度的法制化建设。[⑧] 对国外高校民主管理的研究主要是从学生参与学校事务管理角度的研究。[⑨]

较早提出和专门研究大学政治权力问题的有鲍德里奇、伯顿·克拉

---

① 李永刚：《教代会制度是推进高校民主建设的重要保障》，《工会论坛》2002 年第 4 期。

② 赵启会：《教代会在高校领导体制中的地位和作用探讨》，《科技咨询导报》2007 年第 29 期。

③ 郭长海、谢振安：《高校教代会与党、政、工关系的协调》，《安庆师范学院学报》（社会科学版）1999 年第 6 期。

④ 王春虎：《高校民主建设的基石：落实教代会四项职权》，《工会论坛》2005 年第 2 期。

⑤ 毕宪顺、赵凤娟：《高等学校的民主监督与权力制约——以教职工代表大会制度为基本形式》，《教育研究》2009 年第 1 期。

⑥ 郭卉：《权利诉求与大学治理——中国大学教师利益表达的制度运作》，中国海洋大学出版社 2009 年版，第 43—135 页。

⑦ 张安迎：《高等学校教职工代表大会制度研究》，硕士学位论文，中国政法大学，2010 年。

⑧ 同上书，第 23—27 页。

⑨ 李军：《美国高校学生参与管理的历史、现状与启示》，《中国高教研究》2003 年第 3 期。

克、阿切尔、鲍德里奇、伯恩鲍姆等。鲍德里奇认为大学中存在着很多可以当作政治系统来研究的组织，这些组织系统中的利益集团的动力和冲突与城市、州和其他政治环境中的利益集团的动力和冲突相似。① 鲍德里奇把高等院校作为一个政治系统研究，并提出大学的政治控制模式，认为政治文化背景会影响国家与大学的关系。② 伯恩鲍姆在《大学运行模式》著作中设想了大学的官僚组织模式和政党组织模式。在官僚组织模式中，大学的决策权力源于政府的授权和法规，被授权者必须对授权者负责，并因此形成从政府特许的权力到校长权力再到由校长授权的个人之间的一条“权力链”。③ 在政党组织模式中，他强调由于大学组织中的决策权已经分散，学校被肢解成一个个特殊利益团体，每个团体都争夺在学校的影响力和资源，而资源的分配又是一个政治问题，因此，他认为政治手段是解决这类争端的主要方法。④ 从中可以看出，高校的政治权力主要是国家权力对于大学的影响，如法国曾经的督学、欧洲的学监等。

我国学者对高校政治权力研究还不多见，主要在近几年才开始出现。明确提出或者系统研究大学政治权力的学者有杨克瑞、李硕豪、秦惠民、林荣日、陈玉琨、戚业国、洪源渤等。杨克瑞认为，大学的政治权力是高校所有权人基于国家或社会发展的需要而对高校决策所形成的影响力。⑤ 他认为目前我国高校政治权力是高校管理研究的一个真空，需要加强研究，并提出了有关高校政治权力进一步研究的几个命题，包括高校政治权力基础的分析、政治权力的组织结构比较研究、高校政治权力与行政权力和学术权力关系的研究、高校政治权力与决策机制以及高校政治权力的监督研究等命题。在其《政治权力与大学的发展：国际比较的视角》中，杨克瑞从历史发展的视角，对中世纪大学产生以来以及法国、德国、美国和苏联几国政治权力介入大学的历程进行了研究，认为高等教育政治权力

① 莫里斯·柯根：《政治的观点》，载伯顿·克拉克《高等教育新论：多学科的视角》，浙江教育出版社 1988 年版，第 51 页。

② ［美］伯顿·克拉克：《高等教育新论：多学科的视角》，浙江教育出版社 1988 年版，第 56—57 页。

③ ［美］罗伯特·伯恩鲍姆：《大学运行模式》，别敦荣译，中国海洋大学出版社 2003 年版，第 119—120 页。

④ 同上书，第 124—130 页。

⑤ 杨克瑞：《政治权力：高校管理研究的真空》，《现代教育管理》2010 年第 5 期。

是大学与政府关系的核心体现，市场机制是改革大学与政府关系的基本动力。[①] 李硕豪将我国大学中的党委权力称为大学“政党权力”，认为大学党委通过构建校—院—系—室党支部委员会和学生支部委员会组成学校内部政党权力体系，加强对校工会、共青团、学生会、教代会等的政治领导和在师生中发展党员等形式，使党的权力意志在大学内部得以保障。李硕豪认为我国大学政党权力已经获得了大学内部雄厚的权力资源，包括领导决策权、监督保证权、干部管理权和意识形态控制权。[②] 研究认为只有通过社会政治体系、法律制度的不断改良和完善，才能确保党委权力和其他权力功效的正常发挥，提高治校效率。[③] 林荣日认为高校政党权力主要源于完善的政党组织体制，是一种独特的权力形式，一般有法律的确认和保障。研究认为我国高校的政党权力几乎介入了学校的所有事务，而要提高学校的管理效率，就必须从制度和法律层面予以规约。[④]

可以看出，关于高校的政治权力西方学者主要从学校与政府的关系，即办学自主权的角度进行研究，而我国学者则主要从大学内部权力分配的角度进行研究。从研究的思路而言，有从政党权力研究大学政治权力的，如李硕豪、洪源渤等[⑤]，也有从一般的政治权力研究高校内部政党权力的，如杨克瑞[⑥]等，还有从教育政治学学科的角度对大学政治权力的研究，如周光礼[⑦]等。

4. 大学内部权力制约关系与监督研究

伯恩鲍姆是较早对大学内部权力运行制约机制进行系统研究的学者。其提出的五种大学权力运行机制模式实际上也说明了几种主要的权力制约机制模式。如“学会组织模式”中权力主体之间的制约主要依靠的是“权威”和“信任感”。“院长”（校长）通过个人魅力和专长权获得其他

---

① 杨克瑞：《政治权力与大学的发展：国际比较的视角》，中国言实出版社2007年版。

② 李硕豪：《权力博弈：一所中国大学内部权力运行的故事》，中国社会科学出版社2011年版，第58—59页。

③ 李硕豪：《权力博弈：一所中国大学内部权力运行的故事》，中国社会科学出版社2011年版，第227—228页。

④ 林荣日：《论高校内部权力》，《现代大学教育》2005年第2期。

⑤ 洪源渤、张可荣：《高校“党委领导”探析》，《中国高教研究》2005年第8期。

⑥ 杨克瑞：《高校的政治权力分析》，《高教探索》2007年第6期。

⑦ 周光礼：《学术与政治——高等教育治理的政治学分析》，《中国地质大学学报》（社会科学版）2011年第3期。

成员的“感激之情”和“信任”，而其他成员也以是否“信任”校长等方式保证了权力主体的“责任感”，以此形成对权力的约束。[①] 实际上是对道德文化制约权力机制的讨论。而其所提出的“官僚模式”则主要依靠严格的规章制度和规范的程序约束权力，是对程序和制度制约权力机制的讨论。大学权力运行的“政党模式”则是对基于分权和利益的“权力制约权力”机制的讨论。无政府组织模式与控制模式则是对文化制约权力机制的讨论。

约瑟夫·W. 加伯利诺（Joseph W. Garbarino）对美国20世纪60—70年代高校教工会组建10年来的绩效及其对大学决策权影响的情况作了分析。研究认为对教师参与学校决策的程度实际上是很难判断的，教工会的完善也将是缓慢发展的过程。[②] 米歇尔·I. 哈瑞森和易发莲·塔博瑞（Michael I. Harrison & Ephraim Tabory）对以色列高校的教工会和美国高校的教工会进行了比较研究。指出教工会通过协议谈判（Contract negotiation），甚至罢工的极端机制形式与校委会（council）就福利待遇等问题进行协商，以此形成对校委会权力的约束。[③] 道·威廉姆斯等（Don Williams，William Gore，Charles Broches & Cynthia Lostoski）通过调查问卷研究了教师对于参与大学治理的不同认识。研究总结出教师联合会参与决策的三种模式，即“科层模式、自由松散模式和学院模式”。[④] 对于教师参与治理的研究在20世纪80—90年代还是比较多的。类似的如金姆·卡梅隆（Kim Cameron）对教师联合会与大学管理组织绩效的研究是属于对“权利制约权力”机制的研究。[⑤] 如朱莉·罗兰兹（Julie Rowlands）以文献综述的形式对澳大利亚及国际范围内高校学术委员会在大学治理中的地位变化的综述研究。研究认为仅依靠风险管理与责任机制约束治理权力是

---

① ［美］罗伯特·伯恩鲍姆：《大学运行模式》，别敦荣译，中国海洋大学出版社2003年版，第95页。

② Joseph W. Garbarino，“Faculty Unionism：The First Ten Years”，*Annals of the American Academy of Political and Social Science*，Vol. 448，The Academic Profession（Mar.，1980），pp. 74－85.

③ Michael I. Harrison and Ephraim Tabory，“Faculty Unions and the Strike Weapon”，*The Journal of Higher Education*，Vol. 51，No. 4（Jul. － Aug.，1980），pp. 424－438.

④ Don Williams，William Gore，Charles Broches and Cynthia Lostoski，“One Faculty's Perceptions of Its Governance Role”，*The Journal of Higher Education*，Vol. 58，No. 6（Nov. －Dec.，1987），pp. 629－657.

⑤ Kim Cameron，“The Relationship between Faculty Unionism and Organizational Effectiveness”，*The Academy of Management Journal*，Vol. 25，No. 1（Mar.，1982），pp. 6－24.

不够的。作者建议通过稽查责任机制（audit - driven accountability mechanisms）确保学术委员会在制定学术标准和提高人才培养质量方面的支配地位，认为这是完善治理机制的关键。①

埃伦伯格（Ronald G. Ehrenberg）对美国公私立高校董事会的研究，基本属于对社会权利制约权力机制的研究范畴。② 美国高校也存在董事会主席与校长之间的权责范围争议问题。这一问题也是大学治理研究成果增多的一个原因。而“共同治理”是对其研究的主要结论。

鲍德里奇通过对300个样本学校，5个行政部门领导和17000名教师成员的调查，从大学特色、学院自治、集体谈判等维度分析研究了美国大学的治理模式。研究认为师生参与大学治理的概率有所下降，即集体谈判机制和学术自治趋于弱化。③ 因此，诉求学术权力与行政权力均衡治理的权力制约权力机制是自20世纪80年代以来欧美学者关注的主要内容。而对共同治理的诉求实际上隐含着对学术自治与教师控制大学的诉求，④ 也是对以学术文化制约权力机制的现代诉求。如劳瑞·G. 戈博（Larry G. Gerber）也指出共同治理是教师参与学校治理的重要机制，是学术自由与教授治校（Faculty Governance）的价值诉求。⑤ 有关文化制约权力机制的研究还有如鲍德里奇、卡普兰、马奇等学者的研究。

国内研究大学内部权力制约机制的成果还不多见。沈扬较早提出构建大学内部权力制约机制问题。指出高校权力制约机制的构建包括外部和内部双重制约机制：外部权力制约机制的构建包括“政策法规制约”、“宏观调控制约”和“督导评估制约”三种机制的构建。内部权力制约机制构建主要通过“校长明确办学指导思想”、“强化校党支部保证监督功能”、“健全教代会制度”和“建立责任约束制度”几种途径构建内部权

① Julie Rowlands, “Accountability, Quality Assurance and Performativity: the Changing Role of the Academic Board”, *Quality in Higher Education*, Vol. 18, No. 1, April 2012, pp. 97 - 110.

② ［美］罗纳德·G. 埃伦伯格：《美国的大学治理》，沈文钦译，北京大学出版社2010年版。

③ J. Victor Baldrudge, David V. Curtis, Geirge Ecker, and Gary L. Riley, *Policy Making and Effective Leadership: A National Study of Academic Management*, San Francisco: Jossey - Bass, 1978.

④ Robin Wilson, “Downturn Threatens the Faculty's Role in Running Colleges”, *The Chronicle of Higher Education*, No. 2, 2009, p. 3. (http://chronicle.com/temp/email2.php?id=gpk8nQVpfvtshpcmtzD9bwHQnspqzbbf)

⑤ Larry G. Gerber, “*Inextricably Linked: Shared Governance and Academic Freedom*”, http://aaup.org/AAUP/pubsres/academe/2001/MJ/Feat/gerb.htm.

力制约机制。[①]

余白在《“校长不能个人说了算”质疑》一文中，从概念内涵、领导体制改革的目的、校长权力的性质、责任与专制权的关系几个维度对“校长不能个人说了算”的观点进行了批判。指出校长权力实际上是受来自上级教育行政部门、教代会和学校党组织等多方面的制约监督，但是监督的目的是预防权力失控和滥用，而不是将权力“卡死”。[②] 是较早讨论“一把手”权力制约问题的学者之一。

邢克超对法德两国高校的学术事务管理进行了比较研究。从学术绩效的角度提出必须建立有利于学术发展的内部管理机制。[③] 陈玉琨、戚业国认为我国高校内部权力制约机制主要由“党委和行政之间的权力制衡关系”、“学术权力和行政权力制衡关系”以及“教代会与行政权力之间的制衡关系”三者构成。[④] 也是较早直接讨论权力制约机制问题的学者。王卫星从“环境与活动控制、监督、评价”三个方面对学校内部财政、预算控制和权力风险预警几方面进行了讨论，并提出构建大学内部控制系统的模型。[⑤] 胡浩和李宝娣从目前高校领导干部监督存在的问题，提出了构建对高校领导干部监督的“教育警示机制、权力制约机制、联动协调机制和保障激励机制”几种内部权力制约监督机制类型。[⑥]

田欣和张宝君指出由于对建立权力制约机制的认识、专职监管和监督的不足以及监控制度的不完善，目前我国高校内部权力运行存在不规范，权力行使的随意性大等问题。根据存在的问题，田欣和张宝君提出应从“规范决策权、强化学术监督职责、营造学校监督氛围”几方面构建权力运行监督机制。[⑦]

---

① 沈扬：《建立学校管理机制的整体思考》，《中国教育学刊》1993 年第 3 期。

② 余白：《“校长不能个人说了算”质疑》，《教育研究与实验》1994 年第 2 期。

③ 邢克超：《必须建立有效的机制——简析法、德两国大学内部管理》，《比较教育研究》1996 年第 3 期。

④ 陈玉琨、戚业国：《论我国高校内部管理的权力机制》，《高等教育研究》1999 年第 3 期。

⑤ 王卫星：《高等院校内部控制框架体系的构建及其应用研究》，博士学位论文，南京理工大学，2008 年。

⑥ 胡浩、李宝娣：《高校领导干部监督工作存在的问题及对策》，《重庆交通大学学报》（社会科学版）2008 年第 6 期。

⑦ 田欣、张宝君：《高等学校建立完善权力运行监控机制的几点思考》，《中国成人教育》2010 年第 7 期。

刘克利则是从“校—院”两级管理的视角，对大学内部纵向监督制约机制进行了讨论。指出“校—院”两级内部权力制约机制应该从“制约机制”和“人员素质”两个向度构建：一是在学校层面建立针对学院权力的约束机制；二是在学院建立院务委员会制度；三是赋予学院教授委员会相应的学术权力；四是充分发挥二级教代会的作用；五是提高学院权力主体素质、优化学院行政和学术权力结构。[①] 以此建构内部权力制约机制。

刘献君在《论大学内部权力的制约机制》一文中对大学内部权力结构、权力关系进行了系统梳理，指出大学内部权力运行机制存在决策权力高度集中、学术权力与行政权力关系失衡、民主权利保障不足、人财物流动环节监督不严格以及程序制约意识不强等方面的问题。针对以上问题提出从“分权、制度、程序、文化、权利”五个方面构建和完善大学的内部权力制约机制。[②]

另外从大学章程和议事规则以及法学视角对大学权力制约机制相关问题研究的主要有孙雪芬、王立强的《现代学校章程建设》（同济大学出版社 2007 年版），湛中乐的《大学章程精选》（中国法制出版社 2010 年版）和《通过章程的大学治理》（中国法制出版社 2011 年版），马陆亭、范文曜的《大学章程要素的国际比较》（教育科学出版社 2010 年版）。以上著作是关于大学章程建制的研究，是对以法规制度制约和规范大学内部权力制约机制研究成果。详细内容不再介绍。还有一些博士论文研究成果，如米俊魁的《大学章程价值研究》（华中科技大学，2005 年）、方文晖的《我国大学章程制定路径研究》（南京大学，2011 年）、朱家德的《权力的规制：大学章程的历史流变与当代形态》（华中科技大学，2011 年）等。另外，还有一些从高校权力腐败及预防的视角对大学内部权力制约机制问题进行的研究。

三 几点认识

通过对大学权力制约相关议题研究的梳理，主要有以下两点认识：

---

① 刘克利：《现代大学制度框架下学院层面的权力配置和运行》，《大学教育科学》2009 年第 6 期。

② 刘献君：《论大学内部权力的制约机制》，《高等教育研究》2012 年第 3 期。

（1）大学权力是权力制约机制的基本要素之一，对大学内部权力的认识和把握是研究大学权力制约机制的前提。只有确定大学内部权力的构成及权力之间的关系体系，才可能确定维系权力制约关系的具体运行机制。根据文献梳理，我们发现有关大学内部权力的观点，有一元论权力观、二元权力观、三元权力观、四元权力观和多元权力观。伯顿·克拉克是典型的学术权力“一元论”大学内部权力观持有者。国内持学术权力“一元论”的学者有张维迎、韩水法等。科尔森较早提出大学权力结构二重性，即科层管理结构与专业权力结构，认同这一观点的学者有伯恩鲍姆、刘献君①、钟秉林②、王英杰③、眭依凡④等。持三元权力观的学者有李硕豪⑤、毕先顺⑥、费坚和巫丽君⑦、刘士民⑧等。持四元权力观的国内学者有林荣日⑨、秦惠民⑩等。20世纪90年代以来，国外学者主要从利益相关者视角讨论大学的内部权力，主要集中讨论权力制约权力机制的绩效和社会权利制约权力机制的绩效问题。

（2）大学治理结构中的权力关系主要是指权力主体之间的权责配置关系，是权力制约机制的另一构成要素，而权力制约机制是权力关系得以维持和正常运行的具体手段和联系方式。伯顿·克拉克在《高等教育系统——学术组织的跨国研究》中根据各国高教系统权力主体的不同关系构型，归纳提出了四种权力运行制约模式。伯恩鲍姆在《大学权力运行

① 刘献君：《论高校贯彻落实科学发展观中的十个关系》，《高等教育研究》2009年第4期。

② 钟秉林：《大学学术权力与行政权力的关系及其协调》，《中国高等教育》2009年第19期。

③ 王英杰：《大学学术权力和行政权力冲突解析——一个文化的视角》，《北京大学教育评论》2007年第1期。

④ 眭依凡：《论大学学术权力与行政权力的协调》，《现代大学教育》2001年第1期。

⑤ 李硕豪：《权力博弈：一所中国大学内部权力运行的故事》，中国社会科学出版社2011年版。

⑥ 毕先顺：《权力整合与体制创新——中国高等学校内部管理体制改革研究》，教育科学出版社2006年版。

⑦ 费坚、巫丽君：《我国大学行政权力的重新配置——基于“三权制衡”模式的思考》，《扬州大学学报》（高教研究版）2005年第1期。

⑧ 刘士民：《传统与超越：高校权力结构的解构与重建》，《高教发展与评估》2006年第1期。

⑨ 林荣日：《论高校内部权力》，《现代大学教育》2005年第2期。

⑩ 秦惠民：《我国大学内部治理中的权力制衡与协调——对我国大学权力现象的解析》，《中国高教研究》2009年第8期。

模式》中提出了五种权力运行制约模式。国内学者主要是从学术权力与行政权力二元权力结构关系的讨论中寻求大学权力制约均衡化的路径。对权力关系的认识是研究和完善大学内部权力制约机制的又一基础。

第三节 权力制约研究范式的流变及其影响

一 早期的权力制约研究范式

早期关于权力的研究是基于“君权神授”这一假说，主要论证君权或皇权的合法性，如英国资产阶级革命前的保皇派著名代表罗伯特·菲尔麦的《先祖论》等。菲尔麦以《圣经》为根据，以亚当因上帝赋权而享有的绝对父权和财产的父权继承权，证明根源于父权和财产权的一切统治权力都是绝对合法权的观点。中国儒家思想也是从“仁”君的假设提出“君臣父子”伦理隶属关系，以维护皇权统治的合法性。中国法家从君权的绝对权威性和对君权的绝对服从性角度对统治权力的合理性进行了探讨。

对“权力”进行现代意义上系统论述的人物和观点主要出现在17世纪资产阶级革命前后。这一时期系统论述“权力”问题的代表人物和著作主要有：洛克的《政府论》、卢梭的《社会契约论》、孟德斯鸠的《论法的精神》、康德的《法的形而上学原理——权利的科学》等。洛克从否定“君权神授”的菲尔麦论点的基础上提出了合法性政府是以“保护私有财产为目的，议会是其最高主权的制度形式”的观点，并明确提出了国家统治权的“分权”观，认为国家有三种权力：立法权、行政权和对外权。立法权即制定和公布法律的权力，行政权力是执行法律的权力，对外权力是处理涉外的订约、宣战、媾和等权力。这对后来孟德斯鸠和康德的三权分立观产生了重大影响。孟德斯鸠根据当时法国君主专制权力对人的自由的压制，提出“一切有权力的人都容易滥用权力，都容易无休止地使用权力，直到有界限的地方为止，所以，为了捍卫自由，必须对权力进行限制”的观点。孟德斯鸠最后提出了著名的三权分立观，即立法权、行政权和司法权分别独立行使、相互协作的思想。康德则是将权利分为天赋权利和获得权利，或称为“自然权利”和“文明权利”两类。康德认为自然权利主要构成私人权利，而文明权利则构成公共权利。私人权利主要基于契约而获得的权利，如财产权、婚姻权力、父母权力和家庭成员权力等；公共权利主要是国家权力，包括独立行使的立法权、行政权和司法权。

卢梭的《社会契约论》主要探讨的是政治权力的原理问题。卢梭认为行政官员身上有三种本质不同的意志，首先是个人固有的意志，这种意志倾向于维护个人的利益；其次是行政官员的集体意志，这种意志倾向于关注君主的利益，即团体的意志；最后是人民的意志，即主权者的意志，是倾向于维护公共利益。卢梭认为，按照理想的立法体系，行政官员的个人意志应该为零，而公共意志应该是唯一占主导地位的意志。但在现实中情况却恰恰相反，公共意志是最弱的，而个人意志是最强的，因为行政官员首先是他个人，再然后才是行政官员，再然后才是公民，与理想的社会秩序要求恰恰相反。因此，卢梭说由制定法律的人去执行法律是不好的，没有什么事情比个人利益在公共事务中发生影响更危险的事情了。而这正是权力滥用的一个根源，也可以说是对权力为什么要制约的早期学理解释。

以上有关权力的系统论述，都是针对政治统治权力的分析和论述。洛克是从反对“君权神授”的专制权角度论述民主政府的权力类型，康德从自由层面研究权力问题，而孟德斯鸠和卢梭更多的是从预防权力滥用的角度论述政治权力及其制约的必要性。需要说明的是，早期权力论述主要是对国家统治权力问题的系统论述，是针对自由而言的一个概念，如洛克的《政府论》。从研究的视角和理论基础而言，主要是基于政治学和法律学视角的法权主义权力研究模式，如卢梭的《社会契约论》法权主义研究范式下的权力是一种所有物，可以是个人的所有物，也可以作为遗产传承，如皇权或君权就是如此，这是法权主义研究范式下的权力特征。

二　权力制约议题研究的多学科、多视角转变

早期的法权主义权力研究模式为后期权力制约议题的研究提供了参考价值，如马克思对权力的研究实际上也是对国家统治权力的研究，与早期研究思维范式不同，马克思更倾向于经济主义的权力观。马克思将权力看作是维护与某种生产关系直接相关联的统治阶级的工具，认为在社会中，经济始终占据着主导地位，权力的根本目的和功能是为经济服务，为维护

一定的生产关系及其经济运作而服务。因此，马克思的权力研究模式可以说是一种经济学意义上的权力还原论，和法权主义权力观将权力看作一种纯粹的“所有物”不同，马克思则把权力看作一种手段，其本身不是目的。但是，按照福柯的说法，建立在18世纪哲学基础上的法律的、自由的政治权力概念与马克思主义的概念之间存在共同之处，即都是权力理论中的经济主义，都是权力的经济还原论。因此，都可以归到古典权力研究范式范畴。

后来有关权力的系统论述已经是基于多学科、多视角、多立场的权力论述，而且，权力也不再局限于国家政治统治权力，而是涉及更广泛的权力解释，如组织权力、非正式组织及群体的权力以及话语权等研究。下面主要以韦伯、福柯和吉登斯的权力观为例，对这一时期的有关权力相关议题的研究做一梳理和说明。

马克斯·韦伯在其巨著《经济与社会》中对于权力的含义、表现形式、产生的基础等做了论述。和传统意义上权力自上而下的强制服从思维不同，韦伯在关注权力的强制性服从外，将更多的精力放在权力如何被自觉服从的原因解释，尽管这种“服从”也包含了一定的自上而下的强制性，但是对于权力自下而上的合法性认同才是权力得以执行的关键。因此，韦伯用“权威”而不是“权力”来解释说明权力问题，用“合法性”而不是“强制性”作为论述权力的核心概念。韦伯把“权力”与“支配”相对应进行了区别和界定。指出权力是一种在社会关系内部某个行动者将会处于一个能够不顾他人反对去贯彻执行自身意志的地位上的概率，而支配是包含特定明确内容的命令将会得到某个特定群体服从的概率。他强调支配可能建立在极为不同的顺从动机，包括从单纯的习惯到最纯粹理性的利益计算，并且认为任何支配形式都包含一种最小限度的自愿顺从，即基于隐秘的动机或真正的同意，并因此在服从中获得利益。这可以看作是韦伯论述权力问题的概念基础，即对“合法性”和“权威”的引出和正当性说明。韦伯提出了权威（权力）的三种纯粹类型，即基于对已制定规则合法性信仰的合法性权威，基于对悠久传统神圣性牢固信仰的传统型权威和基于对个人罕见神性、英雄品质或者典范特性创立规范忠诚的超凡魅力。韦伯把这些权力的“正当性”（合法性）建立在信仰的基础上，认为没有任何支配会自愿地仅仅限于诉诸物质、情感或者理想动机作为其存续的基础，它们还会试图建立并培育人们对其正当性的信仰。从权力支配的“正当性”（合法性）角度，他又将权力分为正当性支配权力与非正当性支配权力。前者包括政治与僧侣权力、超凡魅力权威，后者主要包括僭主权力、城市贵族权力和非正当性政治联合体权力等。

韦伯对于权力的论述既超越了早期法权主义权力研究范式，也超越了马克思经济主义还原论研究范式。而是提出一种“支配—顺从”，即基于多基础（既有基于物质的经济因素，也有基于非物质的惯习、信仰等因素）的“合法性”权力研究范式。权力的合法性和支配的可能性使得权力议题研究从关注自上而下的绝对服从到自下而上的相对服从和顺从，从基于专制法权的强制威慑到基于惯习、传统和信仰的自觉服从这样一种视角的转换。韦伯基于“合法化”的“支配—顺从”权力研究模式是对传统权力研究范式的超越，对后来米歇尔·福柯、安东尼·吉登斯等权力观和权力研究范式产生了重要影响。

福柯作为后现代主义代表人物，对权力的论述主要体现在其《权力的眼睛》、《必须保卫社会》、《疯癫与文明》、《规训与惩罚》、《知识考古学》等著作中。福柯主要从权力执行的效果，即权力产生影响的最远端研究权力问题，他特别关注社会弱势群体的权力问题。用他自己的话说就是“不要在它们中心，相反，重要的是在权力的极限，在它的最后一条线上抓住权力，那里它变成毛细血管的状态，也就是说，在权力最地区性的、最局部的形式和制度中抓住它并对它进行研究”。福柯认为找出发号施令的人并不是很重要，因为即使把那些“决策者”一一指明也仍然不知道那些决定是怎样做出、为何做出以及如何被大家所接受，同时，又怎样对某些人有伤害的问题。可以说，福柯已经走出了“谁掌握权力、谁实施权力”的传统权力研究立场的窠臼，转向权力是怎么得到运行的，权力的实施效果和合法性如何这样一个视角。这正是他在《规训与惩罚》中对人类从肉体惩罚到精神惩罚再到实施教化的这一保障权力运行的机制变迁进行考究的原因。在《疯癫与文明》和《知识考古学》中对精神病人的行为和话语权分别给予了特别关注也正是以上观点的注脚。福柯的权力观明显代表着后现代主义的权力观。他继承了尼采、叔本华、弗洛伊德等的意志论权力观和韦伯的合法性权力观，创立权力研究的“支配—压抑”模型，否定权力的中心，强调权力本质的多样性、片面性和不确定性，构建权力的关系网，即把权力从科层化的有行使主体的“静态的物”转换成一种无主体的“权力关系网络”、“权力场域”。

顺着以上权力研究的逻辑思路，安东尼·吉登斯把之前的权力研究分为主体主义和客体主义二元权力观研究。吉登斯认为前者主要是一种把权力看作是行动者实现其目的的能力，如马克思、韦伯等，后者把权力看作一种集体特性，看作是社会结构、社会系统或者社会共同体的制度性特征，看作是社会系统本身所蕴含的一种“媒介”，如帕森斯和福柯等。吉登斯认为以上两种权力观都是片面的、有缺陷的，如果从结构的二重性理解权力，他认为主、客体权力观是一种互补关系。这里所说的“结构二重性”是吉登斯在批判“解释社会学、功能主义和结构主义”三大社会理论基础上提出的“结构化理论”的基本假设，即结构和行动。结构体现了权力的支配性特征，而行动体现了权力的能动性特征。他将结构化理论的特征概括为十个方面，还区分了“结构”和“系统”两个概念。认为社会系统由行动者或者集体穿越时空而反复再生产出来的关系模式所组成，即主要由情境实践（situated practice）组成；而社会结构主要在社会系统的生产和再生产过程中才会反复涉及，因此，也只是一种虚拟（virtual）的存在。同时，他认为“结构”可被分解为规则和资源，是社会系统再生产过程中的转换和媒介束（sets），正是这些转换和媒介关系中的结构性原则构成了分析社会系统的基础。这是吉登斯权力理论的基础。

吉登斯认为，权力是所有社会生活互动构成的内在组成要素，是社会系统中行动者之间的自主和依赖关系，任何行动者的权力都是转换能力与支配能力的有机统一，而且这种有机统一还可以通过行动者的行动不断地再生产出来。这里的“转换能力”与“支配能力”正是吉登斯基于“结构二重性”提出来的权力分析的两个维度，即权力的二重性特征。“转换能力”是权力主体自主性的表现，是一种“可以换一种方式做事”的能力；“支配能力”是权力主体互动过程中的依赖性表现，是一种资源的不对称分配，是行动者对他者进行控制的方式。吉登斯认为“支配能力”总是和具体社会背景下的意义和合法性联系在一起，而“转换能力”主要以行动者自身的能动性和行动者资源获取的绝对性为前提。二者之间存在着一种吉登斯称之为“控制辩证法”（dialectic of control）的辩证关系。

可以看出，吉登斯的权力观试图弥合以往主、客二元权力理论研究的不足，把权力作为分析社会系统的基本构成要素，从权力的二重性视角寻求权力研究的一种整体性思维的研究范式，即主体与客体、共时与历时、物质与非物质因素共存的整体性思维方式。

总之，有关权力的研究经历了早期专制统治权力的合法性研究、专制统治权力制约和分权的必要性研究、统治权力和各类权力运行的合法性及有效性研究三个阶段，实际上是一种从本质主义思维向建构主义思维转变的过程。从权力的研究视角看，经历了从政治学、法学单一学科视角研究到政治学、法学、经济学、制度学、组织学、社会学、文化心理学等多学科视角的研究发展；从研究立场而言，经历了从权力主体立场到权力客体立场再到权力主客体立场的转变过程；从研究范式而言，经历了基于所有物的法权主义权力研究范式、基于利益手段—工具的经济还原主义研究范式、基于多基础的“支配—顺从”的“合法性”权力研究范式、基于场域和关系网络的“支配—压抑”的“有效性”权力研究范式以及基于“权力二重性”的“主体—客体”权力整体思维研究范式的范式转换过程；从权力研究的内容而言，已从单一的政治统治权力研究转向多权力主体、主客体权力和权力关系的研究发展。以上有关权力的研究范式、研究视角、研究方法、研究立场等对大学内部权力问题的研究范式、视角等产生了重要影响，如伯顿·克拉克的《高等教育系统——学术组织的跨国研究》和《学术权力——七国高等教育管理体制比较》等，就是从组织社会学和系统论角度对大学内部权力的研究成果。大学组织系统是社会系统的一个子系统，大学组织中的权力与社会系统中的权力既有共性，也有其独特性。

三　大学权力制约议题研究的两种范式及其评价

从方法论视角而言，有关大学权力制约相关议题的研究主要存在结构主义和文化主义两种研究范式。学界将科尔森、维克（Weick）、莱恩（Lane）、彼得·N. 沃伦等学者的研究归为结构主义范式的研究，而将伯顿·克拉克、伯恩鲍姆、鲍德里奇、科恩、马奇、卡普兰等学者的研究归为文化主义范式的研究范畴。结构主义范式主要是从系统论、整体论的视角研究大学的权力问题，强调权力结构的整体性和合理性设计，落脚于规范规则和制度的建设。结构主义范式正如特里·伊格尔顿所说的“丝毫不关注研究对象的文化价值……结构主义只是一套分析方法，而非评估机制”。[①] 文化主义范式以大学为场域，以大学中的特定生活和各要素关系为研究对象，探究大学文化背后的正式与非正式权力关系、权力运行机制及其合法性，强调文化规范、塑造行为的意义，最终落脚于大学理念、大学精神、学术伦理等非正式规则的培育与构建。

1. 作为方法论的结构主义及其局限性

结构主义从一开始就是以一种方法论的姿态登上了历史舞台。他们反对以往在分析研究对象时，将对象进行无限分解、还原的“原子论式”的研究，而提倡从整体出发认识部分。认为整体并不是部分的简单总和，整体有作为整体自己的性质。[②] 实际上是对还原主义的现象学和存在主义的人本学在方法论意义上的反叛。而其真正的溯源则是20世纪初索绪尔的语言学结构主义。结构主义实际上也是对传统的实验法、归纳法、统计法等方法的反思批判。

20世纪60年代，结构主义已几乎存在于各学科领域，但由于认识上的误解，结构主义还显得有些“混乱”且影响不大。针对这一现象，皮亚杰对各个领域里的结构主义进行了分析和梳理，澄清并得出两点认识：一是结构主义主要是一种方法而非学说或者哲学；二是作为方法论的结构主义是跨学科领域的，只能在多学科协调中形成。[③] 那么作为方法论的结构主义如何运用？其基本规范又是什么呢？这首先取决于对“结构”的理解。

被誉为文化人类学结构主义创始人的列维—斯特劳斯认为，结构是“插在基础和上层建筑之间的一个图式系统”。[④] 莱温则将结构看成是“群”意义上的因果关系，而帕森斯则认为结构是不受外界影响，具有自我守恒特性的社会体系诸成分的稳定布局。皮亚杰则认为结构是基于转换作用形成的，能保证系统自我调整的“形式的形式”。[⑤] 这里所说的“形式的形式”实际上就是方法论意义上的“结构”，是超越现实关系而提炼

① Eagleton, Terry, *Literary Theory: An Introduction*, Oxford: Blackwell, 1983, p. 96. 转引自约翰·斯道雷（John Storey）《文化理论与大众文化导论》，北京大学出版社2010年版，第135页。

② ［美］皮亚杰：《结构主义》，倪连生、王琳译，商务印书馆1984年版，第3页。

③ 同上书，第117—119页。

④ 同上书，前言第9页。

⑤ 同上书，前言第10页。

出来的可作为“公式”进行演绎性应用的结构，类似认知心理学意义上的“图式”一类的概念。可以看出，皮亚杰对于结构的解释是基于列维—斯特劳斯、帕森斯等学者对结构的理解和解释。认为结构是整体意义上的结构，包含一定的因果性和自我守恒性。“结构”需具备三个基本的要素才能称之为结构，即整体性、转换性和自我调整性。整体性是由结构的构成要素之间的对立关系形成，这种对立关系是反映结构特点的规律。这些规律不是单纯静止的规律，而具有“转换”的倾向，正是这些具有“转换”倾向的对立关系持续“建构”着“结构”。结构的“自我调整性”指构成结构的对立关系的“内适性”，这些关系不会超出结构的边界，而只能产生并体现结构特征的成分。①

因为“结构”的以上特征，结构具有某种意义上的封闭性、守恒性和自我调适性。在此基础上，皮亚杰总结了作为方法论的结构主义的两个基本特点：（1）某个领域能否用结构主义概括，取决于在该领域能否找出不向外界寻求解释说明的规律或规则，并因此能建构自己说明自己的结构，即结构的自足性；（2）从某个领域提炼出来的结构具有某种普遍性，其可以被形式化为“公式”解释该领域里的各种现象。② 这正是方法论结构主义的基本内容和思维路径。用结构主义分析问题，首先应根据结构的三个构成要素找出某研究领域的“结构”，再用这个找出来的“结构”，从整体、系统和全集的视角分析思考该领域的一般规律和特征。结构主义实际上试图解决“原子论”还原主义方法论的局限性，理解分析对象的整体性、系统性规律和特征。因为结构主义方法论的以上内容和特征，结构主义被认为是无“人”的、自我封闭的结构主义。对于这一点，皮亚杰作了两点澄清：一是从认识论角度对“主体”概念进行了区别，指出结构主义是有“主体”的结构主义，主体是认识论意义上的共同主体，而非个别主体，主体的认识是超越了个体主观性的理性认识；二是作为方法论的结构主义具有开放性，表现在结构主义倾向于将所有的研究领域都整合进结构主义的范畴，同时又不排斥其他研究方法。③

无论皮亚杰怎么解释，都不能回避经典结构主义在认识论上的二元思

① ［美］皮亚杰：《结构主义》，倪连生、王琳译，商务印书馆 1984 年版，第 4—7 页。
② 同上书，第 2—3 页。
③ 同上书，第 118—120 页。

维和客观主义立场。结构主义遵循的是一种演绎性的思维路径，早期的结构主义不仅反对“还原主义的现象学”，还反对“历史主义的决定论”和“功能主义”。但是，正如帕森斯所说的，结构虽是无意识的，并迟早表现为以稳定的方式强迫个人接受的规范或规则，但规范或规则仍然可能有从价值变化表现出来的功能改变。[①] 价值和规范或规则的相互依赖性使结构和功能的联系成为可能。这是结构主义的转型，帕森斯也因此提出了“结构—功能”的新结构主义方法论。而布迪厄的《再生产：一种教育系统理论的要点》（1970）似乎提供了一种“生成结构主义”的范式。

总之，只要符合以上特点，只要是从整体、系统和全集来进行的研究都可以理解为是结构主义的研究。结构主义旨在根据作为孤立事件或意义基础上的结构性规律对其进行分析，试图通过特定事物内在联系所遵循的一般法则的总体描述来理解特殊事物。[②] 但是结构主义容易忽视大学的文化性和非正式规则与制度的影响力，从而使其在研究大学组织问题时难以概括大学组织的全部特征和规律。

2. 作为方法论的文化主义及其局限性

“文化主义”一词系斯图亚特·霍尔 1992 年在《文化研究及其理论遗产》一文中提出的概念，用来指称理查·霍加特、爱德华·汤普森和雷蒙·威廉斯的人类学与历史主义的文化研究方法。[③] 文化主义并不是结构主义的对立物，只是解释和理解世界的另一种方法。文化研究成为关注的热点是 20 世纪 50 年代中期以后的事情。早期的奠基性代表成果主要有霍加特的《文化的用途》（1958）、雷蒙·威廉斯的《文化与社会》（1958）和《漫长的革命》（1961）、E. P. 汤普森的《英国工人阶级的形成》（1963）。理查德·约翰生认为文化研究存在政治和思想两种传统。政治传统的文化研究与英国新左派的形成有关。新左派批判了经济化约论，即批判把社会、政治、道德和艺术简单化约为经济和阶级结构，而提出社会过程就是文化的重要论点。思想传统的文化研究一般追索至英国文学批评家李维斯及其“细绎”集团。其主要观点认为现代社会的危机在

---

① ［美］皮亚杰：《结构主义》，倪连生、王琳译，商务印书馆 1984 年版，第 87—88 页。

② 夏光：《后结构主义思潮与后现代社会理论》，社会科学文献出版社 2003 年版，第 81 页。

③ 陆扬：《“文化主义”述评》，《三峡大学学报》（社会科学版）2004 年第 5 期。

精神和文化方面而不是经济方面。① 虽然霍加特对早期文化研究产生了重大影响，但从方法论视角对文化研究产生重大影响的是雷蒙·威廉斯。

威廉斯将文化的内涵从传统的、超功利的“精英文化”转向以日常生活为内核的大众文化。提出文化内涵的三个层次：一是理想层面，将文化界定为人类完善的状态或过程，主要指最优秀的传统思想和艺术经典；二是文献层面，即文化是知性的整体；三是社会层面的文化，即文化是一种整体的生活方式。② 而第三种才是威廉斯文化主义的理论基础。按此思路，文化主义的分析就是对整个生活方式中各种因素之间关系的研究，目的是解释和阐明特定生活方式的价值和意义，理解特定生活方式的“共同重要因素”，由此去发现特定生活方式的本质意义。③

尽管汤普森认为文化实际上是不同生活方式、不同利益集团和社会力量相互竞争和冲突的结果，但是，从霍加特、威廉斯到汤普森都坚持了“文化”是一种“特殊生活方式”的立场，强调文化在社会发展中的意义，认为文化主义研究就是对特定生活方式中关系的研究和理解。

阿尔都塞的意识形态理论将文化的内涵引向了意识形态，认为意识形态是一种思想构架，其建构和塑造了我们对现实的意象，是个人同所处环境的想象性关系的“再现”。④ 葛兰西基于阿尔都塞的文化观提出了著名的“文化霸权”概念，实际上是意识形态的领导权。葛兰西认为社会的发展和维持主要靠宣传大众普遍接受的世界观维持，而不是靠国家机器维持。因此，文化霸权的形成不是靠强制压迫和支配实现，而是靠被统治者的自愿赞同，靠一致舆论和意见的形成，这既是一个过程，也是斗争的结果。⑤

作为方法论的文化主义实际上并没有结构主义那么清晰，但是通过对威廉斯、汤普森以及斯道雷等文化主义代表人物观点的简要梳理，仍然可以归纳出文化主义的一些特征：（1）通过分析社会文化和日常惯例，恢复特定社会文化中行动者共享的行为模式和思想；（2）以基于特定文化

① 罗钢、刘向愚：《文化研究读本》，中国社会科学出版社 2000 年版，前言第 2—4 页。

② 同上书，前言第 7 页。

③ ［英］雷蒙·威廉斯：《文化分析》，赵国新译，载罗钢、刘向愚《文化研究读本》，中国社会科学出版社 2000 年版，第 125—126 页。

④ 罗钢、刘向愚：《文化研究读本》，中国社会科学出版社 2000 年版，前言第 12 页。

⑤ 同上书，前言第 16 页。

中的习惯、礼仪、风俗形成的人际关系为媒介，揭示特定文化背后的权力关系、权力的合法性以及核心价值理念；（3）强调人的能动性和文化的积极生产功能；（4）在学科立场上，坚持跨学科，甚至反学科的立场；（5）“文化主义”主要是相对“功利主义”的一个概念。那么，只要具备以上特征的研究都可以看作是文化主义的研究。相对于结构主义，文化主义具有重视“非正式结构”的特点，如对特定人际关系和话语权的关照。这容易使大学权力研究走向“抽象”的理想诉求，在现实中难以执行。因此，需要重视大学正式结构与制度特征，在此基础上诉求大学文化自觉才能有益于大学权力问题的解决。

从结构主义视角研究大学权力制约机制问题需要从大学权力主体关系中找出权力的结构特征和运行规律，这是研究大学内部权力制约机制的基础。从文化主义视角研究大学权力制约机制，需要关注大学内部各权力关系背后蕴藏的价值理念。因为这些价值理念既是权力运行实践的产物，同时，又是凝练、塑造和规范权力的重要因素。挖掘核心价值理念有益于从文化视角构建符合现代大学制度精神的大学权力制约机制。

但总体上有关大学内部权力制约机制的全面系统研究仍很不足。研究的范式受政治学权力制约研究范式影响较大。大学权力既有类似政治领域的科层权力，也有基于知识和技能专长的学术权威。大学权力的二重性结构决定了单纯的结构主义或者文化主义研究范式都存在局限性，因此，需要探究有关大学权力制约机制问题研究的新范式。在具体研究方法和技术方面，规范研究是主要研究方法，基于案例的实证性研究还不是很多。本书将在以往研究的基础上，结合结构主义和文化主义研究范式的各自优势研究大学内部权力制约机制问题。

第四节　研究的理论基础、核心概念与研究方法

一　研究的理论基础

1. 分权制衡理论

分权制衡理论是在分权思想基础上形成的理论体系。其理论渊源可追

溯至古希腊亚里士多德提出的“法治应当优于一人之治”的思想。①亚里士多德认为政府的权力应当分为“议事、行政、司法”三个部分，各部分权力严格按照制定完好的法律行使权力，以此达到防止权力专制滥用的目的。波里比阿对罗马共和国政体中的“元老院、人民大会、执政官”三类权力机构关系作了分析。并在此基础上提出了各种权力相互制约的思想。②西塞罗进一步发展了波里比阿的思想，提出了“元老院、人民大会、执政官、监察官”四权分立模式。近代资产阶级启蒙思想家洛克、孟德斯鸠、杰斐逊等继承和发扬了这一分权制约思想。洛克在否定菲尔麦“君权神授”观点的基础上提出了合法性政府概念，认为合法性政府是以保护私有财产为目的，以议会为最高权力机构的制度形式，实施“立法权、行政权和对外权”三权分治的权力制约关系。③孟德斯鸠根据当时法国君主专制权力对人的自由的压制，提出“一切有权力的人都容易滥用权力，都容易无休止的使用权力，直到有界限的地方为止，所以，为了捍卫自由，必须对权力进行限制”的观点。④孟德斯鸠最后提出了著名的三权分立理论，即立法权、行政权和司法权分别由三个不同的国家机关独立行使、相互协作的思想理论。孟德斯鸠的“三权分立观”也正是狭义上所理解的分权制衡理论。美国政治活动家、总统托马斯·杰斐逊进一步完善了分权制衡理论，并将其践行为美国的国家政体。我国近代资产阶级思想家、政治家孙中山先生将以上分权制衡理论发展为“立法、司法、行政、考试、监察”五权分立制衡思想，并在南京临时政府时期予以践行，认为“官民须一体守法，总统也不过国民公仆，当守宪法，从舆论”。⑤“以权力制约权力”机制正是以分权制衡理论为理论基础。

2. 制度制约权力理论

卢梭是对制度制约权力理论系统研究的早期代表人物，其主要代表作是《社会契约论》。卢梭从人生而自由的前提出发，提出为了维护人的自

① ［古希腊］亚里士多德：《政治学》，颜一、秦典华译，中国人民大学出版社2003年版，第145—146页。

② 《世界史资料丛刊初集：罗马共和国时期》，载张穹、张智辉《权力制约与反腐倡廉》，中国方正出版社2009年版，第59—60页。

③ 分权思想可追溯到柏拉图《理想国》中的“混合国家”观，亚里士多德《政治学》中的“温和民主制”，以及波里比阿《罗马史》中的制约、均衡和分权说。

④ ［法］孟德斯鸠：《论法的精神》，申林译，北京出版社2007年版，第7页。

⑤ 《孙中山全集》（第4卷），中华书局1981年版，第444页。

由权利，必须要有一定的“社会秩序”来维持。这种“社会秩序”是保持所有其他权力的权利，是基于一种“约定”而生成的。[①] 实际上就是卢梭所说的“社会契约”或称“社会公约”，是每个结合者在自由、平等的基础上自愿将其一切权利全部转让给集体，由集体订立的一种契约。这既是国家主权，也是人民主权形成的基础。其一旦形成，就具有至高无上、不可侵犯、不可转让、不可分割和不可代表的特点。卢梭认为，为了使社会契约不致成为一纸空文，必须遵守两点约定：一是只有社会契约才使其他约定具有效力；二是如有不服从这一契约者，共同体要强迫其服从，迫使其自由。[②] 卢梭想根据人类的实际情况和法律可能出现的情况，在社会秩序中寻找某种合法的和妥当的政府行为规则。康德在《法的形而上学原理——权利的科学》中从公法和私法两个层面对私人权利和公共权力及其相互关系进行了讨论。二者都是制度制约权力机制的理论来源和基础。中世纪大学的“特许状”，当前热议的“大学章程”和“议事规则”等则是制度制约权力机制的具体表现形式。

3. 社会制约权力理论

对于社会制约权力理论系统论述的学者主要是托克维尔和达尔。托克维尔的《论美国的民主》是学术界第一部专门论述民主制度的专著。在对美国的民主制度进行实地考察后，托克维尔提出“民主即将在世界范围内不可避免地和普遍地到来，……在民主成长的如此强大，而其敌对者变得如此软弱的今天，民主岂能止步不前”。[③] 对于这样一个民主和平等的全新社会，托克维尔认为“要有一门新的政治科学”。在考察美国后，托克维尔敏锐地发现，人人享有完全的自由和平等是民主社会的价值诉求。但是，这种社会实际上存在以下风险：一是国家权力急剧膨胀，公民在国家的庇护下逐渐失去了自我活动的能力；[④] 二是多数的无限权力容易造成“多数的暴政”局面。[⑤] 因此，托克维尔认为必须对政府权力加以限

---

① ［法］卢梭：《社会契约论》，李平沤译，商务印书馆 2011 年版，第 4—5 页。

② 同上书，第 23 页。

③ ［法］托克维尔：《论美国的民主》（上卷），董果良译，商务印书馆 2011 年版，序。

④ ［法］托克维尔：《论美国的民主》（下卷），董果良译，商务印书馆 2011 年版，第 868—871 页。

⑤ ［法］托克维尔：《论美国的民主》（上卷），董果良译，商务印书馆 2011 年版，第 287—290 页。

制，实现分权制约是可以接受的，但是仅凭这些正式的制度设计还不能保证社会和个人免受国家权力的侵扰。表现在“以权力制约权力”，即分权制约是一种政府权力的自我内部控制机制，遵循的是“多数逻辑”，不能兼顾少数人的利益；此外，“以制度制约权力”机制也不能给个人提供抗衡国家的足够力量。因此，他建议要寻找超越政治领域的外部强大力量来抗衡国家权力以保护个人的自由和平等。托克维尔所说的这个外部强大力量正是“社会”。托克维尔以美国社会为例，认为这种强大的社会力量主要基于“自治的乡镇组织、法学团体、政治社团、言论自由、出版自由、宗教信仰”等要素汇聚而成。达尔充分肯定了托克维尔的社会制约权力思想，并将其进一步发扬光大。这是“以权利制约权力”机制的理论来源和基础。

4. 文化制约权力理论

文化制约权力的思想在古代中国和西方都可以找到源头，其主要以伦理、道德约束权力为缘起。如柏拉图、亚里士多德、孔子等人的著作中都包含着道德伦理和文化制约权力的思想。后来的布迪厄、福柯、吉登斯等也都从权力的“合法性”视角，即文化规范权力的视角构建权力理论。20 世纪 50 年代兴起的文化主义，如霍尔、霍加特、汤普森、威廉斯等更是强调文化规范权力行为的价值和意义。广义的文化制约理论也包含着制度制约权力理论。在高教领域主要表现为对大学精神、大学理念的诉求，如纽曼的《大学的理想》、雅斯贝斯的《什么是教育》等。强调在学术自治和自由的基础上，依靠权力运行的文化自觉规范约束权力。而追溯中世纪大学内部权力制约机制，其主要是基于对知识的敬畏、宗教信仰、严肃的誓言和大学章程来规范和约束权力的。

我国高教法将大学内部权力结构确定为“决策权、执行权、审议咨询和民主管理与监督权”相互协调与制约的结构关系，这一权力结构关系设计不属于平权型权力制约结构关系，而是一种隶属型权力制约结构关系。但从制度设计而言，具有一定的治理倾向。本书将基于以上权力制约理论研究我国公办大学内部权力制约机制问题。

二 核心概念解释与限定

1. 大学内部权力

依据“高教法”和“基层组织条例”有关大学内部权力的界定，本书将大学内部权力构成限定为：以党委会为代表的政治权力、以校长及校长办公会为代表的行政权力、以学术委员会的教授为代表的学术权力和以教职工代表大会为组织形式的民主管理与监督权利四种，这是从权力的性质与属性角度的限定，是讨论权力制约机制现状时的主要依据。

学术界对于大学内部权力的认识有从一元论到多元论的权力观认识过程，其中科尔森提出的行政权力与学术权力二元权力结构论具有典型性和代表性。根据国内外学者的研究判断，欧美学者倾向于从体现大学组织特性的角度界定大学内部权力，如伯顿·克拉克、科尔森等，认为大学的权力主要是学术权力。我国学者倾向于从影响大学决策的角度界定大学内部权力，如李硕豪、秦惠民、毕先顺、林荣日、杨克瑞等。社会学和政治学领域将权力主要限定为一种影响力或支配能力，其本质是集体赋予权力主体个人或团体享有支配公共价值资源的一种资格。根据以上几方面的认识，结合我国高校权力运行文化，本书将所涉及的大学内部权力限定为那些在学校人、财、物的支配和配置方面享有最终支配或影响其配置与支配效果的一类权力，主要为党委会为代表的决策权力、校长及校长办公会为代表的行政执行权力、学术委员会为代表的咨询审议权力及教代会为主要形式的民主管理与监督权利，它们是我国大学治理权力结构的基本构成，是从权力功能角度的限定。

2. 权力制约

政治学意义上的权力制约有广义和狭义之分。广义的“权力制约”泛指对权力的制衡、约束和控制，以防止、制止和控制对公共权力的不当行使。权力制约机制类型主要包括以权力制约权力（分权制约）机制、以制度制约权力机制、以文化制约权力机制和以社会权利制约权力机制几种类型。狭义的“权力制约”主要指西方近代宪政制度以来的分权制衡关系，主要指“立法、行政、司法”三权各自分立，又相互牵制、监督和协调的约束关系。①

从文献梳理看，大学内部权力关系主要指学术权力与行政权力之间的相互制约关系。我国学者的研究还涉及政治权力、行政权力与学术权力之间的制衡、约束关系。研究的结论倾向于强调提升学术权力在学校决策过程中的影响能力，诉求学术权力与行政权力的制约均衡化，要求避免大学

① 赵宝云：《西方六国权力制衡机制通论》，中国人民公安大学出版社 2009 年版，第 3 页。

决策的专制化、官僚化等。本书所讨论的权力制约主要是针对我国高校内部涉及的决策权、行政权、咨询审议与民主监督权之间制约关系的讨论。

3. 大学权力制约机制

“机制”一词最早源于希腊文，原指机器的构造和工作原理，有两层含义：一是指机器由哪些部件组成？为什么由这些部件组成；二是机器如何运作？为什么要那样运作。“机制”一词广泛运用于其他学科领域后意义发生了扩展，主要指有机体的构造、功能及其相互关系。汉语字典将“机制”解释为“原指机器的构造和工作原理。生物学和医学通过类比借用此词，指生物机体结构组成部分的相互关系，以及其间发生的物理、化学性质的各种变化过程和相互关系，主要指内部组织和运行变化的规律、规则”。[①] 有学者认为，“机制”是“指复杂系统结构各个组成部分相互联系、相互制约、相互作用的联结方式”。[②] 还有学者认为机制是“泛指一个工作系统的组织或部分之间相互作用的过程和方式，用于更广泛领域的机制意指事物自身的构成及其运动中的某种由此而彼的必然联系和规律性”。[③] 根据以上理解，本书将“机制”概念限定为反映系统或者有机体结构原理和运行特点的构成要素之间的互动关系和作用方式。机制的要素包括两个部分：一是组成系统或机体的元素；二是元素之间的关系。制约机制就是指反映系统或机体结构原理、运行特点的构成要素之间相互牵制、约束、制衡和作用的关系与方式。

根据以上概念的限定，本书将大学内部权力制约机制界定为构成大学治理结构，且体现大学组织运行特征的各权力之间相互制衡、相互约束的联系方式。这种联系方式主要包括“以权力制约权力”、“以制度制约权力”、“以道德或文化制约权力”以及“以权利制约权力”几种类型。通过以上方式，大学内部的各种权力在同一组织内部互动共存。它们的互动方式直接影响着大学组织内部治理的效果。本书主要是在以上意义上使用“大学内部权力制约机制”概念。

① 佚名：《汉典》(http：//www. zdic. net/cd/ci/6/ZdicE6Zdic9CZdicBA285244. htm)。

② 刘献君：《现代大学制度建设中的若干关系》，《大学》（学术版）2012 年第 1 期。

③ 孔伟艳：《制度、体制、机制辨析》，《重庆社会科学》2010 年第 2 期。

三　研究思路与分析框架

1. 研究思路

本书着重从三个方面回答提出的问题：一是大学内部权力制约机制是什么；二是大学内部权力制约机制运行现状和效果如何；三是完善科学合理的大学内部权力制约机制的路径问题。这三个子问题构成研究的内容框架。对于第一个问题，将主要从历史与比较的视角分析大学权力制约机制形成的逻辑思路，以此达到对大学内部权力制约机制的初步认识；第二个问题，将在第一个问题研究的基础上，根据调研访谈资料和统计分析情况说明权力制约机制运行的现状与问题；第三个问题将在前两个问题研究的基础上，根据本书的理论基础和实际问题，从总体上提出解决问题的对策与建议。整体思路遵循“权力主体—权力关系（结构）—权力制约机制”的研究思路回答提出的问题（见图 1 –4）。

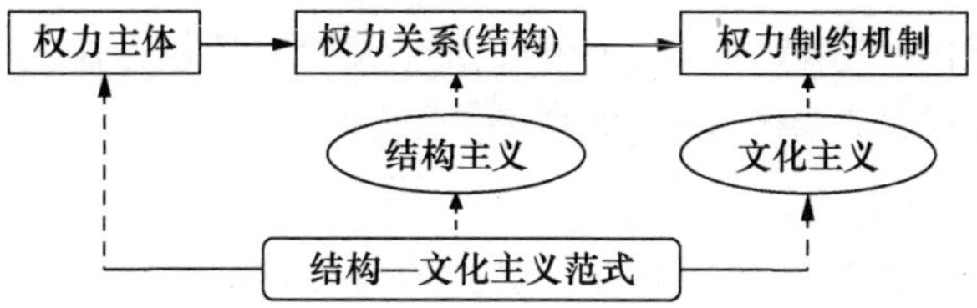

图 1 –4　研究思路

2. 分析框架

根据“权力主体—权力关系—权力制约机制”的思路，本书从纵向形成“历史研究—现状分析”的分析维度，即对中世纪以来大学内部权力制约机制，我国现代大学以来内部权力制约机制的形成和发展逻辑进行分析；横向维度将以“权力主体、权力结构、权力关系、权力核心价值”为分析维度，形成“要素—路径”的分析维度，构建本书的二维象限分析框架（见图 1 –5）。

四　具体研究方法与技术

1. 历史研究法

列宁曾经强调说，最可靠、最必需、最重要的就是不要忘记基本的历

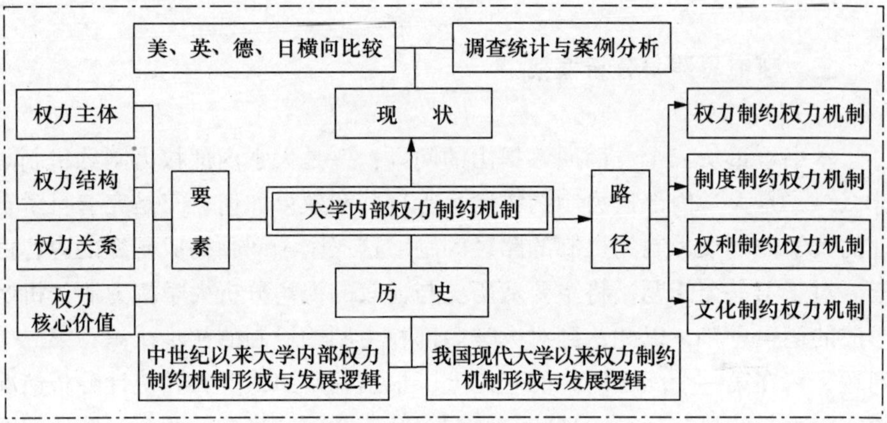

图 1－5　研究分析框架

史联系，考察问题要看某些现象（问题）在历史上是怎么产生的。[①] 本书首先通过对大学内部权力制约机制的历史梳理，探寻大学内部权力制约机制形成、变革的一般特点，为了解和研究大学内部权力制约机制现状、权力制约机制完善路径奠定认识论基础。

2. 案例研究法

案例研究法是一种实证研究，是在不脱离现实生活环境的情况下，对当前正在发生着的现象进行研究，并且这种现象与其所处环境背景之间的界限还不十分明显，这需要借助事先提出的理论假设来指导资料的收集与分析。[②] 考虑到大学权力运行的特点和我国公办大学权力结构的同质性特征，本书将以特定历史阶段的典型学校为个案，分析和说明大学内部权力制约机制的历史演变、运行现状与实际问题，为提出完善科学合理的大学内部权力制约机制对策提供理论和现实依据。

3. 比较研究法

本书的比较主要从两个维度进行，一是从大学权力制约机制变迁的历史和现状进行纵向与横向的比较分析；二是从大学权力制约机制类型的国际国内维度进行横向比较，如我国高校内部的政治权力、行政权力、学术

① 列宁：《论国家》，载《列宁选集》（第四卷），人民出版社 1977 年版，第 43 页。

② ［美］罗伯特·K. 殷：《案例研究：设计与方法》，周海涛等译，重庆大学出版社 2004 年版，第 21—22 页。

权力、民主权利等权力的资源控制力比较，以及美、英、德、日四国权力制约机制类型与特点的横向比较。在比较中发现问题、寻求借鉴，以此提出解决问题的路径与对策。

上　篇

历史溯源

第二章

早期大学内部权力制约机制形成的逻辑与流变

大学权力最初主要是指大学的自治权力，早期的大学自治权指具有特许状的大学自由教学权、考试权、学位授予权等。大学内部权力主体构成相对比较简单，主要是教师协会（教授会或学院）和学生协会（同乡会或民族团）两大集体性权力。随着大学对社会影响的扩大、大学功能的演变与规模的扩大，大学的内部权力构成变得复杂起来，学术权力和学术权利的主导地位逐渐被政治权力、国家权力、社会权力等所分享。今日大学已成为利益相关者共同治理下的学术组织。权力制约的格局也是基于不同权力文化背景下，大学权力主体谈判和妥协的产物。不同类型的权力对于大学决策的影响是不均衡的，构建有效的大学内部治理结构与权力制约关系实质上是平衡各利益相关者之间的利益平衡关系，而这些利益关系的处理需要具体的权力制约机制手段。不同历史时期处于主导地位的权力制约机制类型是不同的，这与大学的治理特征、大学权力的构成及大学权力运行的政治社会背景等有关系。

占主导地位的权力制约机制类型是对特定时期大学内部治理结构和权力关系模式及其运行特征的反映。以此为据，我们将大学内部权力制约机制的形成和演变过程分为“文化制约权力机制”主导的中世纪大学时期、“权力制约权力机制”主导的近代大学和以“社会权利制约权力”为主要特征的现代大学几个发展阶段。以下以“权力主体、权力关系、核心价值理念”为具体的分析维度，对中世纪以来的大学权力制约机制的生成和演变进行简要梳理。

第一节　中世纪大学：文化制约权力机制主导的时期

中世纪大学是多种因素耦合的产物。这些因素包括城市的兴起与自治联盟的形成，教会组织、古典翻译活动与文化交流的影响，以及经济社会分工对新兴专业人才的需求等因素，它们都是中世纪大学产生的条件。而对新知识及拥有新知识的专业人才的需求则是中世纪大学产生的根本动因。十字军东征开拓了欧洲人的视野，1100—1200 年，亚里士多德、欧几里得、托勒密以及希腊医生的著作、新算术和罗马法等知识，经由西班牙的阿拉伯学者，通过意大利和西西里等途径大量传入欧洲，冲破了教会学校的束缚，创造了专门的学术职业和学术行会组织。[①] 这些学术行会组织为大学的创生奠定了原生性组织形态，尤其是其内部治理结构和价值理念。

萨莱诺（Salerno）医学院位于意大利地处那不勒斯附近的一座港口城市，该城市气候湿润、风光旖旎，是古罗马医生公认的理想居所和休养度假胜地。当时的萨莱诺医学院主要提供各类疗养，包括远征的十字军伤员的疗养和治疗等，满足了社会对精湛医术的需求，学院也因此吸引了一批教士名医在此地长期从事医学研究和教学工作。1231 年，萨莱诺医学院因其在医学领域的声誉获得了官方（西西里国王腓特烈二世）的承认。博洛尼亚大学（Bologna）位于自然条件优越、交通便利、商业贸易发达的意大利文明古城博洛尼亚市。贸易纠纷，新兴市民、世俗王权与教会专制统治的矛盾激发了人们寻求用新的法律知识解决矛盾和冲突的愿望。1088 年博洛尼亚法律学校因此建立，其合法地位在 1155 年罗马皇帝腓特烈一世颁发《居住法》后得以认可。巴黎大学（Paris）诞生在政治、经济、文化和宗教中心的法国巴黎市。政治、宗教和学术方面的优势正是巴黎大学诞生的重要条件，它的诞生满足了人们对精神信仰的需求。

三所学校是现代大学的原型学校，除萨莱诺医学院对后世大学的创生影响不大外，博洛尼亚大学和巴黎大学是公认的欧洲所有大学的母体学

---

① ［美］查尔斯·霍默·哈斯金斯：《大学的兴起》，梅义征译，生活·读书·新知三联书店 2007 年版，第 3—4 页。

校。继其之后新创立的学校要么是对博洛尼亚大学的模仿，要么是对巴黎大学的模仿。它们基本都保持了母体学校所特有的宪政建制和习俗惯例。[①] 因为以上原因，对中世纪行会性大学内部权力制约机制的认识，可以以博洛尼亚大学和巴黎大学为案例进行分析。

一　中世纪大学的权力构成

中世纪大学按照发展成熟的阶段可以分为早期行会性大学和制度化建制的行会大学两个阶段。早期的行会大学主要指13世纪以前的大学，是指没有校舍、没有自己的收入，甚至也没有章程的一类大学。当时所谓的"大学"仅仅意味着一定数量、身份多元的人们所聚集的地方，即"公会群落"（universitas vestra），是罗马法意义上的合法社团或法人，其财政来源主要靠学生的学费。[②] 1280年博洛尼亚大学部分地采取薪俸制，削弱了学生对大学的控制。[③] 13世纪以后，教皇亲自创建大学成为一种潮流，如1215年，教皇特使为巴黎大学制定了第一个大学章程，完成了由习惯认可的大学向由法律承认的大学转变。类似的如1224年腓特烈二世在那不勒斯创建的高等学科研习所、1245年教皇格列高利九世创建的图卢兹大学等。[④] 大学教育场所、财政收入和教师身份的固定化意味着大学的制度化建制。制度化建制的中世纪大学组织结构比较简单，其管理任务主要局限为维护大学的自治权和组织管理教学。[⑤]

从治理特征而言，中世纪大学主要有两种类型，学生型大学和教师型大学。博洛尼亚大学是学生型大学的代表。学生型大学指管理大学的主要权力基本掌握在学生手中，如教学组织管理权、教师管理权、薪酬分配权、惩罚权、解除教职权，以及教师享受薪俸的提名权等。可见，学生协会享有博洛尼亚大学最主要的权力。除此之外，博洛尼亚大学的教师协会则享有诸如考试权、教师许可证的发放和审核权等权力。这意味着在学生

---

① ［英］海斯汀·拉斯达尔：《中世纪的欧洲大学》（第一卷），崔延强等译，重庆大学出版社2011年版，第10页。

② 同上书，第4页。

③ 张磊：《欧洲中世纪大学》，商务印书馆2010年版，第372页。

④ ［英］海斯汀·拉斯达尔：《中世纪的欧洲大学》（第一卷），崔延强等译，重庆大学出版社2011年版，第6页。

⑤ ［法］雅克·韦尔热：《中世纪大学》，王晓辉译，上海人民出版社2007年版，第41页。

型大学，教师也是影响博洛尼亚大学治理的重要权力主体。教师协会的以上权力直到1219年，教皇决定由博洛尼亚副主教负责考试并颁发教学许可证书后才得以削弱。[①] 由于大学享有的各项特权是教皇授予和认可的，因此教皇也是影响大学决策的重要权力主体。从具体的权力构成而言，博洛尼亚大学有由学生选举、负责同乡会管理工作的同乡会会长（proctor，rector），从同乡会会长中选出来的校长（rector），以及由同乡会代表、理事、司库构成的大学委员会等权力主体与组织机构。

巴黎大学是教师型大学的代表。其内部组织机构同样主要由同乡会和学院构成。与博洛尼亚大学略有不同，巴黎大学的同乡会是以基础学部的教师为核心构成，他们既是教师，同时又是其他三个更高级学院的学生。[②] 基础学部内部有法兰西、皮卡第、诺曼与英格兰四个同乡会（nations），各个同乡会都选有自己的同乡会会长。而同乡会会长推选的院长是事实上的学校校长。至少在14世纪中叶，学部长是不可辩驳的“首领人物”。[③] 拉斯达尔的研究表明，巴黎大学人文学院的教师几乎全权负责大学的事务并享有大学的治理权，高级学院的教师只是表示赞同人文学院教师的决策而已。[④] 说明教师，尤其人文学院的教师是巴黎大学的重要决策权力主体。虽然现有的文献很少提及巴黎大学学生的实际权力，但是从同乡会的权力可以判断巴黎大学的学生也拥有一定的学校治理权力。除此之外，巴黎主教座堂主事对大学内部事务也有很大的管理权限，如教师资格认证、剥夺教师从业资格或者学者身份的权力、司法裁判权、颁布规章或者训令与治理权，规训教师与学者的权力等。[⑤] 尽管主教座堂主事后来的权限仅限于教师资格认证，并且以名誉校长的身份存在，但是，巴黎主教座堂主事是影响大学内部事务决策和管理的重要权力拥有者。另外，大学内部还有一些影响决策的其他组织机构，如四大系科教师团、“学校全体大会”、同乡会等。大学还有一些常设性或临时性的行政职位承担学校

---

① ［比］希尔德·德·里德—西蒙斯：《欧洲大学史》（第一卷），张斌贤等译，河北大学出版社2008年版，第51页。

② 张磊：《欧洲中世纪大学》，商务印书馆2010年版，第123页。

③ ［英］海斯汀·拉斯达尔：《中世纪的欧洲大学》（第二卷），崔延强等译，重庆大学出版社2011年版，第85页。

④ 同上书，第27页。

⑤ 同上书，第20—21页。

的专门管理工作，如在全体大会上负责收集选票、宣读阅读材料、宣读布告和新章程条文等事务的“执礼杖者”。被任命为收取学费和记录账目的“司库”（beadles）、财务员、学监（chancellor，procuratores），以及负责法定事务、办理捐赠手续和已故大学成员葬礼的“司铎”等行政人员。[①] 但他们既不属于教师团体，也不属于学生团体，而是纯粹的行政服务人员。

博洛尼亚大学与巴黎大学虽然在治理上有所差别，但它们的组织形式却是彼此形似的，权力构成和组织结构也有相似之处。

二　中世纪大学的内部权力关系

中世纪大学的内部组织结构主要由学院（faculty，college）和同乡会（nations）组成。学院是以学科为单位划分形成的组织机构，是与教学相关的大学行政分支机构。最早的学院是解决学生住宿的地方，后来演变成了专门用于教学和研究的组织机构，主要包括神学院、法学院、医学院和人文学院四个学院。其中，人文学院的地位要低于前三个学院的地位。同乡会是以生源地为单位形成的组织，是同籍学生自愿组织起来实现“接纳、互助、友爱”为目的的组织形式。同乡会在中世纪大学中有着重要的作用，在大学早期基本是大学行会性质的直接体现。同乡会有自己的标志、印章、注册登记簿、资料室、经费来源、收支记录及组织规则等，并参与学校的决策。[②] 不同大学的同乡会在学校内部的实际影响力略有不同。意大利南部大学同乡会的作用就超过了学院的作用，也有些大学的同乡会却没有发挥过作用，如西班牙的一些大学等。但是，同乡会在演变的过程中对大学发展的影响最终不及学院的影响，尤其是民族国家形成后，随着大学国际化交流的减少，同乡会基本失去了存在的社会基础。

学院和同乡会都有全体成员推选出来的“院长”和“会长”。院长主持院务全体会议，管理学院各方面事务，特别是教学事务，如课程、讨论、考试等。占人数优势的人文学院院长是实际上的大学校长。而同乡会会长在博洛尼亚大学是大学校长的主要助理，会长一职后来成了学者首领

① ［比］希尔德·德·里德—西蒙斯：《欧洲大学史》（第一卷），张斌贤等译，河北大学出版社 2008 年版，第 139—140 页。

② 同上书，第 126 页。

的称呼。[①] 学院和同乡会是大学内部两种不同类型的组织。学院的主要任务是组织教学、专事学术事务，而同乡会则更倾向于学术以外事务的管理。[②] 除这两种组织外，大学内部还存在“议会”这样的组织。议会由同乡会会长推选的人员组成，代表同乡会员利益参与大学行政管理工作。[③]

以上是中世纪大学内部组织结构与权力构成的基本情况，学院最初以教师为主体构成，而同乡会最初以学生为主体构成。学院的制度化建制使得大学学院和同乡会从13世纪开始分化，并成为现代大学的基本组织构架。再随着大学章程法律效力的生成以及独立法人资格的取得，行会性大学逐步形成以学院和同乡会为组织结构特征的运行系统。这一组织运行系统是中世纪大学内部权力结构、权力关系形成的基础。根据以上分析，用图2-1简要描述中世纪大学内部权力关系结构。

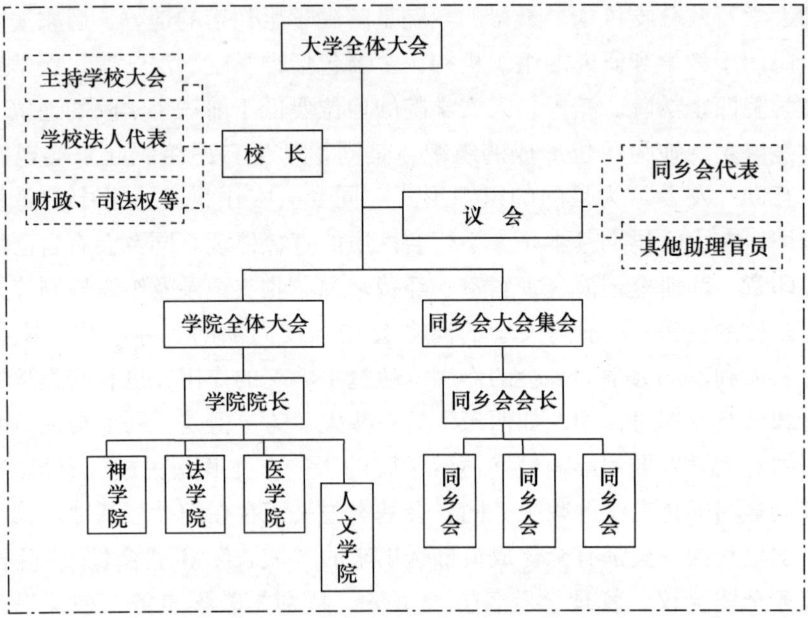

图2-1 中世纪行会大学的权力关系结构

① ［英］海斯汀·拉斯达尔：《中世纪的欧洲大学》（第二卷），崔延强等译，重庆大学出版社2011年版，第26页。

② 宋文红：《中世纪大学的演进》，商务印书馆2010年版，第184—185页。

③ 同上书，第182页。

大学全体大会（general assembly）与选举出来的校长（rector）共同分享着大学的权力，这既是希腊民主精神的体现，也是行会性大学的重要特征。全体大会有教师构成型、教师和学生共同构成型以及学生构成型三种类型。全体大会拥有大学法人资格和合法的行政权力。① 校长主持会议，并负责决定大会召开的具体时间、地点和日程安排。大会一般在修道院或者教堂举行，讨论的事务由学院或者同乡会提出，由校长提交大会讨论。大会决策机制主要是以投票表决的方式进行，遵循多数票决制，讨论结果由作为大学法人代表的校长宣布。全体大会的决定由校长负责执行，必要时，可委派由同乡会代表、司库等助理官员组成的议会协助执行处理具体事务。对于有争议的问题，一般由学院或同乡会单独处理，大会期间如果无法达成共识，则不进行投票和表决。

大学校长是由学校集体成员选举产生。学生型大学校长由学生在学生群体中选举产生，如博洛尼亚大学。教师型大学校长由教师从教师群体中选举产生，如巴黎大学。而混合型大学校长则由教师和学生联合选举出来的教师担任。选举产生的校长需要具备以下条件：一是年满25周岁，二是神职人员，三是拥有一定的财产，四是大学毕业且道德高尚。② 实际上，巴黎大学人文学院的院长是名副其实的校长，而博洛尼亚的校长是从同乡会会长中遴选出来。校长的任期并不固定，短的有1—3个月任期，长的有1—2年不等。大学校长是学校的首席官员，是全会决策的首席执行者和学校法人代表。校长有资格以其名义协商或介入司法，并拥有对大学的民事司法权和财政管理权（和同乡会的财政员共同拥有财政管理权）等，校长接受大学全体会议的监督，并对全体大会负责。③

议会代表各同乡会利益，协助校长直接参与大学行政管理。④ 被推选的议会成员必须是大学的正式成员，即教师和学生、同乡会会长或学士等，但是文学院的普通学生因为年龄幼小往往被排除在议会人选之外。教师或学生的仆人、执礼杖者、差役、抄写员、书商、信使等也不具有入选

---

① ［比］希尔德·德·里德—西蒙斯：《欧洲大学史》（第一卷），张斌贤等译，河北大学出版社2008年版，第125页。

② 同上书，第132页。

③ ［法］雅克·韦尔热：《中世纪大学》，王晓辉译，上海人民出版社2007年版，第40—41页。

④ 宋文红：《中世纪大学的演进》，商务印书馆2010年版，第182页。

议会成员的资格。[①] 现在看来，议会从其组织程序、构成人员及其功能来看，似乎与我国的大学学术委员会相当，但又比我国学术委员会的权力更宽广。因为它们具备协助执行学校全体大会认为任何必要的“紧急事务和决定”。

早期的大学学院远远没有同乡会组织那么有影响，主要是为贫困学生提供公寓（domus scholarium），后逐渐演变成了自治或半自治的学术社团。学科倾向的学院建制至少与两个因素有关：一是学术渊博的名师效应；二是教师行会形成及行会法人地位的确立。神学在巴黎的盛名与阿贝拉尔这一传奇人物有关。皮特·阿贝拉尔（Peter Abelard，1079 年生于法国一封建领主家）是中世纪著名的神学家、哲学家、思想家。其在巴黎大学产生的影响足以与伯利克里的雅典（Athens in the days of Pericles）以及洛伦佐·德·梅第奇的佛罗伦萨（Florence in the days of Lorenzo dé Medici）相比肩。[②] 在阿贝拉尔的巴黎大学时代，欧洲学子群涌巴黎之旅持续了一个多世纪。博洛尼亚大学的法学与比波（Pepo）和欧内乌斯这两个人物有很大关系。以《法学汇编》研究复兴为标志的博洛尼亚学院的崛起正是源于比波这位曾在该学院教学的法学教授。[③] 拉斯达尔根据后人的评价，认为正是由于欧内乌斯举办的法学讲座使博洛尼亚大学在欧洲范围内获得了巨大的荣誉。[④] 类似的如康斯坦丁诺斯（Constantinus Africanus）对萨莱诺医学院的影响等。这些可以看作是学术权力在大学的影响。此外，学科化的学院形成还与教师协会法人资格及外部环境变化有关。如 1219 年教皇何诺三世禁止民法研究，但却支持神学研究的立场使巴黎大学在学科发展上形成神学、教会法学、医学和人文博艺学四大系科结构。[⑤] 这为四大学院的建制奠定了基础。在与教会的博弈过程中，教师协会一方面争取了教学权力，另一方面通过争取制定学院章程、设立公共印章及安排行政人员的权力，巩固和维护了学院的自治权力。至 15 世纪时，

---

① ［比］希尔德·德·里德—西蒙斯：《欧洲大学史》（第一卷），张斌贤等译，河北大学出版社 2008 年版，第 41 页。

② ［英］海斯汀·拉斯达尔：《中世纪的欧洲大学》（第一卷），崔延强等译，重庆大学出版社 2011 年版，第 46 页。

③ 同上书，第 80 页。

④ 同上书，第 81 页。

⑤ ［英］海斯汀·拉斯达尔：《中世纪的欧洲大学》（第二卷），崔延强等译，重庆大学出版社 2011 年版，第 30 页。

学院制结构已成为巴黎大学唯一的合法结构。

学院和同乡会制度化建制后都拥有自己的“集体大会”，并有选举产生的“院长”（master，principal，president）和“会长”（rector，procureurs，conseillers）。学院全会和同乡会集会都是各自的最高决策权力，管理着各自的各项内部事务。提交全校集体大会的议题一般都已在院集体大会或同乡会集会充分讨论过。学院的集体大会由学院院长主持，遵循少数服从多数的决策原则。学院之间没有谁优于谁的特权。在集体决策中，任何不同意决策结果的学院都可以通过拒绝交出存有大学印章柜子的钥匙阻碍决策程序的进程。学院院长和校长是大学的实际领导者，同乡会会长既是同乡会的首席官员，也是校长的得力助手。

通过以上分析，中世纪大学内部权力结构和关系从纵向维度看，是“全校集体大会—校长—议会—学院集体大会/同乡会集体大会—学院院长/同乡会会长—学院/同乡会”构成的隶属权力关系。其中集体大会是学校的决策权力，校长、院长和同乡会会长是大会决策的执行权力主体。从横向维度看，学校内部主要包括两大体系，一是以学院为特征的组织机构；二是以同乡会为特征的组织机构。前者代表着教师协会的运行特征，而后者代表着学生团体的利益。整体上体现了学术权力在教师和学生群体之间的分享。学院和同乡会此消彼长的发展演变塑造了中世纪行会大学的权力关系结构和运行特征。

三　中世纪大学的价值理念

大学内部权力主体共享的价值理念既是各权力主体妥协的产物，又反过来塑造着大学内部的权力关系格局，体现了大学权力主体之间独有的互动方式和制约关系。

中世纪大学已经是组织化了的法人社团，具备中世纪行会的基本特征，是专门负责学术训练的特殊行会组织，具有为知识而知识的价值诉求。中世纪大学同时还是职业性组织和宗教性组织。就大学内部权力构成而言，学校最主要的权力是学术权力，包括自由教学权力、学术决策权力、考试权力和学位授予权力等。而其他的“官僚”权力则主要是一种行政服务权力，如校长、同乡会会长、院长等。这些行政人员通常不被支付薪水，只是享有征集款、罚款的一部分，以及开支津贴和实物性捐赠的享有权。[①] 由教授会和同乡会选举产生的校长须遵守大学章程，并受行会成员的监督和约束。大学的最高决策权力是“学校集体大会”，大会的决策主要基于以下理念：

1. 信仰先于科学

中世纪的大学无一例外都是教会法保护下的行会组织。中世纪教育的教会性格与教士是罗马文明凋零后唯一占有知识的社会阶层有关。教士所创建的修道院主教座堂学校是中世纪大学的前身。修道院学校的教会性质决定了早期大学的教师资格、教学内容及教育目标等方面的要求，也决定了大学制度的建制方式。[②] 而信奉知识是上帝的恩赐，是教会性大学各类权力主体的基本信念。在这一信念支配下，知识的传授不得以金钱为交换，违者以买卖圣物罪论处。教师的薪俸须以“馈赠”的名义而非报酬的名义获得，即使是教会和地方当局后来发放给教师的固定薪俸也只能以“教士”的身份获得。而向主教和学校宣誓忠诚，维护虔诚、仁爱、谦恭，给学生父亲般慈爱，尊重大学任职人员是中世纪行会大学最基本的学术伦理要求。[③] 也是规范一切权力主体活动的准则，如果违背是要受到严厉惩罚的。

2. 神圣的誓言具有普遍的约束力和严肃性

中世纪行会的一个重要作用就是自我保护，有共同的誓言或规则，这些共同的誓言和规则对行会成员具有普遍的约束力。中世纪行会大学也以“誓言”为管理的合法性手段之一，如巴黎大学 1208 年和 1209 年制定的誓言细则就曾得到了教皇英诺森三世的认可，并且在教皇圣谕《知识之父》中得到详细说明。[④] 神圣的誓言具有普遍的约束力和严肃性，规范和约束着一切权力行为。违背誓言者不仅会名誉扫地，受到其他信仰者的精神惩罚，而且会被定为死罪，甚至在宗教法庭遭受“拯救灵魂”的处

---

① ［英］海斯汀·拉斯达尔：《中世纪的欧洲大学》（第一卷），崔延强等译，重庆大学出版社 2011 年版，第 146 页。

② 同上书，第 16—17 页。

③ ［比］希尔德·德·里德—西蒙斯：《欧洲大学史》（第一卷），张斌贤等译，河北大学出版社 2008 年版，第 34 页。

④ Hidde de Ridder – Symoens, *A History of the University in Europe*, Cambridge University Press, 1992, p. 24.

罚。[①] 誓言主要是通过宣誓效忠大学、效忠主教和校长来实现。誓言的约束力直到14世纪末随着对上帝信仰的怀疑才逐渐减弱的。

3. 大学章程既是维护大学自治的依据，也是规范权力的重要机制

早期的大学章程是大学自行制定的规章制度，大学校长的治理权必须依据大学章程行使。实际上，无论校长、同乡会会长或是学院院长都要遵守章程，并根据章程的规定，通过宣誓厘清彼此之间的权利与义务，以此表明对大学的忠诚。[②] 章程的规定涉及权力主体的权利与义务、可用与禁用的教材、罢课权，以及教师教学资格权利、教师礼仪和参与各类社会活动的权利等内容。[③] 对于大学章程的法律效力，1219年和1222年的两则教皇谕令声明可以说明。谕令声明如果没有主教、主教座堂宗教团或主事的同意，大学内部自行制定的章程一概不得通过，这一禁令适合于大学制定的所有规章制度。[④] 至此，大学章程成为大学内部自治法令，对组织成员具有普遍约束力。

四　权力制约机制

根据以上分析可以发现，信仰、誓言和大学章程既是规范中世纪行会大学一切权力的手段，也是维持各类权力关系的重要机制。信仰是以一种神秘不可知的力量规范和约束着大学各类权力的运行。誓言是在信仰的基础上，以大学的行会属性为依据形成的规范和制约权力的手段，而大学章程则是基于信仰和誓言形成的最具可操作性和可继承性的一种权力制约机制手段。

教皇和世俗皇权通过掌握大学特许状、教师资格授予权、主教特使授予权等制约着中世纪行会性大学的自治权力，而大学则通过罢教权、迁徙权、申诉权等对抗教皇和世俗皇权控制大学的权力，这是大学的外部权力关系。从大学内部看，大学集体大会是学校的最高决策权力，校长是民主

① Hastings Rashdall, *The Universities of Europe in the Middle Ages*, Vol. 1, ed. F. M. Powicke and A. B. Emden, New York: Oxford University Press Inc., 1936, p. 152.

② ［英］海斯汀·拉斯达尔：《中世纪的欧洲大学》（第一卷），崔延强等译，重庆大学出版社2011年版，第117页。

③ ［比］希尔德·德·里德—西蒙斯：《欧洲大学史》（第一卷），张斌贤等译，河北大学出版社2008年版，第34页。

④ ［英］海斯汀·拉斯达尔：《中世纪的欧洲大学》（第二卷），崔延强等译，重庆大学出版社2011年版，第24页。

选举出来的“官员”，拥有学校大会决策的最高执行权；学院集体大会和同乡会集体大会是基层决策权力组织，院长和会长拥有的是基层决策执行权力。各权力主体都必须严格遵守大学章程和议事程序做出决策。虽然大学成员要向校长宣誓忠诚，但是校长也要受集体大会和学校成员的约束和监督。他们之间的关系主要依靠誓言和规章制度维持（见图2－2）。

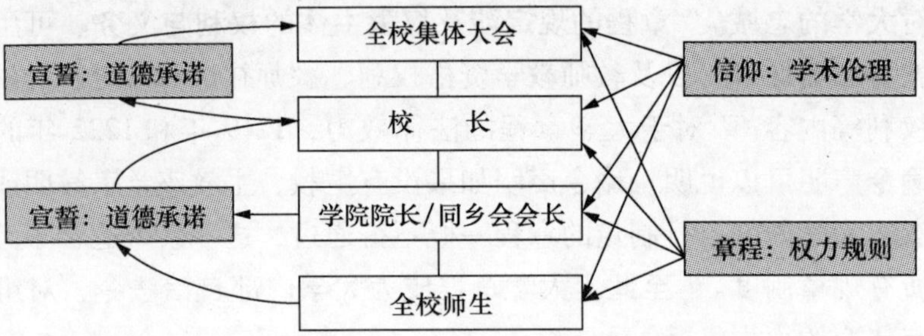

图2－2　中世纪行会性大学内部权力制约机制

总体而言，中世纪行会大学内部权力制约机制表现为以“信仰”和“宣誓”为主要特征的文化制约权力机制，同时也包括以大学章程和特许状为特征的制度制约权力机制，以及由学院院长和同乡会会长关系形成的权力制约权力机制类型。而依靠学术伦理文化和宗教信仰文化约束权力是其主要特征。

第二节　近代大学：权力制约权力机制主导的时期

中世纪大学虽然受外部宗教和世俗皇权的干涉，但其仍具有独立的法人资格，且内部权力关系构成相对比较简单，这是“信仰、宣誓和大学章程”能成为大学内部权力制约机制手段的社会基础。中世纪末期，教会内部的不稳定使教会的威信逐渐没落，教会权力因此被君权逐渐所取代，世俗政权逐步加强了对大学的控制和干预，信仰和宣誓作为权力制约机制的社会基础也因此被削弱了。大学的内部权力构成、权力关系、权力主体共享的价值理念，以及权力制约机制也因此发生了变化。近代大学不仅失去了行会时代的自由和自治，而且丧失了知识垄断的地位。大学权力关系、权力制约机制因为国家权力的干涉而表现出科层化的权力监督制约特征。如意大利式学生大学已发展成了教师大学，学生基本没有了参与大学决策的权力，同时，教师也已失去了参与选举校长、参加宗教仪式甚至学生典礼的权力。[①] 校长不再是教师和学生选举产生并主要受其制约监督的权力主体，而是由政府任命并主要受政府权力监督约束的对象。权力制约机制也因此从以文化制约权力机制为主转向以权力制约权力机制为主要特征的历史时期。以下以这一时期最具代表性的大学为例进行分析说明。

一　巴黎大学

文艺复兴和宗教改革后的巴黎大学不再是中世纪的行会性大学，大学内部组织结构和权力关系发生了重大变化。作为行会大学重要组织制度的同乡会的重要性在 15 世纪末、16 世纪初明显衰落。1619 年，路易八世废除整个法兰西王国的同乡会大会，使同乡会彻底失去了合法性地位（同乡会最终被转为文学院的一个系）。[②] 与此同时，世俗政权想方设法控制大学，将大学变为政府实施统治的工具，而且要求所有的大学人员服从政府监管，并与政府的“政党路线”保持一致，此外，还要求大学教授宣誓效忠国王及国王承认的教义。[③] 国家政权深度干涉大学内政直至直接控制大学，如 1598—1600 年，法国国王亨利四世为巴黎大学制定了新章程，并在 1600 年宣布巴黎大学从此以后由国家直接掌管，政府有权详细规范巴黎大学的课程设置和学术规范。[④] 至拿破仑政府时期，国家对大学的行政控制达到登峰造极。1808 年拿破仑政府颁布《关于帝国大学条例的政令》后，法国真正意义上的大学已经不复存在，巴黎大学名存实亡。帝国大学成为法国这一时期唯一的“大学”，尽管它是实际上的教育行政机构。

1885 年 7 月 25 日，法国大学取消已久的法人资格重新得以恢复，12 月 28 日的法令则确定学院理事会和教师代表大会为学院行政管理机构。[⑤]

---

① ［比］希尔德·德·里德—西蒙斯：《欧洲大学史》（第二卷），张斌贤等译，河北大学出版社 2008 年版，第 174—175 页。

② 同上书，第 175 页。

③ Willis Rudy, *The Universities of Europe*, 1100 – 1914: *A History*, New Jersey: Fairleigh Dickinson University Press, 1984, pp. 64 – 65.

④ 李兴业：《巴黎大学》，湖南教育出版社 1988 年版，第 32 页；贺国庆等：《外国高等教育史》，人民教育出版社 2006 年版，第 70 页。

⑤ 邢克超：《战后法国教育研究》，江西教育出版社 1993 年版，第 46 页。

这一时期的巴黎大学内部权力构成及其关系主要有以下特点：（1）教育部长亲自担任学校主管，管理权由教育部长委派学区副总长行使；[①]（2）校长代表教育部长在学校行使权力，并对教育部长负责；（3）学院理事会和教师代表大会是大学的行政管理机构。理事会由教授组成，有权管理所属学院的财政、教学和科研活动以及教师晋升、内部章程制定等。教师代表大会主要负责审议教学、研究和学校生活事宜；[②]（4）1896 年议会通过的立法规定，大学教学和财政事宜由校长领导下的理事会负责；[③]（5）虽然基于学科的垂直权力结构已形成，但是院系主任仍然是学科权力的实际拥有者。

大学理事会和教师代表大会的形成奠定了后来欧洲大学内部权力的“行政—学术”二重性组织构架（见图 2－3），使巴黎大学的内部权力结构也基本告别了学院和同乡会及全体教师大会框架下，以信仰、誓言和特许状为主要权力制约机制特征的行会式大学时代。

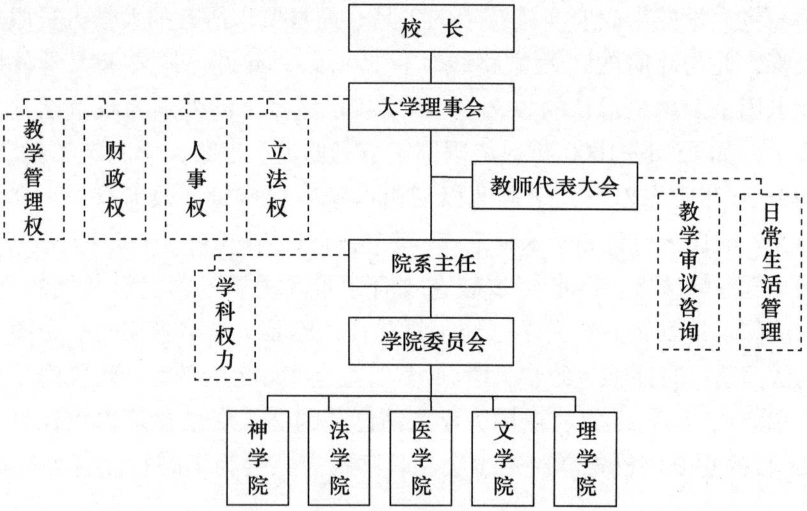

图 2－3　巴黎大学内部权力结构关系

① 王晓辉：《步履蹒跚依然优秀——巴黎索邦大学创建 800 年之思考》，《比较教育研究》2004 年第 8 期。

② 李兴业：《巴黎大学》，湖南教育出版社 1988 年版，第 53 页；贺国庆等：《外国高等教育史》，人民教育出版社 2006 年版，第 185—186 页。

③ 贺国庆等：《外国高等教育史》，人民教育出版社 2006 年版，第 186 页。

整体而言，近代巴黎大学的内部权力结构关系是基于学科形成的垂直结构。理事会、教师代表大会两大权力结构的出现某种意义上奠定了大学的“权力结构二重性”特征，具有一定的继往开来性。校长领导下的理事会享有学校的最高行政权力，而教师代表大会及院系主任则是大学的学术权力组织和代表。学院委员会主席由院长担任，委员以教授为主，不再由全体教师成员构成。从权力的产生方式而言，校长主要是中央政府任命的官员，对教育部长负责而不是对学校全体大会和师生员工直接负责。院系主任是从学院委员会推选出来，由校长任命并对校长负责，是大学的基层权力代表。以上是这一时期巴黎大学的内部权力关系结构。

由于教会控制巴黎大学的局面已被世俗王权所替代，因此，权力关系与制约机制也发生了一定的变化。中世纪大学权力主体共享的信仰和誓言价值理念，在世俗王权控制下的巴黎大学已转变成了“国家主义”和“社会责任”。这种理念重新塑造了大学内部权力运行的方式和惯习，也使集权控制的政治文化成为这一时期约束大学权力的特殊机制手段。表现在各类权力主体都主要向授权主体负责，并受其约束。除此之外，大学章程和各类规章制度规则也是制约大学内部权力的机制手段。而双重集权控制的内部权力关系，也使以学科为基础，代表学术权力的学院委员会、院系主任与以授权为基础代表政府权力的校长之间呈现分权分工制衡的趋势。

总体上，巴黎大学这一时期的内部权力制约机制主要是以“国家权力控制的政治文化、大学章程和分权制约机制”为主要机制手段（见图2－4）。这一特征一直维持到1968年“五月风暴”前。

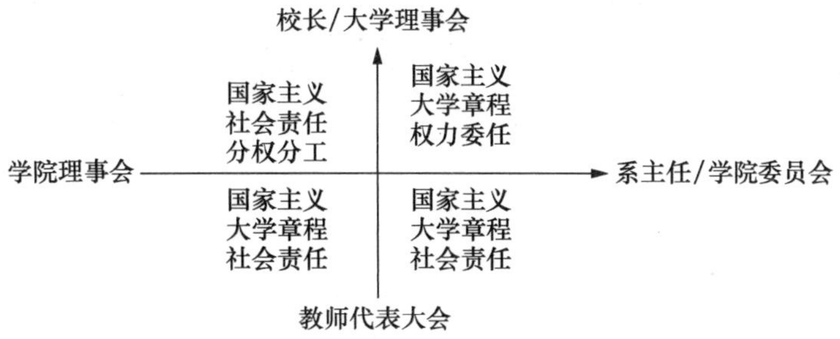

图2－4　巴黎大学内部权力制约机制

二 柏林大学

创建于民族危亡时期的柏林大学（1810年）从大学理念、权力关系、教学方式等方面体现了德国近代大学的典型特征。其不仅对德国高等教育发展产生了重大影响，也对欧美甚至世界高等教育的发展产生了重要影响。

柏林大学因为其产生的特殊背景，其大学理念实际上具有双重性，一是"国家主义"；二是"为科学而生活"，即研究"纯粹的知识"。这两种近乎矛盾的大学理念塑造着这一时期柏林大学内部权力关系的特征。

普法战争失败后，前哈勒大学校长施马尔茨（H. Schmalz）1807年8月率团觐见国王德里希·威廉三世，请求建立柏林大学，为民族强盛培养精英人才。该请求得到了国王的充分肯定，认为国家必须用脑力来补偿物质方面的损失。[①] 国王因此给予了柏林大学以丰厚的建校经费支持，并将柏林大学的经费支持纳入政府财政预算。建校伊始，大学校长和学院院长都是依据内阁令委任的学校行政官员。1810年9月28日，施马尔茨被任命为柏林大学的第一任校长，而施莱尔马赫、比内尔、胡夫兰德和费希特被任命为神学、法学、医学和哲学四系科的院长。[②] 虽然，柏林大学建校后，校长、大学评议会成员和各系科院长都是由校务委员会选举产生，但是政府的"确认"已成为其任职和获得合法性权力的一个必要程序。而1819年联邦会议通过的"卡尔斯巴德"决议更是强化了政府对大学的控制，即政府向每所大学派驻代理人（大学学监），并直接向部长报告工作。[③] 至此，代表国家权力的大学学监成为学校内部权力构成。

实际上，大学学监既代表着政府的利益，也代表着大学的利益。学监通过与教育部和大学的直接交往完成公务工作。而此时的柏林大学教授已是政府任命的"官员"，拿国家的俸禄，受国家意识的严格约束。副教授

① Daniel Fallon, *The German University: A Heroic Ideal in Conflict with the Modern World*, Boulder: Colorado Associated University Press, 1980, p. 9.

② 施马尔茨是被政府直接任命的柏林大学的第一任校长，而费希特是柏林大学校务委员会选举并得到政府确认产生的第一位校长。参阅 GERH ARD KR GER (Hg.), *Die Humboldt - Universitt Gestern - Heute - Morgen*, VEB Deut sc - her Ver lag der Wissenschaften Berlin, 1960, p. 20, 载张斌贤等《柏林大学建校史：1794—1810》,《高等教育研究》2010年第10期。

③ 贺国庆等：《外国高等教育史》，人民教育出版社2006年版，第162页。

和讲师则主要受学校教授会的约束。教授会根据编外讲师的学术成就和教学能力从中挑选所需的副教授，根据相同方式又从副教授中挑选教授，教授身份由教授会选举、提名，教育部确认产生。①

以上是从国家政治权力视角而言。从学术权力考虑，研究所（institute）和讲习所（seminar）是学校最基层的组织，同时也是最具学术权力的组织机构。讲座教授是研究所唯一的负责人，掌握着学科领域的具体研究情况，包括对编外讲师（是具有授课资格的博士后人员，不享有国家俸禄，仅靠学生学费维持生活）和助教（根据教授工作需要，由教授推荐，但不具有大学正式成员身份的一类工作人员）的控制，掌控着讲师的实验与教学活动，以及助教的任职资格推荐权等。② 院务委员会（inner faculty）是学院层面的唯一决策机构，学院教授是当然成员，院务委员会主席由院长担任，负责主持会议等事务。院务委员会通过与教育部的协商，也拥有处理相关行政事务的权力，如负责课程安排、考试和学位授予，以及向教育部长推荐空缺讲座教授候选人的权力等。③ 教授会代表着柏林大学的学术权力。教授会由全体教授组成，享有对学校各项事务的决定权，如遴选校长、聘任教授等。教授会实际上由各院务委员会成员组成，因为正教授是院务委员会的当然成员，而教授会又是由全体正教授组成。因此说教授会又可以看作是各院务委员会组合而成的学术权力组织。教授会享有学术事务的决策权和章程赋予的其他权力。任期一年的校长由全体教授从教授会成员中选举产生。校长既是学校的最高行政代理，也是学校的最高学术权力代表。他们需要得到政府的“确认”和“委任书”才能正式入职和享有合法权力。校长同时也是校评议会主席，享有会议主持权等。

大学评议会（senate）是柏林大学的最高权力组织机构，由 15 位成员组成，包括新任、卸任院长各 4 名，新任、卸任校长各 1 名和教授代表 5 名。④ 而且教育部部长的行政、财政代理被邀请出席几乎所有的评议会，

---

① ［美］亚伯拉罕·弗莱克斯纳：《现代大学论——美英德大学研究》，徐辉等译，浙江教育出版社 2001 年版，第 285 页。

② 胡钦晓：《社会资本视角下 19 世纪柏林大学之崛起》，《华东师范大学学报》（教育科学版）2008 年第 1 期。

③ ［美］亚伯拉罕·弗莱克斯纳：《现代大学论——美英德大学研究》，徐辉等译，浙江教育出版社 2001 年版，第 277 页。

④ Daniel Fallon, *The German University: A Heroic Ideal in Conflict with the Modern World*, Boulder: Colorado Associated University Press, 1980, pp. 33 – 34.

并可带秘书。评议会的主要职责是遴选校长。可以看出，柏林大学的权力结构是典型的“哑铃”结构，即学院学术权力和国家政治权力构成的两种强势权力，而大学层面的评议会和校长则代表着弱化的行政权力。

根据以上讨论，绘制柏林大学内部权力结构关系图（见图2－5）。

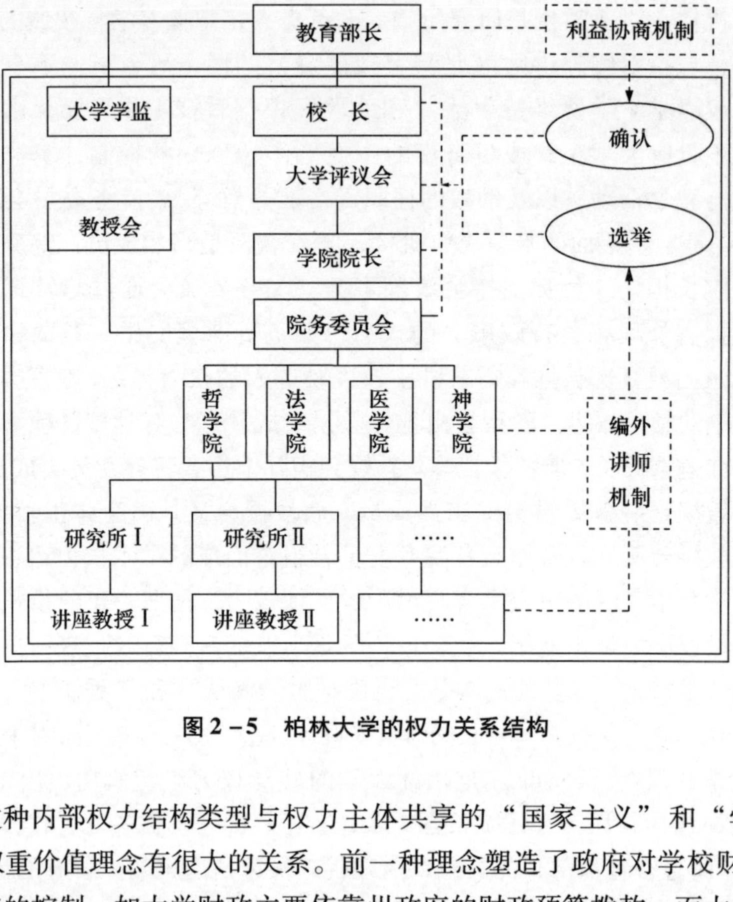

图2－5 柏林大学的权力关系结构

这种内部权力结构类型与权力主体共享的“国家主义”和“学术自由”双重价值理念有很大的关系。前一种理念塑造了政府对学校财政权、人事权的控制，如大学财政主要依靠州政府的财政预算拨款，而大学校长和教授甚至助教都需要和政府签订聘任合同。“学术自由”、“研究纯粹的知识”价值理念塑造了个人学术专断权的讲座教授制度。教授不仅决定着学科领域的研究方向，甚至决定着与学术发展有关的人事权力，如编外讲师职称晋升和助教任职资格推荐的权力等。教授会则强化了柏林大学“教授治校”的特色，并因此塑造了政治权力与学术权力二元制衡的大学内部权力制约关系。其具体表现在：一方面教育部部长通过学监职务，委派的行政、财政代表出席大学评议会，以及校长、学院院长和教授选拔的认可权或者否决权等达到对大学内部学术权力的制约。而另一方面教授会则通过控制教学、考试、学位授予权力，校长和教授候选人资格选举和推荐权力，以及颁授“教学资格许可”等权力制约着国家政治权力在大学内部事务中的影响力。以上权力结构关系和价值理念实际上还塑造了两种机制，一是“利益谈判机制”，二是“编外讲师机制”。前者指讲座教授越过校长直接和政府官员进行协商工资待遇、人员配备、设备装置以及研究经费等事宜，包括“任职协商”和“解职协商”两种谈判；后者指获得博士学位和没有薪水的讲师群体，他们以某种方式与某实验室、诊所或图书馆保持联系以继续从事自己的研究工作，是教授、副教授的候选人。因为以上特点，他们被称为“编外讲师”。[①] 教授都是从编外讲师中一步步产生的，这个群体通过教学和学术能力成为教授的竞争对手，对教授的学术权力有一定的制约。

除此之外，大学章程和各类规章制度也是柏林大学内部权力制约机制类型之一。1810 年 8 月 24 日，施莱尔马赫撰写了《大学普通规章》草案，共 19 条，涉及大学与学院、大学自治权、学术人员与行政人员职位权力、资格要求与工作职责及学生问题等大学内外部制度设计，后扩充至 24 条。1817 年 4 月 26 日，该大学章程作为永久性章程得到了国王的批准，该章程奠定了近代柏林大学权力结构的基本框架，也是大学内部权力制约机制形成的基础。[②] 其主要内容包括：（1）学院制。大学由学院构成，主要包括神学、法学、医学和哲学四个学院，各个学院地位平等。(2）教师学术资质等级制。实行“讲师—副教授—教授”三级职称晋升机制。(3）教授会制。教授会由全体教授组成，拥有决定学校内部各项事务的权力，如遴选校长、推荐教授候选人权力等，评议会是学校最高权力组织机构。(4）讲座制（institutes or seminars）。按学科和专业设置若干讲座，由讲座教授全权负责，并拥有决定学术事务的权力。（5）利益协商机制。即教授直接与州政府官员定期进行有关待遇等问题的协商和谈判。

通过以上分析发现，近代柏林大学内部权力制约机制主要有以下

① ［美］亚伯拉罕·弗莱克斯纳：《现代大学论——美英德大学研究》，徐辉等译，浙江教育出版社 2001 年版，第 284—285 页。

② Daniel Fallon, *The German University: A Heroic Ideal in Conflict with the Modern World*, Boulder: Colorado Associated University Press, 1980, pp. 32 – 38.

特点：

（1）学院制与讲座教授制是协调国家政治权力和学校内部学术权力关系的重要机制。尽管政府控制着财政权和人事权，但是大学却保留着学术决策权力以及与学术事务直接相关的人事权和行政权力，这使二者形成相互制约关系。而政府通过“确认”的程序和派驻相关监督人员参与评议会活动的形式制约着学术权力的无限膨胀。

（2）教授会保留校长选举权和讲座教授候选人推荐权与教育部保留对校长的任命权，是预防大学行政权力和学术权力无限膨胀与不当行使的重要机制手段。校长由全体教授从教授会中选举产生，意味着校长主要代表的是学术权力而非行政权力，这有益于防止校长权力的官僚化，尽管选举过程需充分考虑校长候选人的行政管理能力。而政府通过保留校长的最后任命权对大学学术权力形成一定的约束。通过“选举”与“任命”相分离的方式，使得政治权力、行政权力和学术权力相互制约。

（3）“利益商谈机制”与“编外讲师制”是制约教授个人权力的重要手段。政府从财政和职位任免权方面遏制着教授学术垄断权力的无限膨胀，而编外讲师因其数量及其发展的潜力，成为学校的“学术摇篮”，他们的竞争有益于防止教授因在学术上的日趋保守而走向学术独裁。

由此可见，近代柏林大学内部权力制约机制主要是基于分权的“权力制约权力”机制。虽然柏林大学的权力构成相对比较复杂，但是没有哪种权力拥有绝对的权力，它们在有限的权力空间形成相互制约和约束的关系。同时，“制度制约权力”机制、“文化制约权力”机制也是其权力制约机制之一（具体如图 2－6 所示）。

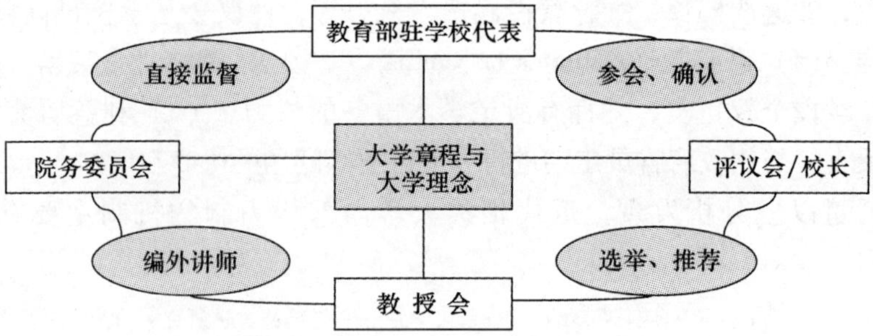

图 2－6　柏林大学内部权力制约机制

通过对巴黎大学和柏林大学内部权力制约机制的梳理可以发现，这一时期的大学权力制约机制有以下特点：（1）政府权力开始深入大学内部，并成为大学内部的权力之一，如巴黎大学教育部长直接兼任学校主管，而柏林大学有政府派驻大学的学监。他们都代表着政府权力意志对大学内部事务的直接管理；（2）权力关系主要基于"行政—学术"权力结构的二重性形成，如巴黎大学的大学理事会与教代会，柏林大学的学监、校长与教授会两类权力体系，并因此形成依靠权力制约权力的权力制约机制类型；（3）权力主体共享的价值理念都具有国家主义倾向，而集权控制的政治文化也是这一时期约束权力的一种特殊机制手段。除此之外，大学章程以及依照章程和程序行使权力也是这一时期约束权力的机制手段。

近代英国的牛津大学和剑桥大学除了学院制组织特征外，基本继承了巴黎大学的教师行会特征。1833 年英国教育理事会（Committee of Council on Education）成立后，政府权力开始介入大学内部事务。1854 年和 1856 年分别通过的《牛津大学法案》和《剑桥大学法案》要求对大学治理结构进行重组，并实施理事会制。理事会会员由选举产生的学院院长、教授和住校的文学硕士代表组成。英国的学院制被美国殖民地学院所模仿和继承，并在美国形成现代意义上的大学治理结构与权力制约机制特征，因此，这一部分不再对英国的牛津大学和剑桥大学作讨论。

第三节　现代大学：社会权利制约权力机制主导的时期

考利（W. H. Cowley）认为大学由外行董事会控制最早出现在中世纪的意大利大学。教授会为了摆脱学生行会的控制，曾联合市政当局，通过市政当局任命教授，以及由市财政发放教授薪水的方式削弱了学生对大学的控制，但是，另一个结果却是市政当局获得了监管学校的权力。[①] 当时的这些外行监管机构有各种各样的名称，其中监事会（boards of curators）和理事会（boards of governors）是美国学者稍作修改并沿用至今的名称。

大学董事会虽然并不是美国的独创，但是由校外人士组成董事会参与

---

① W. H. Cowley, *Presidents*, *Professors*, *and Trustees*, California: Jossey – Bass Inc., 1980, pp. 29 – 30.

学校事务管理已经成为美国大学治理的传统与特色。这一传统与殖民地时期创建大学的特殊背景有关系。美国的殖民地学院，如哈佛学院、威廉·玛丽学院、耶鲁学院等在创立初期既没有高水平的学者，也没有足够的办学资金，所以创办自治的学者行会式大学是不现实的。依靠和引入校外力量参与学院管理成为美国当时唯一的选择。然而正是这种由校外非专业人员参与学校治理的做法却开启了社会力量制约大学权力的新机制和大学内部权力制约机制的新时代。近代大学虽然具有以权力制约权力机制为主的特点，但是以权力制约权力、以制度制约权力机制都属于“内部人”自我制约监督，有一定的局限性，难以避免托克维尔所说的“集体暴政”的困境。因此，引入社会力量制约权力的机制是打破僵局的重要举措。

美国高校的董事会成员主要由校外的牧师、地方法官、政府官员等人士构成，校长是董事会中唯一代表教师利益的成员。[①] 哈佛大学建校时，校董事会由 3 名政府官员、3 名地方法官、6 名牧师组成，享有制定学院办学政策、决定人员聘任的权力等。[②] 而耶鲁大学的董事会成员主要由公理会牧师组成。威廉·玛丽学院的董事会主要由英国国教会牧师组成。他们除拥有为学院立法和确定学院继任者权力外，还享有选举并决定教授会委员资格的权力。尽管殖民地时期各学院的内部治理结构不尽相同，如哈佛大学实施的是“两院制”（bicameral corporation）、耶鲁大学实施的是“一院制”治理结构。[③] 但总体上，外行董事会参与大学治理是其普遍特征，董事会的职责也主要是管理财务和任命校长。

1819 年达特茅斯学院案后，美国公立、私立高校的治理有了一些区别，表现在公立、私立高校董事会成员的构成、产生方式，以及财政来源和大学与州政府之间的关系方面。以下以哈佛大学和达特茅斯学院为典型案例，遵循“主体—关系—机制”的思路分析这一历史时期的大学内部权力制约机制类型。

以哈佛大学为例是因为哈佛大学是美国第一所高校，其在治理结构和

---

① ［美］亚瑟·科恩：《美国高等教育通史》，李子江译，北京大学出版社 2010 年版，第 37 页。

② G. Kerry Smith，*Twenty – Five Year*：1945 – 1970，California：Jossey – Bass Inc.，1970，p. 148.

③ 哈佛大学建校时实行的是董事会“一院制”管理机制，后又实行双董事会制（board of trustees & board of fellows，很多翻译称为“两院制”）管理机制，并且在后来的发展中还经历了马瑟校长的否定和艾略特校长的重新确定。而耶鲁大学从一开始就实施校董事会领导下的“一院制”管理机制。

权力制约机制方面都有一定的创新性。耶鲁大学尽管实行的是“一院制”，但是从权力制约机制角度考虑，它们基本是类似的。其他大学也基本是模仿早期三所殖民地学院的治理模式。达特茅斯学院因为对美国高校治理结构和权力制约机制变革有历史性影响，因此进行简要分析。

一　哈佛大学

1636年10月28日，哈佛大学（原剑桥学院，1639年更名为哈佛学院，注册名为“The President and Fellows of Harvard College”，1780年升格为哈佛大学）由马萨诸塞州殖民地立法机关立案成立，是一所位于美国马萨诸塞州波士顿剑桥城的私立大学。

建校后的前五年，哈佛大学由州长（governor）、副州长（deputy governor）、殖民地财政总长、3名法官、6名牧师组成的立法委员会（committee of the court）[①] 掌管运行。根据1642年的法案，该委员会成为哈佛学院的治理委员会，并于该年更名为校董事会（Board of Overseers）。[②] 1642年后校董事会成员增加至21名，包括11名公务员（public officials）、9名公理会牧师（congregational ministers）和1名哈佛学院校长。这一时期的哈佛大学是“一院制”治理结构。1650年，州立法授予了哈佛大学宪章（charter），并要求组建第二个董事会，即校内董事会（self-perpetuating corporation，owning corporation；也有译为院务委员会或校务管理委员会）。校内董事会由校长、财务总长和5名资深教学研究人员（teaching and research fellows）组成。[③] 自此，哈佛大学的双董事会制终于确立了下来，尽管在马瑟掌校哈佛时曾经遭到否定，但艾略特任校长后重新实施“双董事会制”，并再次将其确定为哈佛大学的治理结构特征。校外董事会或称校监会（Board of Overseers）的主要职责除管理财务和校长遴选外，还拥有规划完成学校战略发展目标和任务的权力，同时，还负有发展、关注学校有形、无形资产（学术自由、恪守卓越、公平和学术伦

① 即后来的董事会，2010年10月成员增至13名（http://www.harvard.edu/harvards-president-leadership）。

② W. H. Cowley, *Presidents*, *Professors*, *and Trustees*, California: Jossey-Bass Inc., 1980, p. 38.

③ Ibid., p. 72.

理等）的职责。[①] 校外董事会是学校官僚权力层级中的“顶层”权力，拥有学校的全部法定权威。1865 年前由州长主持会议，成员由州议会（general court）授权任命，1865 年后成员由校友会直接选举产生，任期 6 年，每年新选举 5 名成员，共由 30 名成员组成。

校内董事会（corporation）由校长、财务长和终身教授组成，负责学校日常事务管理，享有人事、财务及其他相关权力，如确定继任者、管理学校资产、任命学院行政人员和确定免税的权力等。[②] 但这些权力需要得到校外董事会的同意才能得以实施，因此，校外董事会享有哈佛大学的最终决定权力，校内董事会是一个法人团体。二者的区别在于，校外董事会保留的主要是学校的“治理”权，而校内董事会则主要享有学校的“管理”权。前者的主要职责是负责学校长远规划、资金保障、重大人事任免和政策制定等，后者的主要职责是日常事务管理，原则上受校外董事会的监督。双董事会是哈佛大学最重要的权力组织。

校长职位在哈佛大学创立时就已存在了，从哈佛建校到美国内战时期，校长并没有多大的权力。因为这一时期哈佛大学的规模和结构相对比较简单，校外董事会可以轻而易举地掌控哈佛大学的实际运行情况，校长只不过承担着教学、传道、筹资、维护学校声誉和维持学风的使命。[③] 但是从 19 世纪初期开始，校内领导权在艾略特校长（Charles William Eliot；1869—1909 年在任）和洛厄尔校长（A. Lawrence Lowell；1909—1933 年在任）的长期强势管理下逐渐转移到了校长的手中。[④] 从现在的董事会与校长的关系看，校长更像是校外董事会的首席执行官，他不仅要实现校外董事会的愿景，还要对学校的教师们负责。

1650 年的《哈佛大学宪章》主要赋予校长以下权力：（1）印章权。根据宪章和校外董事会授权，在得到校内董事会三名成员同意的情况下，可根据实际需求制作印章，并授权校内董事法人印章使用权。（2）人事

① ［美］罗纳德·G. 埃伦伯格：《美国的大学治理》，沈文钦等译，北京大学出版社 2010 年版，第 8—9 页。

② ［美］亚瑟·科恩：《美国高等教育通史》，李子江译，北京大学出版社 2010 年版，第 37 页。

③ ［美］阿特巴赫等：《21 世纪美国高等教育——社会、政治、经济的挑战》，杨耕等译，北京师范大学出版社 2005 年版，第 321 页。

④ Ronald Story, *The Forging of Aristocracy: Harvard and the Boston Upper Class*, 1800 - 1870, Middletown, Conn.: Wesleyan University Press, 1980.

权。校长与校内董事会成员有权根据学校需求，随时选聘行政人员（officers）和勤杂人员（servants），并且决定相关酬金及解职事项，另外还拥有以上人员去世或离职后选聘候补人员的权力。（3）制定规章（making order）并执行的权力。依据宪章，校长与校内董事会拥有制定和执行校内相关规章的权力，制定的规章须提交校外董事会批准同意。（4）校产处置权。校长与校内董事会和财务长拥有以法人的身份决定土地和房舍的买卖权力，并且经三人以上校内董事会成员同意，校长有权发布公告和主持会议，讨论土地收益及捐赠人所赠财物处置的相关事宜（一般根据捐赠人的意愿），以及处理紧急事务（emergent occasions，也可理解为“自由裁量权”）的权限。（5）参会表决权。在校外董事会决策难以达成一致意见时，校长有权参与校外董事会全体会议，会议的重大决策服从多数票决原则，但校长拥有关键性发言权（a casting voice），董事会表示同意（consent）并做出最终决定。[①] 校长是双董事会及董事会和教师群体之间的联络人，是哈佛大学内部最活跃、角色最复杂的权力主体。

考利考察认为，哈佛大学 1650 年宪章形成的混合治理体制（hybrid scheme of academic government）源于外行监管一切社会机构运行的宗教政体，其主要起源于日内瓦、莱顿和爱丁堡各地，是哈佛外部董事会参与学校管理体制机制形成的历史渊源。而校内董事会主要源自中世纪的牛津和剑桥学院，以及都柏林大学的传统。哈佛校长邓斯特在起草 1650 年宪章时试图将这两个概念相融合，创建由校长、财务长和教授组成的董事会，以保持英国的学院制传统（实际上想保留教授的治校权），但却因资金、学校规模和根深蒂固的外行监管信念的影响未能成功。[②] 因此，某种意义上，教授治校的传统因诸多因素影响未能在哈佛大学实现。教授们除在课程、教学和研究等方面拥有一定的权限外，基本没有参与大学决策和治理的权力，至少在 1650 年的哈佛大学宪章中没有体现出来。如果将邓斯特校长的努力看作是哈佛教授权力申诉的第一次努力，那么，1721 年哈佛大学的两名教师（teaching staff）要求成为校内董事会成员的申诉是教授争取治校权力的第二次努力。这一期申诉起于一次“政—教”冲突（po-

① Harvard Charter of 1650（http：//hul. harvard. edu/huarc/charter. html）.

② W. H. Cowley, *Presidents*, *Professors*, *and Trustees*, California: Jossey - Bass Inc., 1980, pp. 71 - 72.

litico – theological conflict)，但是他们预想的除校长、财务长外，校内董事会由全体教授（faculty members）组建的诉求未能成功。这一努力直到1824年才有了结果。1824年，哈佛双董事会因“回避有关质询与改革教育程序的问题”而引起了哈佛9名教授（instructional staff）对剥夺教授享有校内董事会成员资格的抗议事件。[①] 9名教授中的乔治·蒂克纳（George Ticknor）抗议辩论最为激烈，且理由充足。他通过对欧洲情况的深入研究、参与波士顿社团工作等，以及依据相关法规和相应的支持数据，在1825年，促成校外董事会（oversees）就教授有资格入选校内董事会（corporation）达成如下共识：（1）常任教授（resident instructors）拥有当选为校内董事会成员的权利；（2）校内董事会有权取消非常驻校董事会董事的资格；（3）根据董事会意见，不表达任何对未来新选举活动不适切的意见。[②] 前两条比较容易理解，第三条实际上暗含了现任校内董事会成员（主要是教授群体）享有了与其他行政人员共选新任成员的权利。这一事件最终使1名教授入选为校内董事会成员，同时也使1650年的哈佛大学宪章在该年得以修订。这样，教授除享有课程、教学、研究及招生等权力外，也是影响大学决策的权力主体了。

在艾略特（Charles W. Eliot）掌校哈佛时（1869—1909年），哈佛大学有九个院系，各个院系由全体教授组成的教授委员会（Board of its full professors）负责管理学院课程与教学工作，学院院长与系主任由校长任命。而校长、教授和普通教师（tutor）组成的“特委会”（the Immediate Government；1720年形成这一名称）主要负责空缺职位的教师聘任，以及与教学有关的行政管理人员的任免和校内董事会本身没有执行的其他事项的处理。[③] 至此，哈佛大学权力主体及结构关系基本形成，即校外董事会、校内董事会、学院教授会构成的“行政—学术”二元权力结构。

除此之外，还有一些执行权力主体，如教务长、副校长、院长、系主任等。教务长（provost）是哈佛大学的首席学术长官。教务长及其办公室的主要职责是：促进学科交流合作、保障教师专业发展、监督规范各类学术行为，负责知识产权和技术转让，负责与企业的合作研究及商标许可等

---

① W. H. Cowley, *Presidents*, *Professors*, *and Trustees*, California: Jossey – Bass Inc., 1980, pp. 72 – 73.

② Ibid., p. 73.

③ Ibid., p. 75.

有关的事宜。[①] 副校长主要协助校长开展工作，学院院长和系主任负责管理院系事务，并协助学校开展行政工作。而学校教职工代表大会和其他大学类似，在20世纪60—70年代才逐步建立起来，主要就教师的福利待遇等事宜与校行政进行“集体谈判”，并因此形成哈佛教职工有权参与讨论报酬和待遇方面事宜的传统。而这一传统直到20世纪90年代才被打破。1993年的一项调查显示，仅有一半的教职工参与过和决策有关的学校事务，而且自90年代以来，教职工大会召开的次数在文理学院一类的学校逐渐减少。[②] 说明教工会的职能被削弱了，这与自20世纪70年代以来，哈佛大学管理集权化的趋势是相吻合的。

根据哈佛大学权力构成关系，用图2－7描述哈佛大学的权力关系结构。

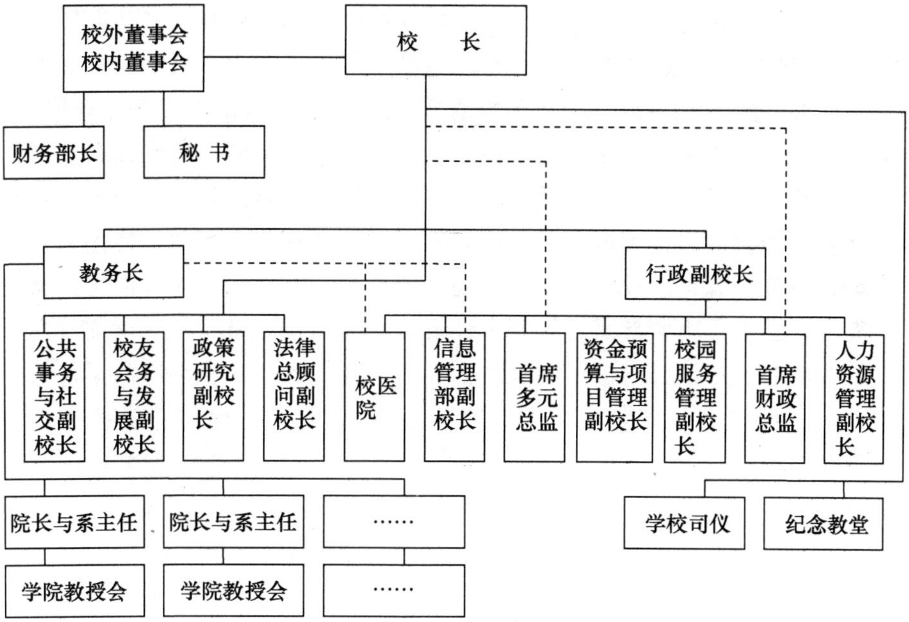

图2－7　哈佛大学内部权力关系结构[③]

① Office of the Provost（http：//www. provost. harvard. edu/）.

② ［美］莫顿·凯勒、菲利斯·凯勒：《哈佛走向现代——美国大学的崛起》，史静寰等译，清华大学出版社2007年版，第559—560页。

③ Office of the Executive Vice President（http：//www. evp. harvard. edu/）.

根据前面分析以及图2－7，双董事会制是哈佛大学的治理特征。校外董事会拥有选举和任免校长的人事权和学校的财政权。当董事会认为校长不符合他们的要求时，董事会可以考虑解聘校长。但是，校长对于董事会也并非无能为力，如果校长认为董事会侵犯了自己的权力时，校长可以依据大学宪章和州立法等进行申诉，可迫使董事会在一些问题上做出妥协。在实际运行中，由于董事会无法做到全权负责学校的各项事务，因此，校外董事会将更多的权力让渡给了校长和校内董事会，校外董事会仅负责定期性视察学校、关注学校的办学质量与办学目标而已。这样一来，校长和以校长为首的校内董事会成为学校最主要的权力主体与组织。他们拥有管理学校日常事务的各项权力，包括校长的选聘程序、教务长及学院院长和系主任的任命等。校长和校外董事会之间成为某种意义上的委托—代理关系。根据校内董事会在治理结构中的地位、成员构成等因素判断，校内董事会的决策行为实际上受来自校外董事会和院系教授会两方面的制约。在财政决策、重大人事任免和政策制定中，校内董事会的决策需要得到校外董事会的“审批”方可最终有效并执行。学术权力的重心在院系，院系教授会和学院院长在有关学科发展、学术研究、职称晋升和新教师引进方面拥有相当大的权力。学科发展、学生招生一般由教授会决定，没有教授会的推荐提名，校内董事会在教师职称晋升和引进方面不能做最后的决定。教务长既是学校学术首席代表，也是校长的得力助手。但是，学校内部所有的重大决策都需要得到校外董事会的“同意和批准”才能生效。

根据以上分析，可以了解到哈佛大学内部权力制约机制有以下特点：

(1) 校外董事会通过最终决定权或否决权对校内董事会及校长“自我永存和权力至上”的发展趋势形成有效约束。校外董事会主要负责学校财务、校长遴选、办学质量和学校发展目标等事务，他们拥有学校各项重大事务的最终决定权力。这对校内董事会和校长决策构成有效的约束，使校内董事会决策不至于太过远离社会需求和学校的长远目标。双董事会之间的彼此约束，平衡着大学内外部权力和利益关系。

(2) 选举与任命相分离，既体现了权力制约权力特征，也体现了程序制约权力的机制特征。从董事会、校长到教务长、学院院长、系主任都是经过自下而上的选举与自上而下的任命双重机制产生。二者既相互分离，又存在一定的关联性，使得各职权拥有者不仅要对“授权任命”者负责，也要对选举者负责。如董事由校友选举、由董事会任命产生，校长由校内董事会选举推荐，校外董事会任命产生。教务长、学院院长和系主任定期换届，由全体教师投票表决，校长任命产生。除了董事会的正式投票能决定包括校长在内的各权力主体的命运外，教师的“不信任票”同样会断送包括校长在内的各类权力主体的职业生涯。

（3）分权治理与依据大学宪章行使权力是哈佛大学治理的传统。校外董事会、校内董事会、校长、教务长和学院教授会从一开始就有着明确的职责分工。校外董事会主要负责财政管理、校长聘任和教育质量监督。校长和校内董事会主要负责学校各项日常事务管理，而教授会主要负责管理学术事务。这种“学术”与“行政”分离，“治理”与“管理”分离的做法保证了各权力在分工负责中形成既相互制约又相互配合的关系，如学院教授会与校内董事会、校内董事会与校外董事会之间的关系。另外还有教工会与校内董事会之间的“集体谈判”机制。具体见图2－8。

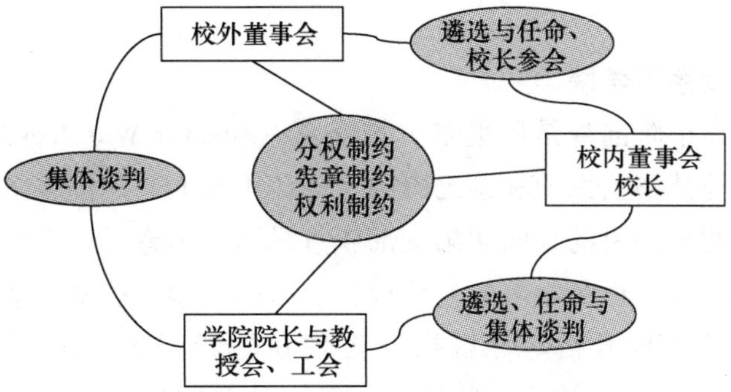

图2－8　哈佛大学内部权力制约机制

图2－8中，矩形部分表示大学内部的权力构成，阴影部分表示各权力之间的主要联系方式，其中中心圆形阴影图形表示各权力之间共享的联系方式，椭圆阴影表示两种或两种以上权力之间共享的联系方式。从理论上概括，哈佛大学内部权力制约机制主要有三种：社会权利制约权力机制、分权制约机制和制度制约权力机制。其中，以校外董事会为形式的社会权利制约权力机制是最具特色，也是最主要的权力制约机制形式。校外董事会因为其成员主要来自社会各界名流和校友人员，如银行家、企业家、牧师等，代表的是哈佛大学的社会利益相关者权益。他们参与哈佛大学的治理体现了一种社会权利参与大学治理的价值诉求。尽管在德里克·

博克（Derek Bok）任校长时（1971—1991年）逐步建立了集权化的内部权力运行机制，但是分权管理始终是哈佛的传统，将学校的财务和重要人事决策权、学校行政事务决策执行与决定权和学术事务决策权分属于校外董事会、校长和校内董事会、教授会不同权力组织与个人，并实行有限差异决策，体现了分权制约机制的特征。而依照大学宪章、州立法行使权力也是哈佛大学内部权力制约机制之一。

“社会权利制约权力”机制是哈佛大学的突出特征，在美国具有代表性，是基于美国社会文化形成的。托克维尔在《论美国的民主》中认为美国的民主制度与自然环境、法制和民情（他所说的“民情”主要指“乡镇自治传统、出版自由、言论自由和民主意识”等）有关。这在大学内部集中表现为一种追求学术自由、民主参与和利益相关者治理的价值诉求，是哈佛大学内部权力主体共享的价值理念。虽然哈佛的教授们并没有多少决策大学行政事务的权力，但他们却能自由地追求学术。

二 达特茅斯学院

达特茅斯学院前身是伊里尔·维洛克（Eleazar Wheelock）教士1754年创建于康涅狄格殖民地和黎巴嫩的土著印第安人与非洲摩尔人居住地的慈善学校，建校的目的是向印第安部族宣扬基督福音。伊里尔·维洛克既是学院的创始人，也是学院的首任校长。后因在康涅狄格州争取大学特许状无果，以及学校升格等原因搬迁至现在的新罕布什尔州的汉诺威镇（Hanover），并最终升格为达特茅斯学院。该名称是出于对慷慨捐赠并大力支持维洛克的达特茅斯（Dartmouth）伯爵的纪念。搬迁至新罕布什尔州后，学院得到了英国皇家驻新罕布什尔州殖民总管约翰·文特沃斯（John Wentworth）的土地馈赠。1769年12月13日，达特茅斯学院正式获得英国国王乔治三世（George Ⅲ）颁发的特许状，并指明办学的主要目的是为了教育和引导居住在此的土著印第安青年……以及英国和其他种族的一代青年。[①] 达特茅斯学院是美国第九所最早建立的殖民地学院，也是闻名遐迩的常春藤大学之一。从建校时就得到新罕布什尔州的财政支持，这一情况一直维持到1819年达特茅斯学院案结案前。

---

① History of Dartmouth（达特茅斯学院的历史）（http：//www.dartmouth.edu/home/about/history.html）。

根据 1769 年的达特茅斯学院特许状，董事会（The Board of Trustees）是达特茅斯学院最高权力机构，每年召开一次，具体时间因事而定。董事会拥有学校的最终决定权和全部管理权力，包括学校内部法律法规的制定与执行、学院全体教职工和主要行政官员的聘任与任命、学校不动资产的买卖与处置、薪酬职级的确定与学位授予等权力。[①] 董事会总体上掌握着学校的财政、行政和学术事务管理权力。从董事会的职责而言，董事会具体负责制定学院发展战略目标，保障学院良好秩序，为学院提供充足的资源和维持良好的校友关系，任命、评估与解聘校长，批准并监督学院战略规划与政策的执行情况并实施问责，以及保护学院自治等事宜。[②] 董事会的具体工作由学校治理委员会（Governance Committee）负责执行。董事会成员起初由 12 名成员构成，其中拥有校产权的常任董事不多于 8 名，外行董事成员不超过 7 名。[③] 2003 年董事会成员限定在 20 人以下。2007 年 8 月根据对特许状的修订内容，董事会成员增至 26 名，其中，董事会自选任命的名额有 16 名，校友会提名、董事会任命的有 8 个名额，在任的州长和校长是董事会当然成员。[④] 董事会全体成员权责相同，每届任期 4 年。特许状规定的董事与校友身份的董事任期一般不得超过两届。

达特茅斯学院校长由董事会选举和任命产生，首任校长维洛克既是校长，也是董事会成员。由于董事会成员都是他的亲属或好友，所以相处融洽，再加上维洛克本人也兢兢业业，其掌校达特茅斯学院时几乎大权独揽，董事会也不太追究校长越权的问题。[⑤] 1769 年的大学特许状对于校长的权力说明并不详细，仅仅提到校长具有提名任命办公室成员的权力、教育与管理学生的权力，以及提名继任校长候选人的权力，对于其他方面则语焉不详。从实际看，校长享有学院的日常事务管理权力。当校长职位空缺时，由一名资深教授或教师作为董事会成员，由董事会代行校长工作，直至董事会任命了新校长为止。

教务长是学院的首席学术官员，直接负责监管全校学术诚信等工作，

---

① http：//www. dartmouth. edu/ ~ trustees/.

② http：//www. dartmouth. edu/ ~ trustees/governance/statement. html.

③ Charter of Dartmouth College，p. 7.

④ http：//www. dartmouth. edu/ ~ trustees/biographies/.

⑤ W. H. Cowley，*Presidents*，*Professors*，*and Trustees*，California：Jossey - Bass Inc.，1980，p. 57.

专业学院及其附属系科、其他办公室、学术中心机构等须向教务长办公室报告工作。① 虽然宪章中没有提及教授委员会及其权力事宜，但是从学校内部权力的实际运行看，教务长和院系院长、主任与教授代表的是学术权力。他们负责课程、教学、研究和学术伦理等方面的工作事宜。

达特茅斯学院的权力结构是典型的董事会领导下的“一院制”治理模式，董事会大权独揽。达特茅斯学院案后，学院虽然失去了州的财政支持，但却获得了具有法人资格的学院自治权，保留了董事会的独立性。这样一来，达特茅斯学院的治理结构和内部权力制约机制与美国其他高校又有了相似之处，尽管它们在副校长等其他行政执行权力分工上有所不同，但其内部权力关系结构却有相似之处（见图2－9）。

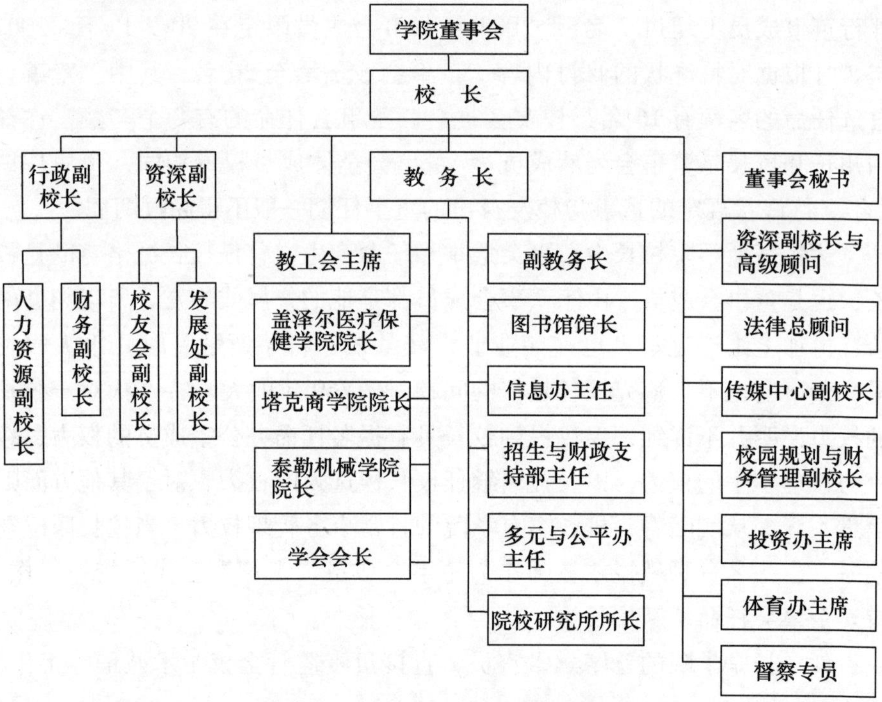

图2－9　达特茅斯学院内部权力关系结构②

① http：//www. dartmouth. edu/ ~ provost/.

② Dartmouth Senior Administration（http：//www. dartmouth. edu/ ~ president/docs/senior_ administration_ 07_ 18_ 12. pdf）.

根据以上分析，达特茅斯学院内部权力关系主要存在于校长与董事会之间。虽然教授只有在校长缺位时，才能进入董事会享有治校的权力，但是“学术”与“行政”的结构二重性在达特茅斯学院也是存在的，即董事会和校长掌握着学校的管理权限，而院系的教授则拥有很大的学术权力。从权力制约结构而言，教务长和院系院长及教授代表了学术权力，而董事会和校长则主要代表着学校的治理与管理权，二者之间存在分权制约关系。董事会与校长之间则是社会权利与学校法人代表之间的关系，是权利与权力的关系。董事会与校长有关权力边界的争执在伊里尔·维洛克之子约翰·维洛克（John Wheelock）担任校长时达到白热化。

由于约翰·维洛克掌校达特茅斯学院时有些刚愎自用、任人唯亲，且欲独揽管理大权，这引来了董事会大多数成员的不满，他们因此诉求收回学校的管理权力。约翰·维洛克校长为了扩大自己的权力曾请求州议会插手支持，结果却使二者的权力之争演变为达特茅斯学院的“公立”与“私立”性质之争。达特茅斯学院如果作为公立大学，那么州政府就有合法权力干涉学院内部事务；反之，则没有参与学院内务事务管理的权力。1817 年 9 月 6 日，新罕布什尔州法院的裁决支持了校长，削弱了校董事会的权力，法院认为达特茅斯学院是公共机构，应接受州议会的监督。董事会上诉到联邦最高法院，并最终赢得了这场诉讼。胜诉的结果是确认了达特茅斯学院的非政府公共机构属性和董事会对学院的自治管理权力，维护了学院 1769 年特许状的社会契约性。联邦最高法院支持董事会的独立治校权就等于支持和认同了“社会权利制约权力”机制的合法性，也使这一机制有了明确的法律依据，这正是达特茅斯学院案对美国大学内部权力制约机制的影响与意义。除此之外，达特茅斯学院内部还保留了通过“宣誓”仪式约束权力的方式，如学院董事会在任命校长、教授和其他行政职员时，要求被任命者必须进行忠诚宣誓。其内部权力制约机制如图 2－10 所示。

总体而言，其内部权力制约机制主要包括“社会权利制约权力机制、分权制约机制、制度制约权力机制”等。而董事会制下的社会权利制约权力机制仍是其最主要的权力制约机制特征，其社会基础是“言论自由”、“程序正当”、“乡镇自治”、“民主参与”的美国文化精神。尽管公立高校的董事会主要由州政府官员组成，州议会有监督校长及其他内部权力的权力，但是公私立高校的外行董事会治理机制却是共同的。外行董事

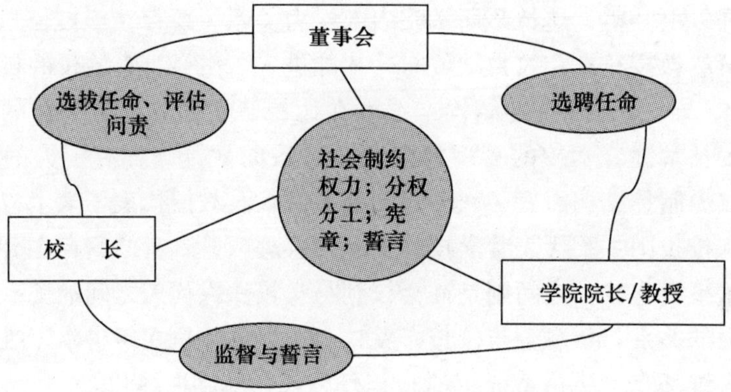

图2-10 达特茅斯学院内部权力制约机制

会实际上代表着校外的社会权利对大学内部权力的制约和监督，也是共同治理时代大学内部权力制约机制的构建趋势。

通过对哈佛大学和达特茅斯学院两所学校的案例分析，对这一时期的大学内部权力制约机制有以下几点认识：（1）外行董事会参与大学治理，使董事会成为大学权力的重要构成，他们代表的主要是社会权利；（2）美国高校董事会是对欧洲政府权力介入高校的变革形式，是平衡各类权力关系的重要机制；（3）社会权利制约权力机制的文化基础是美国的“民情”，主要指“乡镇自治传统、出版自由、言论自由和民主意识”等，也是权力主体共享的价值理念。

本章小结

本章主要对中世纪以来大学内部权力制约机制的形成与演变，从权力主体、权力关系、价值理念几个维度进行了梳理和分析。

研究发现中世纪行会大学决策权力是全体成员组成的学校全体大会，校长是全体成员选举出来负责主持全体大会和执行大会决策的首席执行官，是学校的法人代表，有资格以其名义协商或介入司法，并拥有对大学成员的民事司法权、财政管理权等。大学校长任期并不固定，短则几个月，长则一两年，在任期内接受全体大学成员的监督约束，并对其负责。全体大会与校长共同分享大学的权力是行会性大学的重要特征，体现了希腊民主精神。学院院长和同乡会会长是教师行会和学生行会的代理人，他们之间没有谁优于谁的权力，在决策中任何一方的否决都可以影响决策的进程。在教会法的保护下，中世纪大学最主要的管理任务是维护大学自治和教学管理活动。大学中最主要的权力是学术权力，校长、同乡会会长、院长权力属于行政服务权力，他们并不被支付薪水，而只是享有征集款、罚款的一部分，或者开支性津贴和象征报酬的实物性捐赠品等。“特许状”是中世纪大学一切权力都应遵循的基本法则，而信仰和誓言既是共享的价值理念，也是最主要的权力制约机制手段。相信知识来自上帝，向主教和学校宣誓忠诚，维护虔诚、仁爱、谦恭，给学生父亲般慈爱以及尊敬大学管理机构中的任职人员是中世纪行会大学最基本的学术伦理，也是规范和协调权力关系的准则，如果违背会受到严厉的惩罚。归纳来讲，中世纪大学内部权力制约机制主要是以“信仰、誓言和特许状”为形式的文化制约权力机制类型。

随着世俗君权的日益强大和政府权力对大学的干预与控制，近代大学内部权力构成、权力关系、权力共享的价值理念，以及权力制约机制也因此发生了很大的变化。主要表现在，大学内部权力科层化结构关系的形成，学生没有了参与管理的权利，学者失去了参与选举校长、参加宗教仪式甚至学校典礼的权利，校长不再是由学者群体选举产生并受其制约监督的权力拥有者，而是由政府任命并主要受政府权力制约监督的权力主体。

根据对近代巴黎大学和柏林大学内部权力制约机制的分析，巴黎大学内部权力结构关系主要表现为：双重权力控制，即“行政—学术”二重性权力结构模式已基本确定。这使得代表学术权力的学院委员会及主任，与以授权为基础、代表政府权力的校长之间呈现分权制约关系。集权控制的政治文化、国家主义与学术自由既是权力主体共享的价值理念，也是制约权力的机制手段。该文化塑造了近代大学内部权力的运行方式和惯习。科层化的行政权力和个人化的学术权力，以及学院与学院之间的利益之争则体现了权力制约权力的机制特征。除此之外，大学章程和各类规章制度规则也是近代大学内部权力制约机制手段之一。

现代大学内部权力制约机制呈现社会权利制约权力机制为主的特征，是以大学作为利益相关者组织和“共同治理”价值诉求为社会基础的。

哈佛大学建校初期因为资深教授及办学资金的缺乏等因素影响，未能建立起教授治校的传统。寻求校外力量参与大学的治理是哈佛大学当时的唯一选择。外行董事会代表着不同社会群体的利益，董事会主要负责校长的遴选和学校财务及其他管理工作，并且拥有学校重要决策的最终决定权与否决权。这有效地制约了校长及校内董事会权力的无限扩大。从表面上看，校外董事会是美国高校不得不选择的路径，但是从大学对于社会经济文化发展影响的日益扩大进程看，社会力量参与大学治理是发展趋势。分权制约机制、制度制约机制虽然都是制约大学内部权力的有效机制，但是它们难以避免“内部人”自我监控的局限性。在大学日益成为利益相关者组织的时代，这些权力制约机制只能维护多数派或者居于决策地位的权力主体的利益，而对于学术权力及处于权力关系不利地位的利益相关者的利益是难以维护的。因此，寻求外部社会力量来制约大学权力、平衡各种利益关系是不可避免的时代选择。外行董事会参与影响大学的决策体现了“社会权利制约权力”的价值诉求。自下而上的投票选举与自上而下的任命机制、集体谈判机制，以及校长参与董事会全体会议影响决策的结果等方式则体现了一种以程序和制度制约权力的机制。

大学内部权力制约机制从以文化道德制约权力机制、权力制约权力机制为主要特征向以社会权利制约权力机制为主和多元权力制约机制相互作用的发展趋势转变，反映了大学内部权力主体、权力关系结构和价值理念的变革过程。这一变革过程与大学的自治程度有关系，也与大学权力的复杂程度和大学功能的扩展有关。

大学组织从以探究深奥知识为目的的“学者行会”已演变成了多重目的混杂的“利益相关者组织”。社会的各行各业、各类组织机构无不与大学有着直接或间接的关联性，如果没有了大学，社会将变得不可思议。然而，大学毕竟不是“万花筒”，它不可能同时满足一切组织和个人的需求，这也因此使大学坠入了利益相关者利益博弈的困境。任何与大学直接或间接相关的权力组织或者个人都希望能影响大学的决策，并使大学向着有利于自己利益的方向发展。然而，每个时期影响大学决策的权力本身又是不均衡的。在诸多权力中，总有其中的一类或者两类权力占据主导地位，这种非均衡的权力格局和决策结构导致了利益的非均衡化发展。因此，规范决策权力的行使就成了每个时代大学内部权力制约机制科学设计和变革的动因。

以上梳理也使我们有以下几点认识：（1）以权力制约权力、制度制约权力、文化制约权力和以权利制约权力机制是每个时期大学内部权力制约机制的共有形式，但它们在每个时期的各自影响力却不相同，而且，仅有一两类权力制约机制处于主导地位，这又与当时大学的社会地位、发展规模和其所处的政治社会文化背景有关；（2）制度制约权力机制是大学权力制约机制中最基本也是一以贯之的权力制约机制类型，是其他权力制约机制发挥效力的基础；（3）以社会权利制约权力机制是当代大学内部权力制约机制构建的趋势。

第三章

我国大学内部权力制约机制形成的逻辑与流变

我国现代意义上的大学，一般是以北洋公学（1895 年）、南洋公学（1896 年）和京师大学堂（1898 年）的创建为分界点。本章以我国现代意义上的大学——天津西学学堂（又称北洋公学，1895 年创立）、南洋公学（1896 年）和京师大学堂（1898 年）的创立为起点讨论我国公立大学内部权力制约机制的生成和演变过程。

我国大学内部权力制约机制的演变逻辑与社会政治权力格局的变革有很大的关联性。根据大学内部领导体制与社会政治格局变革的逻辑划分，我国大学内部权力制约机制演变的历程可以划分为：行政控权的京师大学堂时期；教授治校的北京大学和西南联合大学时期；党组/党委领导下的校长/校务委员会负责制的新中国大学几个大的历史发展阶段。① 为了便于分析，本书主要选取在每个发展阶段最具代表性的大学：京师大学堂、北京大学的蔡元培时代、西南联合大学、中国人民大学、上海交通大学为典型案例进行分析。

第一节　行政控权下的京师大学堂

中日甲午战败彻底刺激了清王朝的中枢神经，光绪皇帝、开明大臣李端棻、张之洞、盛宣怀等，学者康有为、梁启超等都一致将变法兴学看成

---

① 新中国高校权力制约机制根据权力结构的变革又可分为“校长负责制、党委领导下的校委会制、革委会制及试行校长负责制和党委领导下的校长负责制”几个阶段。这里主要以中国人民大学和上海交通大学为例说明，1989 年后的情况在第五章重点解释。

是救亡图存的出路。1895 年至 1898 年间奏请创建的各类高等教育机构、新式学院和高等专门学堂等有 20 余所。① 大理寺少卿盛宣怀 1895 年（光绪二十一年）5 月 29 日呈《拟设天津中西学堂章程禀》，奏请在天津、上海、香港等处设头等、二等学堂，并"为继起者规式"，认为学堂事务责任重大，须遴选深通西学、体用兼备之人总理。② 1895 年，天津西学学堂③创立，标志着我国现代意义上大学的创建。盛宣怀后又奏请创建了南洋公学（1896 年）。1896 年 6 月刑部左侍郎李端棻呈《请推广学校折》，首次正式提议设立"京师大学"。1898 年 2 月 15 日光绪皇帝发布上谕准予建立京师大学堂。④ 同年 7 月，军机处、总理衙门负责拟定《京师大学堂章程》，对大学堂办学宗旨、管理体制等做出规定。1902 年 1 月光绪皇帝发布《为切实举办大学堂谕》。此后兴办学堂成为一种社会潮流，各省纷纷建立大学堂，并拟定学堂章程。而 1905 年科举考试的废止⑤从实质上推动了我国高等教育现代化进程。

一　京师大学堂的创建

京师大学堂是第一所由中央政府建立的国立综合性大学，是我国现代大学的雏形。1896 年李端棻奏请清政府在全国推广学校，设府、州、县学和京师大学堂，聘请中外著名教习培养国家有用人才。光绪帝将李端棻的《请推广学校折》交由总理衙门议复，总理衙门又将议复之事推给了管书局察度办理。⑥ 管书局大臣孙家鼐在《议复开办京师大学堂折》中回复说，"当滋事变日多，需才孔亟，……亟应参访各国大学堂章程，变通

① 张亚群：《科举革废与近代高等教育的转型》，华中师范大学出版社 2005 年版，第 82—83 页。

② 璩鑫圭、童富勇：《中国近代教育史资料汇编——教育思想》，上海教育出版社 1997 年版，第 118—120 页。

③ 因受义和团运动影响，1899—1902 年停办，1902 年恢复，1903 年迁校并更名为北洋大学。

④ 朱有瓛：《中国近代学制史料》（第一辑）（下册），华东师范大学出版社 1986 年版，第 633 页。

⑤ 1905 年 9 月，袁世凯等封疆大吏联合奏请立停科举考试，迫于形势，清廷同意从 1906 年起停止所有乡试、会试等各类科举考试。

⑥ 《总理衙门议复左侍郎推广学校折》，载朱有瓛《中国近代学制史料》（第一辑）（下册），华东师范大学出版社 1986 年版，第 488 页。

办理，以切时用"。[①] 孙家鼐还就京师大学堂的办学宗旨、校址选择、学科专业设置、教师资格与聘任、学生录取等进行了专门说明。但因经费等因素的影响，京师大学堂直到1898年维新变法后才得以创建。1898年2月15日，光绪帝发布上谕准予建立京师大学堂，7月3日，军机处和总理衙门将受命草拟的《大学堂章程》上奏光绪皇帝，光绪帝即日便批准了这一章程，并任命孙家鼐为京师大学堂第一任管学大臣（校长）。1898年7月20日光绪帝发布上谕，准予庆亲王奕劻、礼部尚书许应骙奏请将京师大学堂校址定于地安门内马神庙空闲府第（马神庙和嘉公主府）的奏折，要求总管内务府大臣量为修葺拨用。[②] 11月22日京师大学堂修葺完备张榜招生，12月31日（光绪二十四年十一月十九日）京师大学堂正式开学。[③]

京师大学堂章程的获批意味着京师大学堂合法性地位的确立。历经3年的努力，这所具有传奇色彩的中国第一所现代意义上的综合性大学开始了它传奇的历史。在当时条件下，它不仅是全国最高学府，也是国家最高教育行政机构。"京师大学堂"尽管仅存在了十多年，但它却为民国时期的北大、抗战时期的西南联大和新中国的北京大学的发展奠定了基本框架和在全国高校中的特殊地位。

二　京师大学堂内部权力构成及其关系结构与价值理念

京师大学堂的第一任管学大臣孙家鼐由光绪帝任命，担任校长时孙家鼐还兼任着吏部尚书等官职。在学堂内部，校长（管学大臣[④]）总管着全堂各分科事务，统率全学人员。[⑤] 根据《京师大学堂章程》，校长一般由"大学士、尚书侍郎"一类的政府官员兼任，其地位略如管国子监事务的

---

① 朱有瓛：《中国近代学制史料》（第一辑）（下册），华东师范大学出版社1986年版，第623页。

② 《北京大学大事记》，北京大学档案馆（http：//www. dag. pku. edu. cn/pkuapage/dshj/dshj. htm）。

③ 同上。

④ 京师大学堂前三任校长孙家鼐（1898年7月—1900年春在任）、许景澄（1900年春—1900年8月）、张百熙（1902年1月—1904年1月）在任时称管理大学堂事务大臣，简称"管学大臣"；自张亨嘉（1904年1月—1906年2月在任）任校长始，京师大学堂"管学大臣"改称"京师大学堂总监督"，简称"总监督"。参考《北京大学校史》。

⑤ 陈青之：《中国教育史》，东方出版社2008年版，第495页。

大臣一职，是大学堂内最高行政官员。其具体的管理权力主要包括学科设废权、教师晋级、解聘与聘任权、学生奖惩和大学章程修订权等方面的决定权。在程序上：（1）学科增减更改之事，教员次序及增减之事，通儒毕业奖励及学务大臣和总监督咨询之事，均由总监督邀集分科监督、教务提调、正副教员、监学共同核议后，总监督（校长）做出定议；（2）事关章程更改、例行具奏之事，以及学务大臣和总监督咨询之事，由总监督邀集各监督、各教务提调、正教员、监学会议，并请学务大臣临堂监议，由总监督主持定议。[①] 可以看出，校长的“决定权”要受到分科监督、提调、教员，尤其要受到比校长行政地位高的总理学务大臣和皇帝的影响与制约。

校长（管学大臣）之下，设总教习一员，由特旨擢用，官职地位略如国子监、祭酒、司业之职。总教习之下设分教习，由中国人和外国人共同组成，其中汉人分教习有官职，受总教习调动管理，而洋人分教习没有官职。另设总办 1 人，以小九卿及各部院司员充任，副总办 2 名，协助“总理全学一切事宜”，并向管学大臣负责汇报，同时，设提调 8 人，由各部院司员充任，其中 1 名管财务、5 名管教学、2 名管后勤。[②] 除以上行政官职外，还设有管理图书馆、文秘、实验仪器等事务的提调官职。以上行政人员自总办以下皆受管学大臣（校长）考核监督，并且除管学大臣外，要求常驻学堂。副总办以下行政人员出勤情况由正总办按照章程严密稽查，并在每年年终形成报表报明管学大臣查核。根据《大学堂章程》等相关信息，绘图描述京师大学堂内部权力结构与关系（见图 3－1）。

管学大臣既是学校内部事务的最高行政管理官员，也是全国高校的首席教育行政官员。这源于京师大学堂身份的双重性。《大学堂章程》规定，“……各省会暨外府州县，所有已设之学堂，均须将学堂章程、教习姓名、学生额数咨送本大学堂（京师大学堂），以便核考……”“各省学堂皆归大学堂统辖”。[③] 但是管学大臣/总监督的权力并不是无限的。首先，

① 璩鑫圭、唐良炎：《中国近代教育史资料汇编：学制演变》，上海教育出版社 1991 年版，第 389 页。

② 《京师大学堂章程》，载朱有瓛《中国近代学制史料》（第一辑）（下册），华东师范大学出版社 1986 年版，第 661—662 页。

③ 《北京大学大事记》，北京大学档案馆（http://www.dag.pku.edu.cn/pkuapage/dshj/dshj.htm）。

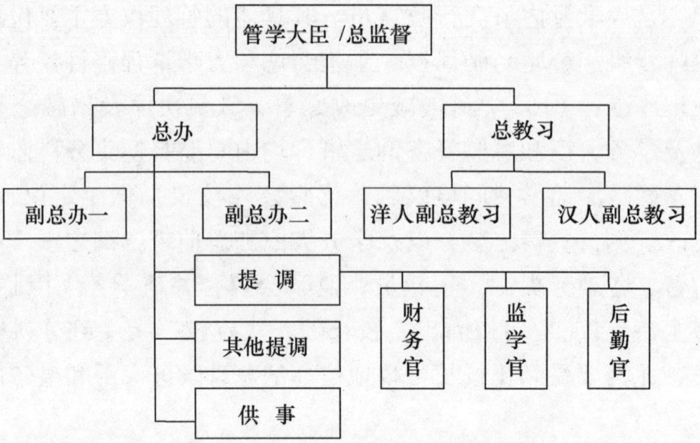

图 3－1　京师大学堂内部权力结构与关系

其权力来自皇帝的直接授权委托，受皇权的直接制约。而学校重要行政官职的任命、聘任或解职权仍掌握在清廷手中，校长仅有候选人建议权和推荐权，如张百熙任校长时曾向清廷奏请：

> ……臣博采舆论，参以旧闻，惟前直隶冀州知州吴汝纶，学问纯粹，时事洞明，淹贯古今，详悉中外，足当大学堂总教习之任。……合无仰恳天恩，即派前直隶冀州知州吴汝纶为京师大学堂总教习之处，伏候圣裁。……①

其次，对于普通教习和没有官衔的洋教习，大学堂校长则拥有一定的人事裁定权力，如张百熙任校长后的第二年（1903 年）即辞退丁韪良等西文教习，而另聘请了日本服部宇之吉、岩谷孙藏等学者为教习。②

除受授权者的制约外，大学堂总监督的权力还受到总理学务大臣权力的制约。总理学务大臣一职是 1904 年 1 月 13 日张之洞奏请清廷设置的，管理全国学务，类似于今天教育部部长一职，目的是减轻大学堂总监督负

① 《张百熙奏举吴汝纶为大学堂总教习折》，载朱有瓛《中国近代学制史料》（第二辑）（上册），华东师范大学出版社 1987 年版，第 908 页。

② 朱有瓛：《中国近代学制史料》（第二辑）（上册），华东师范大学出版社 1987 年版，第 909 页。

担，使其“不令兼别项要差，免致分其精力，仍受总理学务大臣节制考核”。[①]《奏定学堂章程·学务纲要》（1904年）规定总理学务大臣的职权为：统辖全国学务，整饬各省学堂，编订学制、考察学规、审定教材、任用教员、选录毕业生、核定各学堂经费等教育事务。[②] 在事关学校重大决策时，总监督必须请总理学务大臣“临堂监议”，并上奏朝廷后方可做出最终决定。

从京师大学堂权力结构的纵向维度看，校长（总监督）的权力不仅受到校外的“上级”权力约束，还受到校内下级权力的制约，如校长议事需经分科监督、教务提调、各科正教员、总监学官、总卫生官等人员的“共同核议”才能做决定。当以上行政人员意见与校长不同时，他们“可抒其所见，经达于学务大臣”方可最终做出决定。[③] 说明下级权力对校长的决定权也有一定的约束。校长之下的总教习与总办分别管理着教务和行政事务。他们之间呈现分工负责的特点，如《京师大学堂规条》第六条[④]规定：

> 凡提调、分教习各员分（份）内之事，不得推诿；分（份）外之事不得侵越；当由管学大臣、总教习定其权限，以期责有攸归，如有贻误，一人承担。

总教习主持一切教育事务，有监督检查副总教习及以下相关人员工作的权力。总教习之下的两名副总教习辅佐其开展工作，并分别负责稽查中外各教习教学及学生学习情况。总办秉承校长总理全学一切日常管理事务，两名副总办协助总办开展工作。总办享有稽查副总办以下行政人员的“供职勤惰”、“续拟一切堂规”及“辟用分教习”等权力。但他们都受管学大臣的监督和约束，他们的权力具有双重委托的特点，一是来自校长

---

① 朱有瓛：《中国近代学制史料》（第二辑）（上册），华东师范大学出版社1987年版，第139页。

② 《奏定学堂章程·学务纲要》，载舒新城《中国近代教育史资料》（上册），人民教育出版社1981年版，第216页。

③ 璩鑫圭、唐良炎：《中国近代教育史资料汇编：学制演变》，上海教育出版社1991年版，第389页。

④ 朱有瓛：《中国近代学制史料》（第一辑）（下册），华东师范大学出版社1986年版，第668—669页。

（管学大臣/总监督）的直接授权，二是由清廷任命授权。自上而下，形成金字塔结构的权力制约监督关系（见图3－2）。

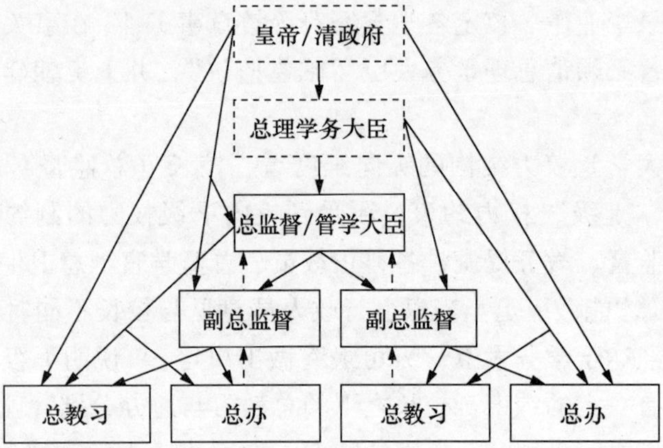

图3－2 京师大学堂权力制约监督关系

这种制约监督关系的突出特点是层层授权委托、层层制约监督。顶层权力上延至皇帝，是最高授权主体，不受其他权力的制约和约束。受委托权力对上负责，受其制约监督，同时又制约监督着下级权力，并且每一层授权主体具有越级制约监督更下一级权力主体行为的权力。这种权力制约关系共享的价值理念正是“皇权至上，最高权力是圣明、向善、合理与不容置疑的”。显而易见，京师大学堂在权力结构及其制约关系方面仍表现出很强的行政控制的特点。大学章程没能保证京师大学堂实质上的办学自主权，也没能对学校内部顶层权力及校外政治权力等构成法律约束力。

三　京师大学堂内部权力制约机制及其特点

通过以上分析，我们发现京师大学堂内部权力制约机制有以下几个特点：

（1）层层授权委托，权力自上而下形成监督关系。从校长到总办、总教习等职位的人事权及学校的财务权全部掌握在清廷手中，清廷严格控制着京师大学堂的运行，使学校内部权力关系形成自上而下层层监督制约的关系。这种关系向下延伸至普通教习，向上延伸至皇帝，是一种连续授权委托的权力制约权力机制和垂直领导关系。但是，这种纵向的权力关系是一种开放的权力链条。

(2)“临堂监议”、“共同核议”、“可抒其所见”与有限决策权力的博弈。虽然大学堂的校长“主持全学、统属各员”，但是校长既不是实质上的学校法人代表，也不具有完全意义上的终决权。从重要人事任命、财务管理到师生奖励，几乎都需要报请朝廷做出决定。而且，在重要议决事务中，需要聘请总理学务大臣参议，从程序上形成对校长权力的制约。而分科监督、教务提调、正教员、监学官等人员虽然没有学校重大事务的决定权，但是他们有参与学校重大事务议决的资格，在议决中，“可抒其所见”的做法在程序上同样约束了校长的决定权。而根本上，校长的最终决定权取决于总理学务大臣和皇帝的意见。这样，学校内部的权力拥有的都仅是有限的决定权力，这种有限的决定权设计有分权制约的意味。

(3)效忠皇命，崇敬先师，学而优则仕。京师大学堂内部的权力主体都享有一种“效忠皇帝”、“崇敬先师”、“学而优则仕”的价值信念。任何权力主体都必须效忠皇帝和朝廷，做到“体国公忠”，以求仕途升迁而非留任学校。因为大学堂的官员基本都是兼职的政府官员，教育行政职务不是最主要的官职。在这样的理念支配下，大学内部权力往往具有“妥协”的特性，表现在：一是学校内部权力间保持有限的博弈和层层妥协的关系；二是学校权力与清廷之间保持有限博弈和层层妥协关系。只有尊奉皇权、祭拜先师、做出成绩，学校的行政权力拥有者才有晋级朝政的机会，这保证了顶层权力对下级权力的限制和约束。

总体而言，京师大学堂内部权力制约机制主要是一种隶属型的权力制约权力机制和伦理文化制约权力机制。前者是一种“螳螂捕蝉，黄雀在后”式的权力制约机制逻辑，后者是一种基于文化心理的“自律性”权力制约机制类型。除此之外，还有程序制约权力机制与分工负责机制，主要指学校重要议决的“堂议”参会程序、总办与总教习之间的分工协调关系（见图3－3）。

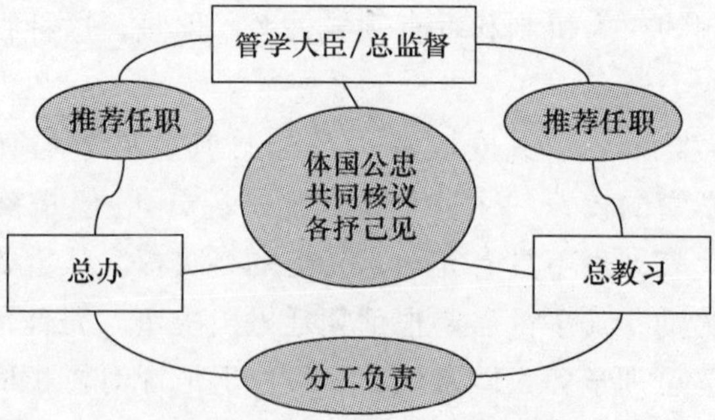

图 3-3 京师大学堂内部权力制约机制类型

第二节 蔡元培时代北京大学的"三会制"

从"京师大学堂"变身而来的"北京大学"并不是一开始就走上了具有现代大学意味的治理模式。初任北京大学校长时的蔡元培面临的仍然是一个"老爷"、"大人"无处不在的旧式官僚化的"京师大学堂"。面对这样一所"新汤旧药"的大学，蔡元培从办学理念、师生遴选、权力关系、组织结构、学科体系与课程设置，以及大学与政府关系等方面进行了全面改革。

蔡元培对北京大学内部权力关系结构的变革调整主要体现在两个方面：一是变"个人专权"为"集体控权"，这主要是指将原校长权力转移给评议会、将系主任的权力转移给系教授会的做法；二是推进科层化的官僚行政权力向平等自由的学术权力转变，主要指设立评议会、教授会和行政会，其中评议会和教授会是学校最主要的决策权力组织机构，而行政会由各委员会委员组成，委员也主要由教授组成，实现"教授治校"的目标。这两方面的变革改变了北京大学原有的内部治理结构，也使得学校内部的权力制约机制发生了变化。蔡元培实行"教授治校"的目的是希望让懂学术的人来管理大学，从根本上消除旧北大遗留下来的官僚衙门作风，让大学回归"研究高深学问之府"的本位。学术权力主导的北京大学内部治理结构，表现出明显的分权制约和文化制约权力的特点。

一　蔡元培接任北京大学校长

1916年9月1日，蔡元培在法国收到来自时任教育总长范源濂的邀请函，要求他回国出任北京大学校长，1916年10月2日蔡元培起程回国。同年12月26日教育部奉大总统令任命蔡元培为北大校长，1917年1月4日，蔡氏到校正式上任。自此，开始了其影响中国高等教育发展的一段传奇校长之旅。

在蔡元培上任北京大学校长之前，北京大学已有四任校长，依次为严复、马相伯、何锡侯和代理校长胡次珊。这一时期的北京大学虽然依据《大学令》（1912年）和《大学规程》（1913年）等相关法律办学，但其内部的权力运行机制、管理理念、学校风气等方面仍保留着“京师大学堂”式的管理气息，表现在：第一，学生是以京师大学堂“老爷”式的学生身份嬗继下来，基本都是京官，他们就学的目的也不在学问，而是及早毕业及毕业后的“升官发财”[①]；第二，教员和监督都被称为“中堂”或“大人”，教员亦不用功，也无学术研究的兴趣，因为学生并不欢迎专门研究学术的教员，而是欣赏教员的政治社会背景，以求将来官场上的裙带关系[②]；第三，学校内部权力呈现“教育总长—校长—系主任”垂直的个人专制权力结构。可以说这一时期的北京大学仍然是一个官僚养成所，这和以研究高深学问为宗旨的大学理念相去甚远。这是蔡元培接手校长职位时北京大学的基本情况。

二　蔡元培对北大内部权力结构及其关系的改革

蔡元培对这样的“北京大学”显然很不满意，经过统筹思考和各方面的“走访”，蔡氏开始大刀阔斧地改革北大。改革从大学理念、办学宗旨、权力结构与权力制约机制、人事制度、课程体系及院系组织结构等方面全面展开。在这些改革当中，对北京大学内部决策权力身份、权力关系结构、权力制约机制的改革显然是最根本，也是影响最深远的内部改革。

（1）消除个人专断权力，形成“集体权力”与“民主决策”机制。

---

① 蔡元培：《我在北京大学的经历》，载钟叔河、朱纯《过去的学校》，湖南教育出版社1982年版，第2—3页。

② 同上书，第3页。

虽然北京大学与京师大学堂办学的法律依据已经不同，但是学校内部的专制化管理和“螳螂捕蝉，黄雀在后”式的权力制约监督逻辑仍然没有改变。蔡氏掌校北大前，学校的一切校务都是由校长和学监主任、庶务主任少数人决策办理，各个学科（院系）学长没有参与决策的机会，甚至连知情权都不具备，其他的普通教师和学生就更谈不上知情了。蔡元培认为这种决策机制是典型的封建专制决策机制，不符合民主治校的精神。因此，蔡氏通过两种做法改变这种个人专制权力结构：一是组织评议会，由教授互选产生评议会成员，议决学校立法等方面事宜，同时恢复学长权限，并让其分担一些行政事务，由此限制和制约校长权力，实现校长个人专权向评议会集体权力转变；二是组织各院系教授会，由教授与选举产生的教授会主任分管教务，负责规划本系教学工作，由此限制学监主任或庶务主任的个人专断权力，实现学监主任个人权力向院系教授会集体权力转变。①

（2）消除官僚行政，确立“教授治校”的权力运行模式。虽然蔡元培起草的《大学令》中明确规定设立大学评议会，评议会具有学科设置与废止权、讲座种类限制权、大学内部规则制定权、大学生学位申请资格评审权及负责教育总长和大学校长咨询事件的处理权力，但是，评议会制度的真正落实还是在北京大学的蔡元培时代。而此前的学校决策权力仍掌握在教育总长和校长等个人化的行政权力手中。蔡元培认为这种决策结构形同专制政府，在民主日益高涨的时代，行政垄断权力必须革除，并要求构建体现大学研究高深学问精神的学术权力决策机制。为了实现学术权力在大学决策中的主导地位和教授治校的治理目标，蔡元培除通过设立评议会和组建教授会外，还组织成立了行政会。行政会下再组织各专门委员会负责讨论各项具体事务。行政会成员由各专门委员会委员长、教务长、总务长组成，均限于有教授资格的人员。行政会议的执行主席由校长遴选，行政会主席由校长兼任。行政会掌握着学校行政大权，负责执行评议会的决策。行政会议的运行机制实行“合议制”。

通过以上改革措施，北大内部就形成了评议会、教授会和行政会“三会”治理结构模式。三会的成员都主要由教授组成。评议会成员由校

---

① 蔡元培：《回任北大校长在全体学生欢迎会演说词》，载高平叔《蔡元培教育论集》，湖南教育出版社 1987 年版，第 247 页。

长和教授组成，教授实行互选机制，名额为全体教授的1/5，任期1年，可再选。[①] 教授会成员从教授、讲师中产生，任期2年。行政会成员也仅限于有教授资格者。三会制从制度设计上基本实现了教授治校的诉求。

（3）设立教务处与总务处，进一步完善“教授治校”的内部权力运行机制。在以上权力结构框架的基础上，1918年2月，评议会议决废除学长制，组建由各科教授会主任组合而成的文、理两科教务处，直接为校长办理事务。[②] 1919年3月，学校评议会通过了文理科教务处组织法，准备成立教务处。1919年4月，在蔡元培主持下设立了教务会议，教务处成为“操全校学术之大政”的组织机构。[③] 教务处成员由各科教授会主任组成，并从中推选1人任教务长，襄助校长领导全校教学事务，任期1年。教务会议及教务处的主要职权有：课程设置与学系增设废止的建议权、学位候补人荐举权及其他教务事宜处置权。[④] 同年4月北大还成立了总务处，主管全校的人事和财政工作。首任总务长是蒋梦麟，由校长从总务委员中委任。总务长的资格仍以教授为限，任期3年。总务处设置总务委员若干人，各负一项或多项由校长指定的具体事务。[⑤] 总务委员也由校长委任。

通过以上改革，蔡元培想要构建的民主治校体制——“教授治校”的内部治理格局就已基本形成。借用其在北大建校25周年纪念会上的讲话，就是“凡此种种设施，都是谋以专门学者为本校主体，使不至因校长一人之更迭而摇动全校”。[⑥] 蔡元培对北大内部权力结构及其运行机制的改革基本达到了预期效果。在蔡氏多次离任北大和政局动荡的时期，北京大学能够依照其设置的内部治理结构和权力制约模式运行良好，正是以上说法很好的注脚。

为了巩固北大这一内部治理模式，蔡元培还从政教关系的角度进行了

---

① 《评议会规则修正案》，北京大学日刊民国九年（1921年）四月十五日，《北京大学日刊》（第5册），人民出版社1981年版。

② 王学珍、郭建荣：《北京大学史料》（第二卷）（上册），北京大学出版社2000年版，第66页。

③ 同上书，第81页。

④ 同上书，第81—84页。

⑤ 同上书，第78页。

⑥ 蔡元培：《北大成立二十五周年纪念会开会词》，载高平叔《蔡元培教育论集》，湖南教育出版社1987年版，第368页。

"大学区制"与"大学院制"改革，目的在于厘清政府与学校之间的关系，使大学能够超逸政府的直接控制，由此保证大学内部"教授治校"的长效性。但由于大学区制和大学院制改革的失败，国民党政府1934年4月28日修正公布的《大学组织法》第15条规定以"校务会议"取代"评议会"，使蔡元培的"教授治校"理想最终功亏一篑。这已超出本书的讨论范围，不再赘述。根据以上分析，用图描述蔡元培时代的北京大学内部权力构成及其结构关系（见图3－4）。

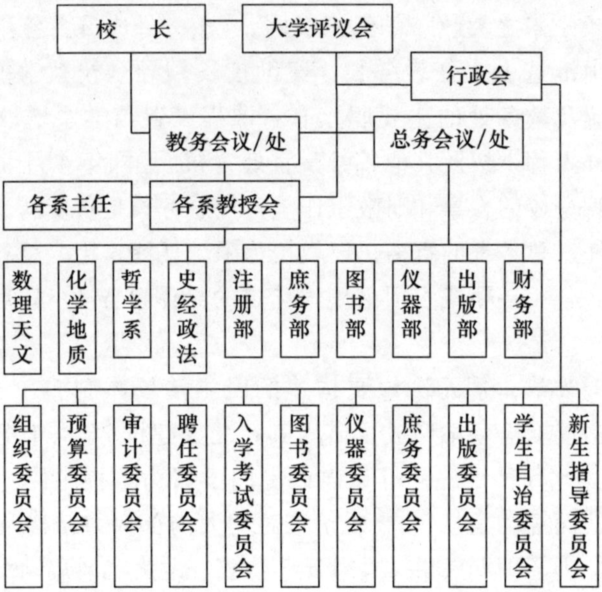

图3－4　蔡元培时代的北京大学内部权力结构与关系

改革后的北京大学内部权力构成主要是评议会、教授会和行政会。教务处和总务处是决策执行机构，行政会下设的各专门委员会也是具体的执行机构。校长是学校的法人代表，是评议会成员，也是议长。同时还直接负责领导教务处与总务处工作。教务长由教授会选举产生，总务长由校长委任。评议会是学校的立法机构，拥有以下权力：①制定和审核学校各类章程与规则的权力；②决定学科及学系的废立与变更权；③校内各机关设立废止与变更决定权；④各行政委员的委任权；⑤有关高等教育事项向校长、教育总长和教育部的建议咨询权，以及校内其他重要事项决议权。[①]行政会是学校最高行政权力机构和决策执行机构，掌握着全校的行政大权，负责执行评议会的决议事项。[②]校长、总务长、教务长及各专门委员会委员长为行政会的组成成员。行政会下设各专门委员会负责执行具体事务，行政委员由校长从教员中指派，各委员会人数一般在5—9人不等，各委员会委员长均由教授担任。[③]常设的行政委员会有11个，主要是：组织委员会、预算委员会、审计委员会、聘任委员会、入学考试委员会、图书委员会、仪器委员会、庶务委员会（相当于现在的后勤管理集团）、出版委员会、学生自治委员会、新生指导委员会。[④]各委员会委员的任期为1年。总务处下设注册部、庶务部、图书部、仪器部、出版部以及财务部，由总务长和各总务委员组织总务会议共商事务。[⑤]各科教授会负责本系的教学和学术事宜。教授会设主任一人，由教授互选产生，任期2年。教务会议的成员主要是各系主任，一起讨论全校学术事务。

评议会、行政会和教授会三者之间以学术权力为主导，同时又形成分权制约的权力结构关系。而支撑和维持这一权力格局背后的共享价值理念正是“民主、自由与科学”。其中，民主原则是支配这一时期北大内部各类权力运行的主导性价值观念，这充分体现在蔡元培提出的“兼容并包、思想自由”的大学精神当中。在实践中则体现为各类议决及学术研究活动中民主原则的坚守与诉求。

三　北京大学蔡元培时代的内部权力制约机制

根据以上有关北京大学内部权力构成及权力结构关系和共享价值理念的分析，再根据北大内部评议会、行政会、教授会议事规则等内容，我们发现蔡元培在追求教授治校理想目标的过程中，主要采取了以下机制手段实现对大学内部权力的规约。

---

① 《评议会规则修正案》，北京大学日刊民国九年四月十五日，《北京大学日刊》（第5册），人民出版社1981年版。

② 高伟强等：《民国著名大学校长》，湖北人民出版社2007年版，第20页。

③ 高平叔：《北京大学的蔡元培时代》，《北京大学学报》（哲学社会科学版）1998年第2期。

④ 同上。

⑤ 同上。

（1）“集体权力”与“民主决策”机制。为了限制个人专断权力和垂直监督权力，蔡元培通过设立评议会和系教授会，以“集体权力”代替“个人权力”，使决策权力集体化，并因此形成集体决策机制。表现在，无论是评议会、教授会还是行政会，对职权范围内的事务议决都必须遵循法定参会人数范围内的过半数成员的议决原则，议决一旦做出，包括校长在内的任何人不得随意改动，必须执行。这一机制有效地限制了校长和学科长（后来的系主任）等一类人员的个人专断权力。

（2）“合议制”与“委员会制”：民主集中与分权分工机制。合议制是蔡元培在《回任北大校长在全体学生欢迎会演说词》（1919 年 9 月 20 日）中提出的。蔡氏认为，对于教务以外的事务，行政会议均取合议制，并组织各种委员会研讨各具体事务。[①] 委员会制实际上执行的是“先分散，后集中”的权力运行机制，可归结为“合议制”。这样既体现了各项决策中的民主管理精神，又遵循了少数服从多数原则，使各委员会及其他权力在实际决策过程中形成分权分工制约局面。如行政会下设的聘任委员会，在聘任教授时，首先须经聘任委员会通过，聘任委员会主任同意评议会才能议决，校长才能最终决定聘任与否。而解聘在职教授时，首先应由其所在系教授会议决，教授会 4/5 成员同意或全体教授议决同意，并得到校长和评议会认同时才能办理。[②] 实际上体现了程序制约权力机制与分权制约机制的特征。而评议会、教授会、行政会三会之间，评议会是最高立法与重大事项决策权力组织机构，教授会是最主要的学术事务决策权力组织形式，而行政会是最高行政执行权力组织机构，它们之间呈现差异决策与优势互补的分权制约机制特点。

（3）“民主推选”与职位权力“短期聘任制”。北大内部的三大权力——评议会、教授会与行政会，前两个组织成员主要由教授互选产生，行政会成员虽由校长委任，但也以教员的推选为基础。民主选举和教授会推荐机制，保证了北大内部权力构成主要由学术权力构成，并且他们主要是对最庞大的“学术权利”群体（包括各类教师群体及学生群体）负责，并受他们的约束和监督。此外，对于个人权力采取“短期聘任机制”，以

① 《回任北大校长在全体学生欢迎会演说词》，载高平叔《蔡元培教育论集》，湖南教育出版社 1987 年版，第 247 页。

② 《提议〈教员保障案〉》，载高平叔《蔡元培教育论集》，湖南教育出版社 1987 年版，第 330 页。

防控权力运行中的异化现象，同时也有利于体现“民主治校”的精神，保证了权力运行的规范性。如评议会会员、教务长、行政会下属的各委员会委员任期仅有1年，而教授会主任及教授会成员任期也仅有2年，任期较长的总务长也不过3年的任期。

（4）“进德会”与“研究会”。新任校长时，蔡氏为了扭转北大“官员”及教授、学生的“道德沦丧”、“败德秽行”的风气，形成“研究高深学问之兴趣”的大学权力运行舆论氛围，蔡氏在《就任北京大学校长之演说》中明确提出“抱定宗旨”、“砥砺德行”、“敬爱师友”的大学学术伦理道德要求。并在此基础上，“推广‘进德会’，以挽奔竞及游荡之习”，“提倡研究学问之兴会”。[①] 同时，组织各类研究会，并创办《北京大学月刊》等刊物，造成“大学是研究学理的机关”这一内部权力运行的文化氛围。这种氛围以学术伦理的形式对内部各类权力主体形成道德约束力。这也是蔡元培构建的北京大学内部权力制约机制之一。

根据以上分析，蔡元培时期的北京大学内部权力制约机制实际上包括权力制约权力（分权制约）机制、文化制约权力机制以及制度制约权力机制三种。权力制约权力机制主要表现在评议会、教授会和行政会三者之间的分权制约关系，以及权力的集体化和有限决策权力等方面；而文化制约权力机制主要表现为基于“教授治校”及“进德会”、“研究会”等具体手段和方法所营造的学术伦理约束权力的效果；制度制约权力机制主要指各权力均受“章程”和“议事细则”约束。三种权力制约机制中，前两种机制是主要的，其在北京大学的蔡元培时代共同发挥着约束和规范权力的作用（见图3－5）。

第三节　国立西南联合大学时期的“三会制”

1937年7月7日，卢沟桥事变发生后，抗日战争全面拉开帷幕。1937年9月10日，教育部以第16696号令正式宣布在长沙和西安两地设立临时大学，并组建临时大学筹备委员会，张伯苓、蒋梦麟、梅贻琦、杨振声（教育部代表）、胡适、何廉（南开大学教授）、周炳琳（教育部次长）、傅斯年、朱经农（湖南省教育厅厅长）、皮宗石（湖南大学校长）、

① 中国蔡元培研究会：《蔡元培全集》（第三卷），浙江教育出版社1997年版，第670页。

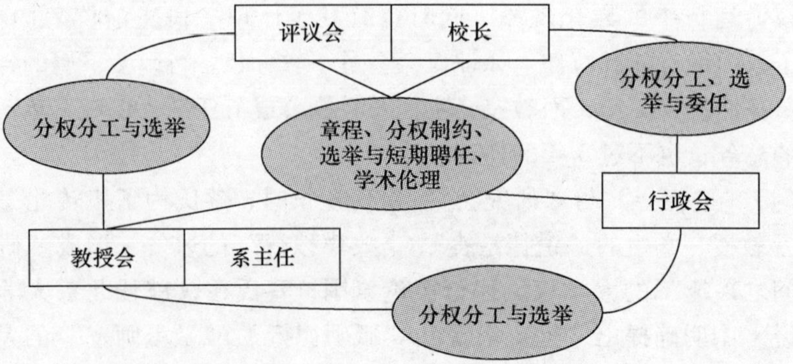

图3－5　蔡元培时期的北京大学内部权力制约机制类型与特征

顾毓琇（清华大学教授）为长沙方面的临时大学筹委会委员，其中，张伯苓、蒋梦麟、梅贻琦三人为常委委员，杨振声为秘书主任。① 临时大学筹委会设主席1人，由教育部部长王世杰兼任。根据教育部令，国立北京大学、国立清华大学、私立南开大学奉令南迁至长沙组建“长沙临时大学”，并于1937年11月1日正式开学。② 1937年年底，首都沦陷，武汉告急，奉教育部令，长沙临时大学于1938年2月20日迁离长沙，迁往云南昆明，4月28日迁移队伍到达昆明。迁居昆明的“长沙临时大学”奉教育部令更名为“国立西南联合大学”，校务仍由北大、清华、南开三校校长任常务委员主持。1938年5月4日，昆明的西南联合大学正式开学，分蒙自、昆华、叙永等校区。直至抗战胜利，三校才奉命于1946年暑期迁回北京、天津复校。短暂的8年可谓办学最艰难、条件最艰苦的历史时期，然而，却也是我国高等教育创造人才培养奇迹的历史时期，值得深思。

一　权力构成、关系结构与价值理念

1937年8月28日，民国教育部任命南开校长张伯苓、清华校长梅贻琦、北大校长蒋梦麟为长沙临时大学筹备委员会常务委员，杨振声为委员会秘书主任，主席由教育部长王世杰兼任。1938年12月21日的常委会

① 西南联合大学北京校友会：《国立西南联合大学校史》，北京大学出版社2006年版，第10—11页。

② 11月1日也因此成为国立西南联合大学此后的校庆日。

规定，常委会主席任期 1 年，由北大、清华、南开三校校长按年轮流兼任，并首先请梅贻琦任常委会主席。[①] 但由于张伯苓长期在重庆任国民党参政会副议长，蒋梦麟也不常驻昆明，联大的常委会工作实际上是由梅贻琦负责主持的。常委会每周举行一次，研讨学校各项重大事务，包括人事、财务、专门委员会及相关机构的立废与学生奖惩等。

1937 年 9 月 13 日，国立长沙临时大学筹委会举行了第一次会议，主要是校内职务分配工作，会上推蒋梦麟负责总务，梅贻琦负责教务，张伯苓负责建筑设备。同年 9 月 28 日，启用长沙临时大学关防，规定总务部下设事务、会计两组，推定沈履为事务组主任、沈叔文为会计组主任；教务部下设注册组，推选潘光旦为注册组主任；建筑设备部下设建筑设备组，推选黄钰生为主任，另还有图书委员会和设备委员会直属常委会。[②] 9 月还成立了一些负责具体事务的委员会，如教室宿舍设备委员会、课程委员会。1938 年 1 月 20 日第 43 次常务委员会议决定，联大设立总务、教务和建设三处分理校务，并聘请周炳琳、潘光旦、黄钰生分别担任总务长、教务长和建设长。[③]

1938 年颁行的《大学组织法》规定西南联大设校务会议和教授会，校务会议的组织大纲于 10 月 26 日第 92 次常委会修正通过。[④] 校务会议由常务委员、常委会秘书主任、教务长、总务长、训务长（1939 年 7 月开始，废建设长职务）、各学院院长及教授、副教授互选的代表等 11 人组成。其中教授或副教授代表保证每个学院至少 1 名代表。校务会议由常委会主席主持，每学年开会一次，主要负责审议财务预决算、学系立废、学校各项规章制度的颁行、学校建筑及重要设备的添置、校务改进及常委会委托办理的事项。[⑤] 1938 年 4 月 19 日，常委会在昆明首次开会，决议昆明校本部及蒙自校区分别筹设校务委员会，本部校务委员会由理学和工学学院院长、教务长、总务长、建设长及理、工两院教授代表 4 人组成；蒙

---

① 西南联合大学北京校友会校史编委会：《国立西南联合大学校史资料》，北京大学出版社、云南人民出版社 1986 年版，第 18 页。

② 同上书，第 5—6 页。

③ 同上书，第 9 页。

④ 西南联合大学北京校友会：《国立西南联合大学校史》，北京大学出版社 2006 年版，第 27 页。

⑤ 同上。

自校区校委会由文学和法学院院长、教务和总务处主任及文、法两院教授代表4人组成，推选樊际昌为主席。① 两处教授代表由教授会推选产生。

1937年10月，常委会推选确定了各学系（当时为17个学系）教授会主席②（系主任）负责各学系的系务工作。1938年10月26日，常委会正式通过了《教授会组织大纲》，规定教授会由全体教授和副教授组成，常务委员会委员和常委会秘书主任是教授会的当然成员。根据之前有关学系成立教授会的说法可以断定，西南联大的教授会有校、系两级，学院层面未见有关于设立教授会的文件资料记载。此后，教授会成为联大权力结构体系中的重要一环。西南联合大学内部权力结构至此也基本形成（见图3-6）。

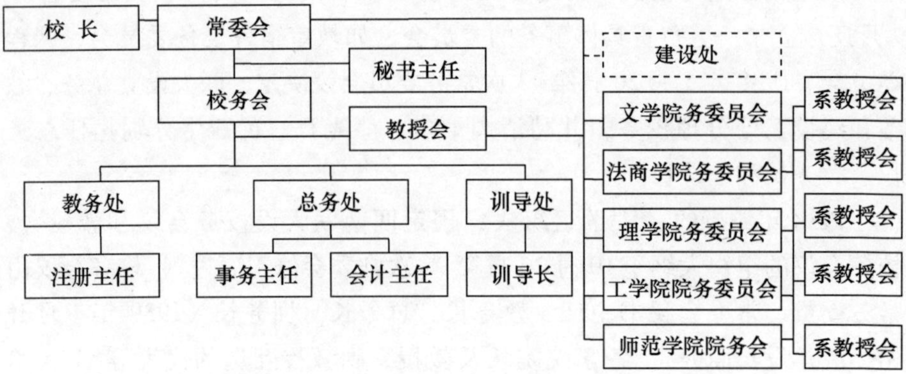

图3-6 国立西南联合大学内部权力结构关系

西南联合大学的常务委员会是学校内部最高决策权力机构，拥有学校内部重大人事、财务、机构设置与废除的最终决定权。常委会从其成员看，体现了“教授治校”的老北大传统，因为其成员主要是由教授组成。校务会议相当于学校的最高行政执行权力机构，拥有审议财务预决算、学系废立、学校制度颁布、学校建筑与设备购置和常委会委托的事务处置权力。很多资料都认为西南联合大学的教授会仅仅是一个“咨询组织”，主

① 西南联合大学北京校友会校史编委会：《国立西南联合大学校史资料》，北京大学出版社、云南人民出版社1986年版，第12—13页。

② 1939年6月13日，常委会决议自该年起，各学系教授会主席一律改称为系主任。

要职责包括听取常委会主席的工作报告、讨论学校重大问题、向常务委员会和校务会议提建议，讨论常委会和校务会委托的事情，以及承担选择校务会议代表的责任。[①] 也有学者认为西南联大的教授会绝不仅仅只是一个咨询机构，它还拥学校事务包括重大事务的决定权。[②] 持此观点的学者判断依据有二：其一，常委会和校务会的一些决议必须拿到教授会上讨论才能最终通过；其二，教授会决定的事务，常委会和校务会也应该认同。[③] 实际上，除以上权力外，教授会还拥有改进教研方案的决定权、学生导育方案的设计权、毕业学位授予决定权等。可见，西南联大的教授会还是具备参与学校治理的重要权力。另外，除以上三大类决策权力之外，校务会议还下设有教务处、总务处和训导处三个职能机构。而常委会下的各学院，则设有院务委员会。院务委员会由学院各系教授会主席、教授代表组成，协助常委会处理院务事宜。[④] 院务委员会之下是各学系教授会。

西南联大内部权力运行机制实际上是三级会议关系。三种“会议”既体现了集体决策、分权分工决策机制的特征，也表达了协同决策的权力运行机制特征。而这一内部决策机制是基于“没有强迫，只有诱导；没有盲从，只有信仰”的西南联大学术文化理念。[⑤] 这种文化或者说核心价值理念是“民主、自由、科学、爱国和教授治校”的理念精神，是对北京大学蔡元培时代大学理念精神的继承和拓展。

二　西南联大的内部权力制约机制

从权力关系结构看，西南联大的内部权力制约机制主要是一种分权制约机制。主要体现在常委会、校务会和教授会之间的有限理性决策权力和相互制约关系。如冯友兰所说，一方面，三者各有各的名义和职权，评议会不得以教授会或校务会的名义做决定，校务会议也不得以评议会或教授

---

① 西南联合大学北京校友会：《国立西南联合大学校史》，北京大学出版社 2006 年版，第 27 页。

② 于化民：《“一二一”运动中的西南联大教授会与教授们》，《知识分子与近现代中国社会》会议论文，武汉，2007 年，第 219 页。

③ 同上书，第 220 页。

④ 西南联合大学北京校友会：《国立西南联合大学校史》，北京大学出版社 2006 年版，第 29 页。

⑤ 汪曾祺：《西南联大中文系》，载《汪曾祺全集》（四），北京师范大学出版社 1998 年版，第 356 页。

会的名义做决定；另一方面，三者之间又呈现评议会似教授会的“常委会”，校务会似评议会的“常委会”这样一种协同关系。[①] 其内部权力制约机制总体呈现分权制约的治理特征和“差异决策、优势互补”的权力运行机制特点。另外，依程序和章程规范权力运行也是其内部权力制约机制之一。

（1）“分权分工”、“优先决定”与“协同决策”。西南联大内部常委会、校务会、教授会是学校内部的主要决策权力，三者都拥有有限的职权决策范围。在职权范围之内，各自拥有优先决定权力，如有关教学事务决策时，教授会的决策显然起着关键决定性作用。而重大人事与机构变动等事宜，常委会则具有优先决策的权力。涉及校内的制度制定、审核，以及学校建筑等事务时，校务会则拥有优先决定的权力。三者在有限决定权力的范围之内，形成一种既相互制约又互相协调的治理关系，体现了“教授治校”的原则。

（2）“集体权力”与“遵照程序”。虽然校政主要由梅贻琦主持，但是遇到重大事务决策，梅贻琦总是要和蒋梦麟、张伯苓委员协商决定，体现集体权力的决策机制。常委会、校务会和教授会都是以“集体权力”的名义，以“会议”的形式运行。各个权力主体都严格遵照规章制度和民主决策的原则与程序进行决议。1938 年 10 月 18 日第 91 次常委会决议，学校各学院院长和处长可列席常务委员会会议。[②] 常委会会议做出决议后各部门及各委员会要负责执行。校务会议除常委会委员、秘书主任外，亦有教务长、总务长及各院系教授代表参会方可作出决议。从议题提出、动议和议决都有严格的决策程序和决策原则。因此，“程序正当”与“集体决策”是联大内部的权力制约机制之一，保证了权力的规范运行。

（3）“教授治校”既是一种制度，一种文化，也是一种权力运行机制。留学归来的蔡元培，通过对北京大学内部权力结构的改革，确立了“教授治校”的基本原则，并成为其掌校北大时的治校特色，这也被同时代的其他学校所效仿。西南联大继承了北大教授治校的传统，通过这一权

① 冯友兰：《三松堂全集》（第一卷），河南人民出版社 2000 年版，第 255 页。

② 西南联合大学北京校友会：《国立西南联合大学校史》，北京大学出版社 2006 年版，第 27 页。

力运行机制，“使同仁觉得学校是我们大家的，谁都有一份儿”。[①] 三大决策权力的构成都以教授资格为限，而且，校务会和教授会都主要由教授身份的人员组成，常委会委员也以教授资格为限。在学校决策中，教授会、校务会与常委会之间形成制约和约束关系。如 1940 年 6 月的一次由全体教授参会、教务长主持的教务会议通过的致常委会《教务会议呈常委会文》公函，强烈抗议教育部对学校内部教学事务的直接干涉，梅贻琦常委委员将此信呈教育部，该年 9 月 25 日，梅贻琦作为常委委员在校第 156 次常委会上答复提请公函，指出教育部默许了联大对教学工作各项训令可变通执行的权力。[②] 这一事件充分体现了在“行政—学术”结构二重性的现代大学治理结构中，学术权力与行政权力的相互制约关系。

除以上明显的权力制约机制特征外，西南联大的选举制、常务委员会委员短期聘任制，及校长轮流任职制度和“列席会议”制度，都是其约束权力的机制手段。而梅贻琦的“一生清廉”、“以身作则”、“紧守原则”的榜样效应，对其他权力主体既是一种榜样，也是一种道德约束。其总体的内部权力制约机制见图 3－7。

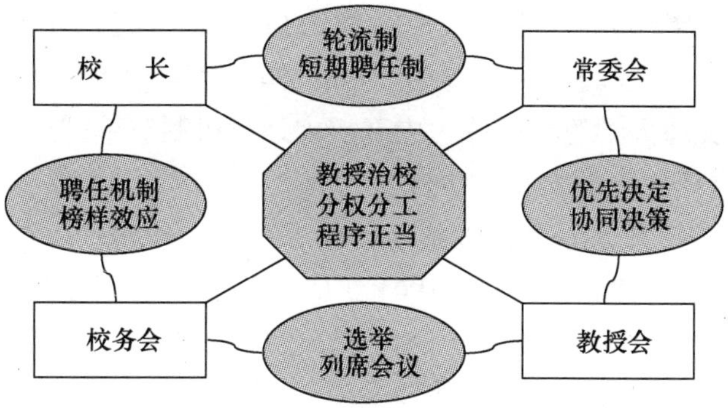

图 3－7　西南联合大学内部权力制约机制类型及特点

① 黄延复、马相武：《梅贻琦与清华大学》，山西教育出版社 1995 年版，第 183 页。

② 西南联合大学北京校友会：《国立西南联合大学校史》，北京大学出版社 2006 年版，第 35—36 页。

第四节 新中国大学内部权力制约机制类型与变革

新中国成立以后，中央人民政府非常重视高等教育事业的发展，先后接收、改造和创建了一批大学。对于大学的管理模式，积极采用苏联模式，全面改革并放弃欧美式的大学治理模式。在新中国60多年的发展历史中，大学内部治理模式和权力制约机制经历了不断调整和完善的过程。这期间，对大学内部治理结构和权力制约机制的完善产生过重要影响的政策法规有：1950年的政府工作会议及第一次全国高等教育会议通过的《高等学校暂行规程》、《关于高等学校领导关系的决定》；1956年中共第八次全国代表大会通过的党章，及1958年9月中共中央、国务院发布的《关于教育工作的指示》；1961年国家颁布的《教育部直属高等学校暂行条例（草案）》，即《高教六十条》；1985年制定的《中共中央关于教育体制改革的决定》；1990年制定和公布的《中共中央关于加强高等学校党的建设的通知》、《中国共产党基层组织条例》；1993年的《中国教育改革和发展纲要》；1996年的《中国共产党普通高等学校基层组织工作条例》及1998年颁布的《中华人民共和国高等教育法》。主要事件和典型学校有：第一次全国教育会议确定创办中国人民大学等；20世纪80年代中期的上海交通大学等学校成为内部权力运行机制改革试点学校，交大的“三包一评责任制”等典型性事件。

大学内部权力运行体制机制经历如下变化：1950—1956年的“党组领导下的校长负责制”、1956—1961年的“党委领导下的校务委员会制”、1961—1966年的“党委领导下的以校长为首的校务委员会制”、1966—1976年的“革命委员会制”、1978—1985年的“党委领导下的校长分工负责制”、1985—1989年的“校长负责制”、1989年以来的“党委领导下的校长负责制”。其中最主要的两种权力运行机制是“校长负责制”和“党委领导下的校长负责制/校务委员会负责制”。

1950年8月14日，政务院批准实施的《高等学校暂行规程》规定了大学与专门学院要采取校（院）长负责制，校内院系也实行“校（院）长领导下的系主任责任制”的内部权力运行体制机制。这一体制机制一直实施至1958年9月中共中央、国务院《关于教育工作的指示》颁布前。《关于教育工作的指示》否定了校长负责制，指出“一长制容易脱离党的领导，所以是不妥当的”，因此要求学校实行“党委领导下的校务委员会负责制”的内部权力运行体制机制。这是确立党组织在高校中领导地位的开始，也是新中国成立后高校内部权力运行体制机制的第一次变革。虽然，高校党组织在新中国成立前的陕北公学（1937 年成立）等学校就已存在，但此前的党组织主要是政治上的领导核心，与学校行政之间不是直接的领导与被领导关系。而 1958 年 9 月后，高校党政之间形成了“领导与被领导”的内部权力结构关系。1984 年 10 月，中宣部、教育部在成都召开了 9 省、市高校校长负责制试点工作座谈会，会上确定北京师范大学等 15 所高校为校长负责制试点高校。[①] 1985 年 5 月，教育部颁布的《中共中央关于教育体制改革的决定》明确了高校试行“校长负责制”的内部权力运行体制机制，并明确指出“党政分开”的高校权力运行原则，至 1988 年 4 月，全国已确立 103 所“校长负责制”试点高校。1989 年高校的这一内部权力运行体制机制暂告一段落。1989 年 8 月中共中央颁发的《关于加强党的建设的通知》和 1990 年 7 月公布的《中共中央关于加强高等学校党的建设的通知》中，重新确定了党组织在高校中的领导地位，党政之间的领导与被领导关系重新确立，并在 1998 年制定的《中华人民共和国高等教育法》中以法律的形式最终确定了下来。

目前，在高校内部增设以校友为主要成员构成的校董事会或理事会的做法，可以看作是对“党委领导下的校长负责制”的补充和完善。以下对我国这一段历史时期大学内部权力制约机制的讨论主要是对“校长负责制”和“党委领导下的校长负责制（校务委员会负责制）”两类体制下的权力制约机制情况的讨论。并且，主要以这一时期最具典型性和代表性的中国人民大学、上海交通大学为例进行简要分析说明。中国人民大学是由中央政府创办，以苏联高校权力运行的体制机制为模板建立起来的新中国第一所公办大学，其内部权力制约机制代表了新中国成立初期大学内部权力制约机制的运行特征。而上海交通大学是“文化大革命”后，在教育体制改革和内部权力运行机制方面具有代表性的学校，因此进行分析。对于当前大学内部权力制约机制的运行状况，将在后面章节中分析。

---

① 冯治益：《中宣部、教育部召开部分省市高校校长负责制试点工作座谈会》，《中国高等教育》1985 年第 1 期。

一　中国人民大学

新中国成立后，中央政府一方面着手接收和改造国民党时期遗留下来的各类高等学校，另一方面则积极创办苏联式的正规大学以满足社会主义建设的迫切需求。中国人民大学正是在这样的背景下创建成立。1949 年 1 月 12 日，刘少奇写信向毛泽东主席及中央政治局汇报了中国人民大学的筹备情况。新中国成立后，中共中央决定以华北大学为基础，合并中国政法大学，选调华北人民革命大学部分干部组建中国人民大学。12 月 16 日，中央人民政府政务院第 11 次政务会议召开，根据中共中央政治局建议通过了《关于成立中国人民大学的决定》。① 1950 年 2 月召开的中央人民政府委员会第 6 次会议确定中国人民大学内部领导体制实行党组领导下的校长负责制。1950 年 10 月 3 日，中国人民大学在铁狮子胡同 1 号隆重举行开学典礼，标志着新中国第一所新型正规大学的成功创办。中国人民大学无论是领导体制，还是组织结构，都是以苏联为模板，开启了新中国高等教育管理体制的新模式。而其内部权力结构与权力制约机制的变革历程也成为新中国高等教育内部领导体制机制变革的一个缩影。以下分阶段分析这一时期中国人民大学内部权力制约机制的特征。

1. “党组领导下的校长负责制”时期的内部权力制约机制：1950—1956 年

1950 年 2 月 19 日，中央人民政府委员会第六次会议决定任命原华北大学校长、中央人民政府委员吴玉章②为中国人民大学校长，胡锡奎、成仿吾为副校长，学校实行党组领导下的校长负责制。③ 尽管中国人民大学在华北大学（1948 年春成立）和北方大学（1945 年 11 月成立）时期均实行的是“校长负责制”内部权力运行机制，但是这一时期的党委是存在的，如华北大学时钱俊瑞任党委书记。而在陕北公学时期则实行的是“党团领导下的校长负责制”，直属中央组织部、中央宣传部，由中共中

① 中国人民大学校园网·历史沿革（http：//www. ruc. edu. cn/history）。

② 1949 年 9 月 21—28 日，中国人民政治协商会议第一届全体会议在北平举行，吴玉章作为华北大学正式代表和校长，在此次会议上当选为中央人民政府委员。

③ 中国人民大学校史研究丛书编委会：《中国人民大学纪事》（上卷），中国人民大学出版社 2007 年版，第 96 页。

央直接领导。[①] 在华北联大（1939年7月7日成立）时，明确提出学校实行“党组领导下的校长负责制”，成仿吾任华北联大校长，兼任校党委书记。[②]

因此说，新中国成立后中国人民大学实行的“党组领导下的校长负责制”是对革命根据地这一大学内部领导体制机制的继承和发扬。1950年11月12日，经党中央批准，成立中共中国人民大学党组，胡锡奎任党组书记，吴玉章、胡锡奎、成仿吾、李培之、阎子元5人为党组成员。[③] 中国人民大学党组受中央人民政府文化教育委员会党组领导，学校实行党组领导下的校长负责制。同一天，中央人民政府党委会转报中共中央组织部批准，由阎子元、丁禹畴、马诚斋、李逸三、李新、尹达、张树楠、刘一心、秦乘刚、史梦兰、陈传刚11人组成中共中国人民大学委员会，指定阎子元为书记、丁禹畴为副书记。[④] 中国人民大学的党委会接受中央人民政府党委会的领导（1953年2月，根据中共中央组织部决定，校党委转为中共北京市委领导）。1950年5月下旬，成立了党委常委会，委员总共有6人，为党委会的常设机构。1950年3月14日，校党委会决定成立组织纪律检查委员会（以下简称纪委），纪委委员共5人，党委副书记丁禹畴兼纪委书记（1951年5月8日任命鲍建章为纪委书记）。另外，学校还成立有“校务委员会”（1950年9月8日成立，1951年9月17日，校委会改为“校教学代表会”，简称“校代会”，类似的“系委会”也改为“系代会”）和“校务会议”。校务委员会是学校顶层咨询组织机构，由校长吴玉章、副校长胡锡奎和成仿吾等53名成员组成。[⑤] 校务会议是学校最高行政会议，由校长或常务副校长主持，负责讨论教学科研、教务处等职能部门工作分配、职称晋升等人事工作、规章制度的制定与审议，以及学校其他重大事务。校务会议主要解决的是大的原则性问题（但从实际运行看，基本事无巨细都涉及，诸如学生实习、课程安排等一类的问题）。10月20日，中国教育工会中国人民大学委员会第一次会员代表大

① 中国人民大学校园网·历史沿革（http：//www. ruc. edu. cn/history）。

② 同上。

③ 中国人民大学校史研究丛书编委会：《中国人民大学纪事》（上卷），中国人民大学出版社2007年版，第104页。

④ 同上书，第97页。

⑤ 同上书，第101页。

会举行，听取工会副主席何戊双的工作报告，并选举产生校工会首届委员会和经费审查委员会，何戊双被选为校工会主席。① 工委会的主要职责是工会（副）主席做工作报告，选举产生下届工委会和经费审查委员会委员。

除此之外，校部还设有秘书室、教务部、行政事务部和研究部等职能机构。时任秘书室主任由党委会委员阎子元兼任，教务部部长由党组书记胡锡奎兼任，研究部部长由党组成员成仿吾兼任。②

以上是“党组领导下的校长负责制”时期，中国人民大学内部权力构成及权力关系结构。具体运行结构如图 3－8 所示。

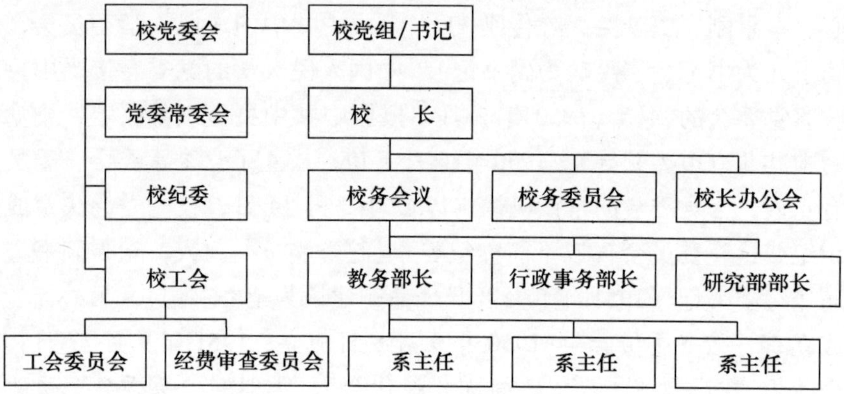

图 3－8　“党组领导下的校长负责制”时期的中国人民大学内部权力结构关系

根据以上分析，中国人民大学这一时期的治校大权主要掌握在校长和以校长为首的校务会议组织机构。虽然，体制上规定是党组领导下的校长负责制，并且还设立了党委会和工会等组织机构，但是，党组和党委的主要责任是政治领导，党委会主要以党务工作为讨论内容，与校行政之间是一种分工协助关系，而不是行政意义上的领导与被领导关系。

从权力产生方式而言，除工会委员及经费审查委员成员由选举产生

① 中国人民大学校史研究丛书编委会：《中国人民大学纪事》（上卷），中国人民大学出版社 2007 年版，第 103 页。

② 同上书，第 97 页。

外，其余的校级领导，包括校长、书记、副校长和副书记，以及教务长等党政干部均由上级主管部门任命产生。校长及其他行政干部具有对上级负责，向中共中央政务院和教育部等上级主管部门汇报工作的义务。重大决策校长须向上级主管部门请示，如1951年10月12日，为创办函授教育，校长吴玉章及副校长胡锡奎和成仿吾向中共中央办公厅负责人胡乔木、中共中央组织部部长安子文、教育部副部长钱俊瑞报告实施函授教育的规划，并请他们转呈刘少奇副主席，11月5日，刘少奇副主席批示了中国人民大学关于创办函授教育的报告。[①] 这是宏观层面的权力决策流程关系。从学校内部权力决策流程看，主线是校长负责制。校务会议是学校最高决策组织机构，校内决策流程如下：校长或者其他部门提出议题——校长主持召开校务会议——校委会委员及相关人员列席会议讨论——校长做出最后决定——校长、副校长或相关职能部门推动执行。这一决策流程反映了当时的领导体制是典型的首长一长负责制。其内部权力制约关系通过自上而下的垂直领导关系体现，并主要依靠两种机制：一是“任命”机制；二是“个人道德约束”机制。前者从权力来源与产生方式上对学校内部权力产生约束和制约效果，保证了权力运行能够按照上级主管的意志做出相应的决策；后者在前者基础上形成，指处于决策地位的权力主体根据岗位职责要求进行自我道德约束，保证权力运行的规范性。除此之外，规范各类权力的“暂行条例”也是制约权力的重要手段。其内部权力制约机制如图3－9所示。

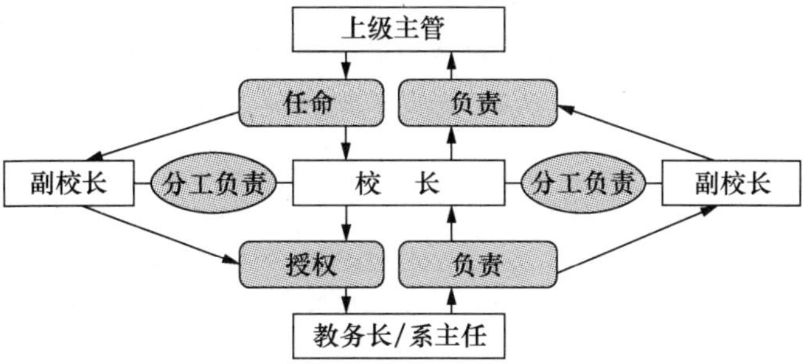

图3－9　党组领导下校长负责制时期的人大内部权力制约机制特征

① 中国人民大学校史研究丛书编委会：《中国人民大学纪事》（上卷），中国人民大学出版社2007年版，第112页。

2. “党委领导下的校务委员会负责制”时期的内部权力制约机制：1956—1966年

由于“一长制容易脱离党的领导，所以是不妥当的”[①]，1956年10月13日，中国人民大学根据中共八大党章规定及上级党委的指示，学校党委召开全体会议，讨论决定实施“党委制”，撤销“中共人大党组”，学校内部领导体制改为“党委领导下的校长负责制”，原副校长胡锡奎兼任党委书记[②]，吴玉章仍为校长。[③] 2月9日，中国人民大学党委决定党的各级组织实行党委制，即从校级到系级都执行党委会制。

1958年8月中共中央制定的《关于教育工作的指示》明确否定了“校长负责制”，要求学校实行“党委领导下的校务委员会负责制”的内部权力运行体制机制，是新中国确立党组织在高校正式领导地位的开始。

1959年3月7日，中国人民大学为贯彻党中央国务院关于在一切高校实行校党委领导下的校务委员会负责制的指示，召开学代会（原“校务委员会议”），选举产生包括吴玉章校长、胡锡奎副校长兼党委书记等在内的66名校务委员会委员，并制定了《中国人民大学校务委员会暂行条例》（以下简称《条例》）。[④] 这一《条例》和校务委员会委员名单上报教育部后，于3月26日得到了批准。校长吴玉章任校务委员会主任委员，胡锡奎、聂真、李培之任副主任委员，校务委员会从此成为学校最高行政权力。3月30日至4月5日的中共人大第五次代表大会选举产生了新一届党委会，胡锡奎仍被选任为校党委书记，聂真任第一党委副书记，李培之、崔耀先、刘寿彭任党委副书记。[⑤] 党委会共由委员37名、候补委员6名组成。党委常委会为党委会的常务组织机构，讨论决定学校的教学科研、组织管理、机构设置、人事变动及职称评审等事宜。如1960年7月

① 1958年9月，中共中央、国务院发出《关于教育工作的指示》，明确规定，“在一切高等学校中，应当实行学校党委领导下的校务委员会负责制；一长制容易脱离党委领导，所以是不妥当的”。这样就取消了学习苏联“一长制”而实行的校长负责制，所有高校都实行党委领导下的校务委员会负责制，党委对学校工作实行全面领导。

② 1956年12月30日，中共北京市委常委会会议讨论，正式批准胡锡奎兼任中国人民大学党委书记。

③ 中国人民大学校史研究丛书编委会：《中国人民大学纪事》（上卷），中国人民大学出版社2007年版，第145页。

④ 同上书，第167页。

⑤ 同上书，第168页。

21 日召开的党委常委会讨论了“提升教授”问题，11 月 12 日讨论决定了中国革命史、哲学、马列主义、政治经济学四门理论课的教学方案问题。[①]

1961 年 9 月，中共中央颁布试行《教育部直属高等学校暂行条例（草案）》（以下简称《高教六十条》），规定：“高等学校的领导制度，是党委领导下的以校长为首的校务委员会负责制”。

1962 年 4 月 30 日，中国人民大学举行校务委员会第 7 次会议，根据《高教六十条》有关精神讨论进一步强化和完善“党委领导下的校务委员会负责制”的问题，并重新改组了校务委员会。吴玉章校长仍任校务委员会主任委员，组成校务委员会的 39 名委员全部由教育部任命。[②] 这样，中国人民大学内部权力运行体制机制基本确定如下：校党委会统一领导学校各项工作，是学校的领导核心，主要负责[③]：

（1）领导校务委员会贯彻执行党的教育方针和其他各项方针政策；（2）完成上级党委和行政领导机关布置的任务；（3）做好思想政治工作和党建工作；（4）讨论学校人事事务，并向上级和校务委员会提出建议；（5）领导学校的共青团、工会、学生会和其他群众组织，团结全校师生员工。

校务委员会是学校最高行政权力机构，是集体领导组织机构。其主要职责[④]是：

（1）负责学校的教学科研、生产劳动、物资设备、思想政治工作计划等；（2）招生分配、师资培养与职务晋升及系工作中的重大问题；（3）制定和修订学校规章制度；（4）审议学校财务预、决算等。

校长是国家任命的行政负责人，对外代表学校，对内主持校务委员会和学校的日常工作。校长下设若干副校长、教务长、总务长等职，协助校长开展工作。系主任是系的行政负责人，在校长和校委会的领导下主持系务会议及系工作。学校重大事务或者系重大事务，由校长或者系主任提交校务委员会或系务委员会讨论决定，校长或系主任负责执行（见图 3 – 10）。

---

① 中国人民大学校史研究丛书编委会：《中国人民大学纪事》（上卷），中国人民大学出版社 2007 年版，第 181—183 页。

② 同上书，第 191 页。

③ 《教育部直属高等学校暂行条例（草案）》，http：//edu6. teacher. com. cn/tln009a/doc/d000108030207. htm。

④ 同上。

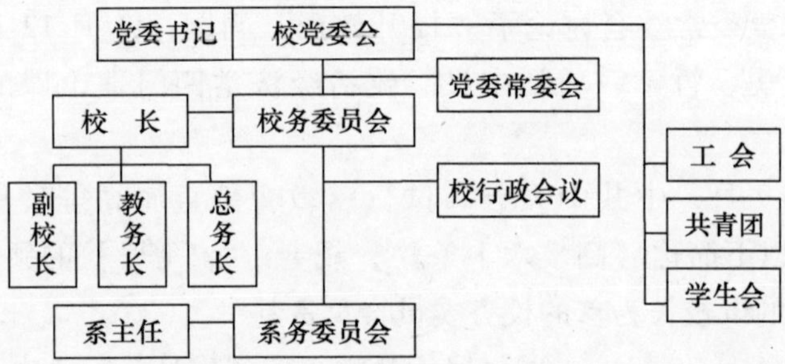

图 3－10 党委领导下的校务委员会时期的人大内部权力关系结构

这一权力关系结构设计的目的是强化党委的领导作用，弱化校长的权力。校务委员会是实现这一目的的主要机制。表现在：一方面，校务委员会全部委员都是由教育部任命，以此保证党中央对校内最高行政权力的监督和约束；另一方面，校务委员会权力属于集体权力，强调决策过程中的民主集中原则，意在限制校长个人权力。在学校实际运行中，党委常委会开会的频率远远高于校务委员会开会的频率，充分说明了党委会在学校领导核心地位的体现和党政权力关系的制约效果。

这一时期中国人民大学内部权力制约关系实际上也主要存在于“党委会”、“校委会”与“校长”三者之间。党委会总揽全局，负责学校党务、人事管理和监督工作。闭会期间，由党委常委会讨论议决学校内部的各项事务，包括教学科研、机构设置、人事变动及职称评审等事务。校委会在党委领导下，负责教学科研、人事管理、规章制度和财务预算等事务。闭会期间，校行政会议代替校务委员会处理日常行政事务。校长主要就学校的重大事务提交校务委员会讨论决定，校长负责执行，系主任与系务委员会也基本是执行校务委员会的各项决策。学校行政工作接受党委会的监督。

根据以上分析，我们可以了解到“党委会领导下的校务委员会负责制”时期，中国人民大学内部权力制约机制主要有以下特点：

（1）自上而下的“任命”机制，使权力形成领导关系，保证了上级授权者对下级权力运行的有效约束和监督。在中国人民大学内部，无论是校长、副校长，还是校务委员会委员，以及教务处长都是由上级主管部门任命产生。如 39 名校委会委员全部由教育部任命。1960 年 10 月 20 日，国务院第117次全体会议任命黄松龄为中国人民大学副校长。[①] 在学校内部，校系两级之间也存在领导关系，校系权力之间也存在一种授权委托关系，如系务委员会委员由系主任提名，报校务委员会通过后，由校长任命产生。这种“任命”机制保证了权力的垂直约束和监督。

（2）“集体权力”与“讨论决定”。校党委会与校务委员会在学校领导地位的提升，大大削弱了校长的权力。重大事务由校长决定的方式已改为校长提交校务委员会集体讨论做出决定，校长主要负责执行决策结果。“校务委员会”成为党委会制约校长权力的一种机制手段。

（3）“个人道德自觉”约束机制。早在1951年11月20日，校党委就发布“厉行精简节约、开展反浪费、反贪污”通知。[②] 同年12月22日，副校长胡锡奎等又在全校大会上作了“反贪污、反浪费、反官僚主义”的动员报告。之后至“文化大革命”前又多次进行整风运动和多种形式的道德教育。这与权力结构设计及内部权力享有多重职位权力身份有关，如胡锡奎既是副校长，又是党委书记，书记对（副）校长权力的监督、约束在胡锡奎来说，就是自己监督约束自己，主要以个人的道德自觉为基础。像胡锡奎这样具有多重身份的权力拥有者还有如聂真（党委副书记、副校长）、邹鲁风（党委副书记、副校长）等。这种情况下，对权力的制约除规章制度外，主要依靠“个人的道德自觉”来规范。

这一时期的内部权力制约机制如图3－11所示。

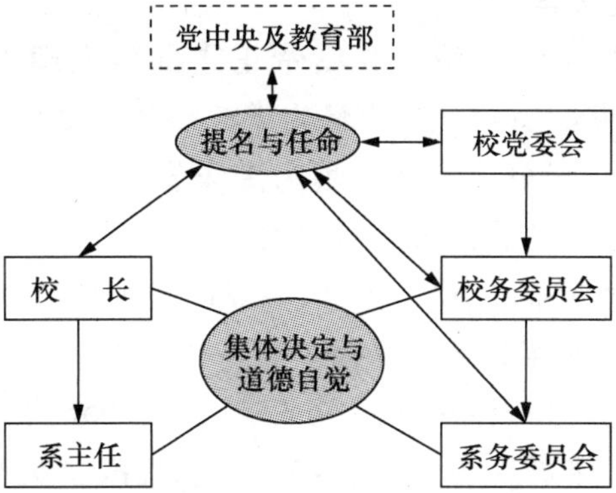

图3－11　党委领导下的校务委员会时期人大内部权力制约机制

① 中国人民大学校史研究丛书编委会：《中国人民大学纪事》（上卷），中国人民大学出版社2007年版，第182页。

② 同上书，第113页。

3. 党委领导下的“革委会”时期的人大内部权力制约机制：1966—1976年

“文化大革命”爆发以后，1969年9月24日，中国人民大学革命委员会（以下简称“革委会”）成立，“革委会”由北京市革命委员会批准，军宣队、工宣队、领导干部和群众代表组成。[①] 同年11月7日，经北京市革命委员会批准，中共中国人民大学整党领导小组正式成立。1972年2月11日，经中共北京市委批准，中共中国人民大学领导小组正式成立，代行党委权力，原军宣队指挥部、整党建党领导小组撤销。[②] 从而形成了“党委领导下的革命委员会制”一元权力运行体制机制，决策权力基本没有约束机制。因此，这一段历史时期，中国人民大学的内部权力因为绝对的“一元”权力领导，权力制约意识比较淡薄。

总体而言，中国人民大学在“文化大革命”前内部权力制约机制主要是以“任命”机制（隶属型权力制约权力机制）、“自我道德约束”机制为特征，与这一时期国家权力实行“统一计划、分级管理”、“大权独揽、小权分散”的权力运行体制机制背景是相吻合的。这在一定历史时期是符合我国社会发展要求的。至于1985年教育体制改革后的内部权力制约机制，将主要以上海交通大学为个案进行分析说明，不再赘述中国人民大学此后的情况。

二 上海交通大学

1896年12月24日，清廷光绪帝正式批准大理寺少卿盛宣怀创办“南洋公学”的奏折，并委任盛宣怀为学校督办。1897年3月6日南洋公学正式开学，4月，清廷委任何嗣焜为南洋公学总理（即校长），何嗣焜总理于同年9月即制定了我国最早的大学章程《南洋公学章程》。[③] 辛亥革命后，南洋公学改称“南洋大学”，1921年改称“交通大学”。抗战期间，内迁重庆，1945年又迁回上海。新中国成立后，上海交通大学积极实施院系结构调整，并根据中央国务院要求于1956年内迁西安，形成西安、上海两地办学格局。1959年，经国务院批准，交通大学两地分别建

---

① 中国人民大学校史研究丛书编委会：《中国人民大学纪事》（上卷），中国人民大学出版社2007年版，第237页。

② 同上书，第243页。

③ 上海交通大学校园网·学校大事（http：//www. sjtu. edu. cn/info/1006/3211. htm）。

校，是为上海交通大学和西安交通大学。至十一届三中全会前，上海交通大学的内部治理结构和权力制约机制随着社会政治格局的变化而积极变革。十一届三中全会后，尤其20世纪80年代中期教育体制改革以来，上海交通大学受到党和中央人民政府的高度重视，交大也积极试行新一轮“校长负责制”高校内部领导体制机制，积极进行内部治理结构和权力制约机制的改革，推行“教师工作规范”、“干部岗位责任制”、“教师聘任机制和工资制度”三大制度改革。其中，“岗位责任制”意在扩大系、所自主权，实现权力重心下移和适当的分权，改变权力过分集中的弊端。[①]以上改革在当时产生了一定的影响，以下就交大这一时期内部权力制约机制情况作典型案例分析。

1. 权力构成、权力关系与价值理念

十一届三中全会后，党中央人民政府加强了对交大的领导，任命中共中央政治局委员王震廉兼任交大校务委员会主任，第六机械工业部[②]部长柴树藩和交大党委书记邓旭初担任校务委员会副主任，任命范绪箕担任校长职务，并总体上调整和加强了学校领导班子。[③] 1984年，上海交通大学进行内部管理体制改革，实施“岗位责任制，扩大系所自主权”，试行“校长负责制”。在这一领导体制机制下，学校内部的权力主要由校长及校行政、党委书记与党委会、校务委员会、学术委员会、教职工代表大会，及系（所）主任（所长）等构成。

根据《上海市高等学校实行校长负责制试行条例》（1986年）相关规定，校长是国家任命的学校行政负责人，具有法人代表资格。校长对外代表学校，对内主持学校工作，全面负责并统一领导学校的教学、科研和行政工作，拥有以上事务的决策权，审批学校财务预算、重大项目经费开支和学校基金使用与分配方案，同时，还拥有行政机构调整、规章制度制定、修改和废除的决定权，以及副校长提名权、中层干部任免权和教师聘任与解聘权。[④] 学校党委是党的学校基层组织，对学校实行思想政治领导，按照党政分工原则，与校长各司其职，各负其责，重点负责思想政治

① 《上海交大的教育改革》（重要资料选编），人民出版社1985年版，第26—27页。

② 1970年2月15日，上海交通大学曾被划归第六机械工业部领导。

③ 《上海交大的教育改革》（重要资料选编），人民出版社1985年版，第70页。

④ 上海高校校长负责制文集编委会：《上海高校校长负责制文集》，上海外语教育出版社1987年版，第18—19页。

工作及队伍建设，做好政工干部选拔、培养和提高政治素质与业务素质的职责。同时，拥有对学校行政工作的监督权力，协调校长与教代会、各群众组织及民主党派的关系，深入基层，了解党政方针执行情况，并向校长和校行政部门反馈信息，提出建议，协助校长推动学校各项工作的开展。[①] 校务委员会是学校的审议组织，主要对学校重大事务，如办学方针、系科及专业设置、长远规划、年度计划、重点学科建设等进行审议，同时，还对主管部门提议的副校长、研究生院院长人选进行审议，对学校经费预决算报告及重大改革方案、重要规章制度立废等事项进行审议，由校长最后决定。[②] 校务委员会委员由以下人员构成：校长、副校长、党委书记、党委副书记、教代会主席团团长或工会主席、团委书记、学生会主席和主要民主党派负责人，以及协商推选的系主任代表、3—5 名教师代表、1—2 名职工代表、2—3 名学生代表和有治校经验的老教育工作者和有突出贡献的优秀中青年代表。校务委员由校长聘任，每届任期 2—4 年，委员总数一般限定在 15—20 人，最多不超过 25 人，校长任委员会主任，拥有会议的召集权和最终决定权。[③] 校务会议是校长进行日常决策的组织机构，其主要职责是讨论学校日常教学、科研和行政工作中的重要问题，拟定学校的重大改革方案，提交教代会或校务委员会讨论审议；拟定学校重要规章制度；根据校长提名，拟定副校长、研究生院院长人选，提交校务委员会讨论；根据校长提名，讨论中层行政干部人选，由校长任免；拟定教学、科研和基建经费管理使用原则等日常工作中的重要决策问题。[④] 校务会议成员由正副校长、党委正副书记、教代会主席团团长或工会主席，以及秘书长、教务长和总务长组成，会议由校长主持。

根据上海交通大学的《科学研究管理工作暂行条例》，学校设立学术委员会，在校长或者副校长的领导和主持下开展工作，主要享有以下权力与职责：学术事务的咨询权，学校发展规划和科研工作中的重要决策建议权，科研成果鉴定、学位审议和职称晋升审议权，以及校长或副校长交办

① 上海高校校长负责制文集编委会：《上海高校校长负责制文集》，上海外语教育出版社 1987 年版，第 20—21 页。

② 同上书，第 19 页。

③ 同上书，第 25—26 页。

④ 同上书，第 23 页。

的其他事宜等。[1] 另外，根据《上海市高等学校实行校长负责制试行条例》第四章规定，学校还成立有教职工代表大会，作为教职工行使民主权利的组织形式。教代会接受同级党委的思想政治领导，主要职责是：讨论学校发展规划、听取经费预算报告和改革方案等重大问题；审议教职工岗位责任制方案与奖惩办法；讨论决定教职工住房分配方案和福利使用原则及办法，经校长批准生效后，并对其执行情况进行监督检查；评议和监督各级领导干部，提出奖惩、晋级或免职的建议。[2]

实际上，教代会主要是通过提案和定期听取校长工作汇报发挥教职工民主管理与监督的权利。

根据《上海交通大学关于实行责任制、扩大系（所）自主权的暂行规定》（1983 年），系（所）主任（所长）拥有人事（组织）工作、教学科研工作和财务工作方面有限权力。在人事组织方面，系（所）主任（所长）拥有人事和组织的审批、调配、聘用权，以及职称、工资福利审批权等。系（所）主任（所长）还可根据工作需要，提名系（所）副主任（副所长）、办公室主任、教研室主任、系管实验室主任人选，在与党总支会商后，分别报组织部、人事处审核，由学校批准任命。教研室副主任及室管实验室正副主任人选，由教研室主任或系管实验室主任提名，经系行政和党总支联席会议讨论通过，由系行政任命，报人事处备案。[3] 这和“文化大革命”时期的“党委会”一元领导的权力运行机制不同，系主任拥有了一定的人事权、领导教学权和财务权以后，学校内部的权力重心明显下移，校内其他部门和权力机构对于系主任的意见和建议要给予充分的考虑和尊重。其内部权力关系结构如图 3－12 所示。

显然，试行“校长负责制”的交大内部权力形成了党、政分工的二元权力运行体制机制。其中，党委通过对教代会的领导，形成对学校行政权力自上而下和自下而上的双向监督制约关系；而行政权力则主要由“校长—校务委员会—系主任”纵向维度的科层权力构成，校长主持召开校务委员会并做决定。学术委员会是校长领导下的咨询机构，受校长及校

① 《上海交大的教育改革》（重要资料选编），人民出版社 1985 年版，第 176 页。

② 上海高校校长负责制文集编委会：《上海高校校长负责制文集》，上海外语教育出版社 1987 年版，第 22 页。

③ 上海交通大学党委办公室：《上海交通大学管理改革初探》，上海交通大学出版社 1983 年版，第 36 页。

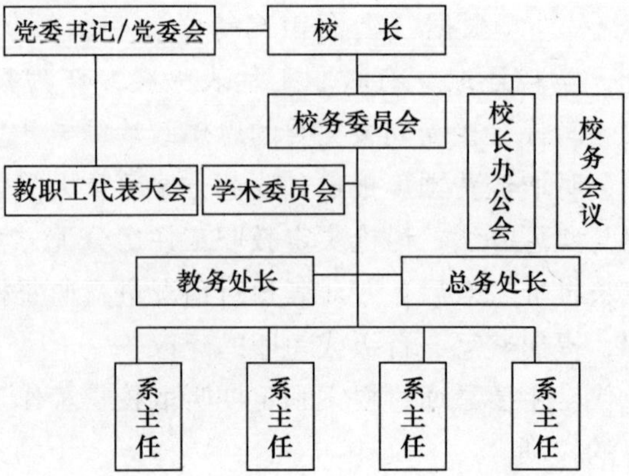

图3-12　试行“校长负责制”的上海交大内部权力关系结构

行政权力制约，并对校长负责。校行政与校党委是学校内部的两个分工协作的领导体系。在校行政内部，又可分为行政和学术两块，即校务委员会、校务会议与学术委员会、系（所）主任（所长）两块，实行分层分工负责权力运行机制。党政之间有一定的相互制约关系。系/所主任/所长与学校层面各项权力形成一种“分级负责”的垂直权力领导关系，如书记、校长考核部、处、系（所）、总支主要负责人的工作，部、处长、系主任、总书记负责对副职及科级以上干部的考核，科长负责对本部门全体机关工作人员的考核。① 这种内部权力制约关系是和我国政治权力文化传统相吻合的。

2. 权力制约机制

根据以上对交大内部权力制约机制要素的分析发现，交大的权力制约机制特点主要有以下几点：

（1）“岗位责任制”与“分级负责制”。岗位责任制与分级负责制的主要目的是改变内部权力过分集中，扩大基层系（所）自主权，下放权责，实行系（所）主任（所长）负责制，实现校、系分权，党、政、群分开，基层行政负责人职、权、责的统一。岗位责任制是指对各个部门主要负责人实现权责统一、责任到人的岗位负责机制。通过岗位责任制明确各权力机关与部门的职权范围和具体责任，保证了权力的规范有序运行。

① 《上海交大的教育改革》（重要资料选编），人民出版社1985年版，第111页。

而分级负责制主要是“校—系（所）”两级权力分工负责运行机制。系（所）主任（所长）所拥有的“人事、教学科研与财务”权力，以及系（所）主任（所长）的提名权等与学校层面的权力形成纵向的权力监督约束关系，属于隶属型“权力制约权力机制”。

（2）聘任制下的“提名”与“任命”机制。为了预防系主任（所长）等基层权力的无限扩大，交大改革原教职员工“部门、单位所有制”，实行聘任制，使教职工与所在部门之间形成平等的合同签约关系，扩大教师自主权利。此外，系副主任、教研室主任、研究室主任、系办公室主任、系直属实验室主任，由系主任提名，报学校批准任命。[①] 以此形成自下而上的推荐与自上而下的任命相结合的人事决策机制。同时，对以上行政干部，包括系主任在内实行短期聘任制，聘任期限一般为 2 年，最长不超过 3 年，最少聘期 1 年。在校级层面，学校副校长则由校长提名，报上级行政主管部门批准任命。这样，学校内部整体上形成了自下而上提名与自上而下任命的“程序制约权力机制”权力运行模式。

（3）听取报告、监督评议与提出议案：教代会、党委会的双向监督制约。实行校长负责制后，党委的主要责任是思想政治领导与组织建设，以及对政策执行情况的监督。而教代会是党委领导下，发挥民主管理与监督权利的群众组织。其发挥职能的主要机制是：听取校长工作汇报、监督评议各级领导干部绩效、提出议案，以此实现对学校的民主管理与监督职能。教代会与党委会对以校长为首的校行政权力形成自下而上和自上而下的双向监督制约关系。属于隶属型“权力制约权力机制”的范畴。其中，党委会与以校长为首的校行政之间的关系可以看作是“权力制约权力”的关系，教代会与以校长为首的校行政之间是一种“社会权利制约权力”关系。

根据以上分析，用图 3－13 简要说明试行“校长负责制”的上海交通大学内部权力制约机制类型与特点。

在实施校长负责制试点工作的过程中，高校有“淡化”校党委领导作用的现象，因此，1990 年中共中央先后颁布《中共中央关于加强高等学校党的建设的通知》和《中国共产党基层组织条例》，重新明确“高等学校实行党委领导下的校长负责制”是保证高等教育事业社会主义方向

---

① 《上海交大的教育改革》（重要资料选编），人民出版社 1985 年版，第 90 页。

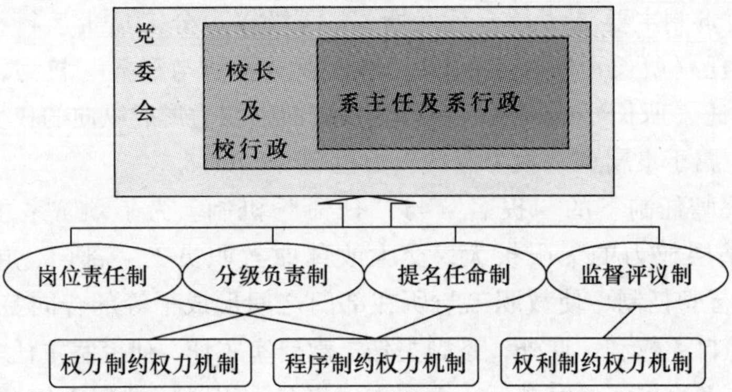

图3-13 试行“校长负责制”的上海交通大学内部权力制约机制类型与特点

和学校稳定的基本制度。1990年后，中央组织部、宣传部、教育部党组每年召开一次高校的党建工作会议，以总结和交流高校党建与思想政治工作经验。实行“党委领导下的校长负责制”在1998年被正式写入《中华人民共和国高等教育法》以法律的形式最终确定了下来。此后一段时期我国高校内部的权力制约机制将在后面章节重点分析，这里不再赘述。

以上通过对中国人民大学和上海交通大学的内部权力制约机制类型的案例分析，意在对新中国大学内部权力制约机制特征有一个正确的认识。研究主要有以下几点发现：（1）大学内部领导体制机制变化经历了从个体权力向集体权力，从行政领导核心向党委领导核心的流变过程。这其中，学术权力主要是以决策咨询的角色存在。学生权利方面，除了“文化大革命”时期学生具有特殊的权利外基本没有参与学校决策的权利。（2）权力关系的调整主要是党、政领导权力的反复调整和变革过程，实质上是探索高校领导体制与我国社会政治权力文化相吻合的最佳模式。“党委领导下的校长负责制”比较符合这一要求，并作为法定领导体制最终确定了下来。（3）自上而下的任命机制和授权机制，以及个人道德约束机制是治理结构变革过程中最主要的权力制约机制形式。民主集中制原则是决策的基本原则，权力的集体化是实现民主集中制原则的一个重要机制。（4）治理结构的调整似乎对权力制约机制的变革影响不大，依靠基于授权委托关系的权力制约权力机制和个人道德自觉约束权力是主要的权力制约机制类型。

本章小结

本章主要对我国现代大学建设以来至1989年前这一段历史时期的大学权力制约机制情况，分行政控权的京师大学堂时期、北京大学的蔡元培时期、西南联合大学时期、党组/党委领导下的校长/校务委员会负责制，以及试行校长负责制的新中国高等学校几个历史时期作了简要梳理和分析。在具体研究方面主要以每一段时期最具典型性的大学为案例，从权力构成、权力关系及价值理念几个维度进行了分析说明。

研究发现，我国高校内部权力制约机制的形成演变与社会政治权力文化有很大的关联性。此外，由行政控权式的隶属型"权力制约权力"机制是大学内部最主要的权力制约机制类型，而基于民主选举的平权型分权制约机制是特定历史时期的权力制约机制特征。由于行政控权式的权力制约机制传统，制度制约权力机制、权利制约权力机制在我国高校容易发生异化而失去法律意义上的严肃性，从而使我国大学内部权力制约机制的科学化和民主化建设进程艰难而缓慢。

京师大学堂是我国现代意义的综合性大学，其内部权力关系具有自上而下授权委托和行政控权下的"政教合一"的特点。前者表现为校内的主要行政人员均由清廷垂直任命，层层授权和顶层控制等特征；而后者主要指校长等重要行政人员的非职业化，他们基本由政府行政人员兼职，他们的社会身份主要是政府的行政官员，而不是大学校长或大学职员。这种权力构成使得京师大学堂内部的权力制约关系具有：（1）层层授权委托，自上而下垂直监督的特点；（2）多重权力委托关系与有限权力博弈与妥协的特征。其总体呈现"螳螂捕蝉，黄雀在后"式的权力制约权力机制特征和基于"自律性"的道德自觉制约权力机制特征。

为了改变个人专制决策方式，形成"教授治校"的权力运行体制机制，蔡元培掌校北大后，对北大进行了两大改革：一是变革"个人专权"为"集体权力"，这主要指由"校长"决策向"评议会"决策，以及"系主任"决策向"系教授会"决策两个转变；二是推进决策权力由主要依赖官僚化的行政权力向主要依赖自由平等的学术权力转变，主要指设立评议会、教授会和行政会的做法，"三会"成员资格均以教授资格为限，以此实现"教授治校"的权力运行体制机制。通过以上改革，蔡元培意在实现“分权制约”、“教授治校”与“民主治校”的北大权力运行制约效果。在“教授治校”的体制机制下，蔡元培通过“集体权力”、“合议制”、“委员会制”、“民主推选”与“短期聘任机制”等具体手段与方式，最终在北京大学内部构建起了“分权制约机制”、“制度制约权力机制”、“权利制约权力机制”与“文化制约权力机制”多元并进的大学内部权力制约机制类型。

西南联合大学的常务委员会是学校最高决策权力，常委会拥有学校内部的重大人事权、财务权，以及机构设置与废除等的最终决定权。从常委会的人员构成看，体现了“教授治校”的治理模式。校务会议是学校的最高行政执行权力机构，拥有审议财务预决算、学系废立、学校制度颁布、学校建筑与设备购置和常委会委托的事务处置权力。西南联合大学的教授会不仅是“咨询组织”，也享有一些重大事务的决定权。学院层面设有院务委员会，由学院各系教授会主席、教授代表组成，协助校常委会处理院务事宜。其整体的内部权力制约关系主要是三级“会议”关系，并体现出集体决策、分权制约和协同决策的特征。

新中国成立以后，中央人民政府仿照苏联创办了中国人民大学等高校。中国人民大学实施“党组领导下的校长负责制”。在运行中，校党委与校行政之间不存在领导与被领导关系，而是分工协作关系。但从权力的产生与决策方式而言，上级主管部门严格控制着校内行政权力的行使过程。其内部权力运行的体制机制体现的是“首长一长负责制”的权力运行特征。在以上体制机制背景下，中国人民大学内部权力制约机制具有隶属型的“权力制约权力”机制特征和基于个人岗位职责的“道德制约权力”机制特征。在实行“党委领导下的校务委员会负责制”后，中国人民大学内部权力除“集体权力”与“民主决策”机制外，“任命”和“个人道德约束”机制仍然是大学内部权力制约机制的主要特征。表现为以“任命”为机制手段的自上而下的“权力制约权力”机制和基于个人道德自觉的“道德制约权力”机制。前者具有自上而下的“监督”意味；后者具有典型的“人格”依赖性。

试行“校长负责制”的上海交通大学内部权力运行体系主要是党、政分工的二元权力运行体系。党委与教代会对学校行政权力形成自上而下和自下而上双向监督制约的关系；而行政系统则主要由“校长—校务委员会—系主任”形成科层权力关系；学术委员会是校长领导下的学术咨询机构，主要对校长负责。以上权力结构关系总体构成“校行政”与“校党委”两个分工负责相互制约协调的领导体系关系。此外，在行政权力系统内部，校务委员会、校务会议与学术委员会、系（所）主任（所长）构成行政系统与学术系统两种权力体系，它们之间呈分权分工制约的关系。以上权力制约关系主要通过“岗位责任制”、“分权分工负责制”和聘任机制下的“任命”与“提名”机制等具体手段予以实现。

总体而言，行政控权下的“权力制约权力”机制是我国现代大学以来，公办高校内部最主要的权力制约机制类型，尽管在北京大学的蔡元培时期和西南联合大学时期曾实行学术权力主导下的平权型分权制约机制类型等，但这并非主流的权力制约机制类型。行政控权下的权力制约权力机制与一定时期的社会政治权力文化传统有关，也与公立高校一直没有独立的法人资格和对政府的行政依附性有很大的关系。在这一背景下，积极的权力制约机制基于“个人的人格品质和道德自觉”，而消极的权力制约机制则主要依赖于自上而下的“行政监督”。而以法律为基础的制度制约权力机制和以“权利”为基础的社会权利制约权力机制则趋于异化或虚化。

中　篇

现 状 分 析

第四章

美国、英国、德国、日本大学内部权力制约机制现状与特点

根据前面章节的分析发现，大学内部权力制约机制的形成与变革既与大学组织规模的扩大、大学功能的多元化、大学利益相关者群体的复杂化等有着直接的关系，也与大学所处的社会政治权力文化背景有关系。研究发现，大学内部权力运行机制与其所处的社会政治权力运行文化有很高的一致性。但世界各国的大学组织又有某些共通之处，这又使得大学权力结构与运行机制在某些方面有一定的相似性，如大学组织中的“学术—行政”结构二重性权力运行特征似乎又是各国大学共有的组织结构特征，其内部权力制约机制又都有一些相似之处，如以大学章程和规则为主要形式的制度制约权力机制是自中世纪以来大学所共有的一种权力制约机制手段。大学内部权力运行机制和权力制约机制既具有超国界性，又具有很强的民族国家特征。以下在大学内部权力制约机制共同性特征的基础上，重点分析美、英、德、日四国具有民族国家特征的大学权力制约机制基本情况。

第一节　美国大学内部权力制约机制现状与特点

外行董事会参与大学决策一直是美国大学治理的重要特征。董事会有公立高校和私立高校董事会之分，两种董事会都负有选拔任命和评价校长，以及批准大学战略规划的职责。但是相比较二者发现，公立高校董事会的主要职责是负责保护学校的独立自治权，而私立高校董事会的主要职责则是筹集办学资金。两类高校董事会的产生方式及立法依据亦略有不

同。但总体上，美国高校内部董事会、校长、教授会三者之间的关系主要表现为：董事会是社会与校长二者关系的媒介，校长是董事会与教授会二者关系的媒介。学校内部的权力组织与个人主要是董事会、校长、副校长、教务长、校务委员会、评议会和院系教授会，以及财务长、学院院长和系主任等。

一　大学内部权力构成及权力结构关系

董事会制仍是当代美国高校治理的主要特征。公立学校的董事会主要由州长在州参议院的建议和同意下进行遴选产生，州长（副州长）和校长通常是当然成员（有些州则规定不是，如爱荷华州等州长和爱荷华州立大学的校长并不是董事会的当然成员），除此之外，还有一些如地方法官、企业家等人员是公立高校董事会的构成成员。私立大学的董事会基本是由校友组成，并由校友选举产生。如达特茅斯学院董事会董事，首先由董事们从原任董事成员中选拔出半数（7 人）成员继续留任，以示延续性，剩余的半数（7 人）再由校友们实施三选一竞争产生。[①] 虽然董事会成员经历了以牧师为主体到以州行政官员、校长、校友等为主体成员的转变，但董事会始终是美国高校最主要的权力组织构成。董事会的职责经历了殖民地时期的全权管理学校各项重大事务到目前主要负责遴选任命校长和支持、评价校长，监督大学目标、批准发展规划和保护大学自治等有限的权力职责。董事会的日常工作由下设的各委员会负责执行，如宾夕法尼亚州立大学董事会的工作目前主要由下设的 11 个委员会执行，包括学校政策制定委员会、审计听证委员会、财政预算委员会、薪酬委员会、发展委员会、基础设施与校园规划委员会、学位与奖学金委员会、地区和国家与全球事务委员会、任命委员会、学生生活委员会和董事会执行委员会。[②] 对于公私立学校而言，公立高校董事会的一个特别职责是负责保护大学的自治权力，而私立高校董事会的特别职责是负责筹集办学资金。从权力来源而言，公立高校董事会的权力由州宪法和法律规定，而私立高校董事会权力根据公司法人的有关条款及州颁发给学校的许可证规定，同时

① ［美］罗纳德·G. 埃伦伯格：《美国的大学治理》，沈文钦等译，北京大学出版社 2010 年版，第 7 页。

② Board of Trustees（https：//secure. www. upenn. edu/secretary/trustees/）.

还受州立法、法院判决、州公司法或信托法的限定。① 董事会滥用职权的风险主要表现在两方面：一是董事会成员利用职务之便促成有利于自己朋友利益的合同签订；二是董事会成员可能以个人价值好恶影响决策，如对某些特殊组织教育规划的偏袒等。②

校长从殖民地时期开始就是学校的重要权力主体。校长由董事会任命并对董事会负责，同时也对学校的教师和学生及社区公众负责。校长最主要的日常工作就是筹措办学经费，参与校园政治活动。其职责涉及行政事务管理、学术事务管理、财政预决算、社交与公共事务，以及与校务委员会有关的事务处理等。③ 选举新校长时，董事会召集由董事、院长、教师、行政人员及学生组成的咨询委员会根据选拔程序确定校长选拔过程，包括通过鉴别、争论、挑战、候选人资格审定等。④ 过去，新校长的选拔更看重学术成就，但是，现在更看重他们管理大型企业的能力，如 1997 年加利福尼亚州立大学在选任新校长时，董事会将校长"候选人必须具有卓越的学术成就，在学术界享有很高威望……具有丰富的学术经历的正教授"这一说法替换为了"具有企业管理经验并不是附加条件，是必需条件"的资格条件说明。⑤

由于董事会将他们的职位更多地看成是一种荣誉，董事会成员之间"搭便车"的现象比较明显，再加上董事的主要职业不在校内，也没有太多时间做大部分决策，因此，董事会将权力委托给校长及校行政，进行权力让渡是其常有的做法。校长也因此成了享有校内大部分决策权力和自由裁量权的关键权力代表，是校内最高行政管理权力拥有者。这容易使校长的权力膨胀。正因如此，校长和董事会之间的权力范围从殖民地学院时期就存在争议。董事会成员承诺在学术问题上支持校长，但在关涉学校治理事务上，董事会希望能独立于校长并保持他们的法定权威，

---

① ［美］亚瑟·科恩：《美国高等教育通史》，李子江译，北京大学出版社 2010 年版，第 340 页。

② 同上书，第 339 页。

③ Raymond D. Cotton, J. D., M. Sc, "Myth: College and University Presidents are Overpaid", *The Presidency*, Spring, 2012, p. 23.

④ Statutes of the Trustees (2011) (https://secure.www.upenn.edu/secretary/trustees/statutestrustee.html).

⑤ Wallace, A., "Search for CSU Chief to Be Done in Secrecy", *Los Angeles Times*, Aug. 5, 1997, p. 18.

二者始终存在一种“令人不安”的博弈关系。[①] 在具体行使权力的过程中，董事和校长也很难发现能使他们之间保持平衡且都能遵守的规则。而他们争议的焦点也主要是经费分配及重要人事权力问题等，如得克萨斯州立大学校长比尔·鲍尔（Bill Powers）与校董事会就学校经费分配及学生学费问题展开了争论，校董事会认为经费分配应遵从他们的安排，并建议通过挪用高教系统捐赠所得资金处理学校的财政问题，但是鲍尔校长却认为董事会的做法是“临时抱佛脚”，他根据自己的设想提出解决经费问题的方案。[②] 校董会因此扬言要解聘鲍尔校长，但由于全校师生的拥护最终不了了之。权力的争议容易使校长和董事会之间产生一种“谈判关系”，即当董事会在没有更好的校长人选或者其他因素导致不能解聘现任校长时，现任校长就获得了与董事会谈判的权力，这种谈判权可以使校长向董事会提出自己的要求。[③] 董事会解聘校长时，遵循董事会多数票决制进行。而为了建立某专门委员会或其他原因，需要任命或重新雇用已退休大学行政管理人员或其他高级管理人员时，董事会必须经校务委员会基于校长和常务委员会协商建议和做出决定后，才能投票表决任命或雇用与否。[④]

除董事会和校长之外，美国大学的评议会（academic senate）、教师工会等组织机构，以及教务长、行政副校长、院系院长、系主任等行政权力拥有者也是影响学校决策的权力主体与组织。教务长（provost）是大学的首席学术长官，其主要职责是：促进学科交流合作、保障教师专业发展、监督规范各类学术行为、负责知识产权、技术转让等事宜。[⑤] 副校长主要是协助校长工作，学院院长和系主任负责管理院系事务，向教务长汇报工作，享有权限范围内的财务预算、基础设施管理使用和人事事务权，并遵守咨询程序，协助学校开展行政工作。美国高校的教师工会在20世

---

① ［美］罗纳德·G. 埃伦伯格：《美国的大学治理》，沈文钦等译，北京大学出版社2010年版，第4页。

② Tyler Kingkade, “Bill Powers, University of Texas President, Clashes with Rick Perry Over Tuition Hikes”, *The Huffington Post*, 5th, Nov., 2012.

③ ［美］罗纳德·G. 埃伦伯格：《美国的大学治理》，沈文钦等译，北京大学出版社2010年版，第29页。

④ Regulations of the Academic Senate（http://www.universityofcalifornia.edu/senate/manual/regstoc.html）.

⑤ http://www.provost.harvard.edu/.

纪六七十年代才逐步建立起来，主要就教师的福利待遇事宜与校方进行“集体谈判”。教师工会在公立大学的合法性认同相对比较高，但在私立大学，教师工会的合法性认同度不仅比较低，而且组建的比例也比较低。在整个私立大学中仅有6%的学校建立了教师工会组织。就教师加入工会的比例而言，公立高校有15.9%的教师加入了工会组织，而私立高校教师加入的比率仅为5.7%，私立文理学院的比率甚至只有3.8%。说明教师工会在美国高校决策中的影响并不大，这可能与美国高校普遍设有教师评议会的原因有关。

教师评议会（faculty senate）被认为是教师以独立的身份参与学校决策，体现共同治理的重要组织。目前，有90%以上美国四年制大学或学院都建有教师评议会。[①] 教师评议会有两种组成方式，一种是全体教师组成的教师评议会；另一种是按照院系全职教师所占比例进行定额选举代表组成教师评议会的方式。两种组成方式都包括校长、副校长、院长、副院长、系主任和图书馆馆长之类的行政人员在内。其中由全体教师组成教师评议会的情况在不同层次的学校比例有所不同，60%的本科院校教师评议会是由全体教师组成，而具有硕士及博士授予资格学校的情况则分别为36%和18%。[②] 不管哪种组建方式，目的都是保证全体教师参与学校决策的权益。

教师评议会的组织规模一般较大，如宾夕法尼亚州立大学教师评议会代表如今为200人（2011年选举产生），按院系全职教师所占比例选举产生。[③] 其具体工作由评议会常务委员会（standing committees）负责执行，常委会包括学术事务委员会（AAC）、合作交流委员会（CCEC）、执行委员会（EC）、教师申诉委员会（FGC）、教师招聘留职与退休及福利委员会（FRRRWC）、财务委员会（FC）、任命委员会（NC）、计划委员会（PC）、政策委员会（PC）及研究教学与奖学金委员会（RTSC）。[④] 各校评议会常委会的设置有所不同，以下以宾夕法尼亚州立大学为例，说明评议会在大学治理中的地位（见图4-1）。

---

① Challenges for Governance: A National Report, Center for Higher Education Policy Analysis, University of Southern California, 2003, p. 1.

② Ibid., p. 6.

③ The PENN State University Faculty Senate (http://www.senate.psu.edu/senate.html).

④ Committees & Task Forces (http://www.virginia.edu/facultysenate/committees.html).

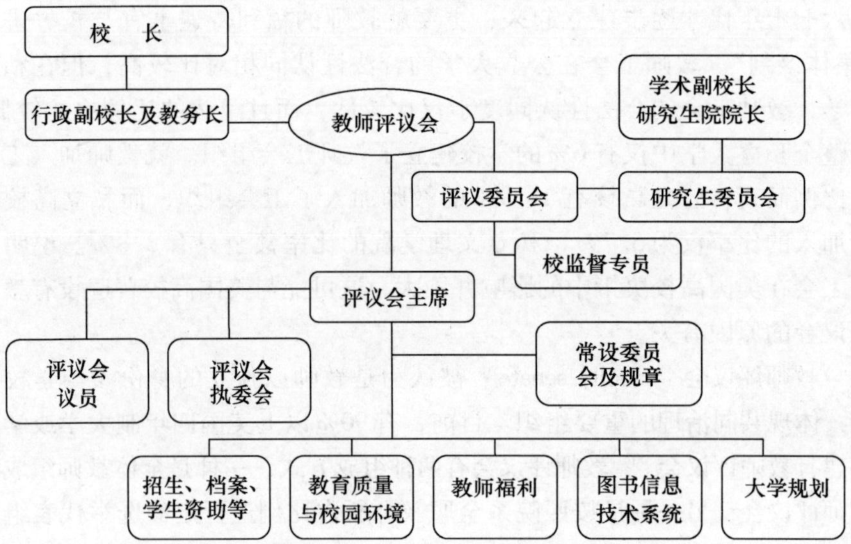

图 4-1 宾夕法尼亚州立大学教师评议会①

宾夕法尼亚州立大学的教师评议会正式组建于 1921 年 10 月 6 日，有董事会审批的运行规则和章程，其常设的委员会有 15 个之多。教师评议会代表全体教师在以下事务中享有优先决定权：课程设置与安排、学生政策、学生录取、留级或毕业等教学事务。② 另外，评议会还可向校长就影响学校教育目标的事宜提供咨询和提议。实际上，教师评议会对学校的学术事务具有州立法或董事会授权范围内的有限决定权力。不同水平大学的教师评议会对学校决策的影响力是不同的，如以评议会提议未受学校任何部门支持和采纳的比例为例，本科院校评议会提议未受学校任何部门支持采纳的比例占总提议的 39%，有研究生培养资格的大学为 21%，而具有博士培养资格的高校为 15%。③ 说明办学水平越高的学校，教师评议会对学校决策的影响越大。

在共同治理（shared governance）的美国大学时代，大学内部各类权力在学校决策中的影响和关系如表 4-1 和图 4-2 所示。

① The Pennsylvania State University Faculty Senate（http：//www. senate. psu. edu/about_ senate/Senate%20Organizational%20Chart. pdf）.

② Fact sheet（2012）（http：//www. senate. psu. edu/factsheet. pdf）.

③ Challenges for Governance：A National Report（http：//www. usc. edu/dept/chepa）.

表4－1　　不同类型大学各类权力对学校决策的影响①　　单位:%

	全部	公立	私立	文理学院（私立）	私立研究性高校	公立研究性高校
教师评议会对政策制定的影响	15.8	14.0	17.0	21.5	2.3	18.3
董事会对大学财政预算的影响	61.9	47.5	71.0	74.0	51.2	45.1
校长在大学财政预算中的影响	84.4	91.2	96.5	97.5	91.1	87.4
院长及其他部门行政领导	99.0	99.4	98.9	98.8	100.0	100.0
系主任对大学财政预算的影响	87.5	87.9	87.2	91.2	70.5	89.5
普通教师对大学预算的影响	55.5	54.6	56.3	55.8	44.2	56.8
学生对大学预算编制的影响	21.1	24.7	18.8	19.9	7.5	21.8

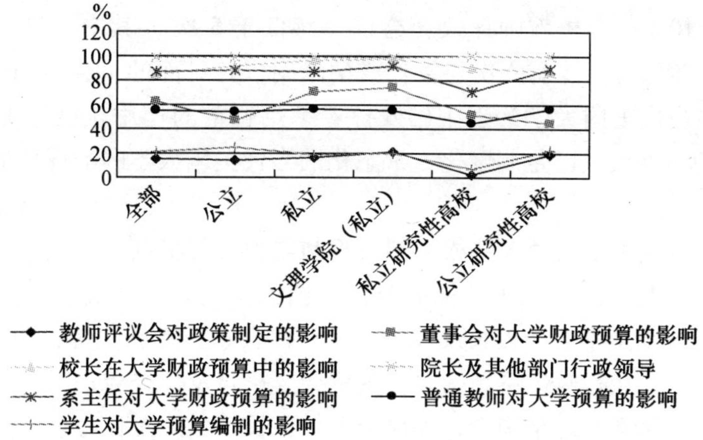

图4－2　不同类型大学各类权力对校内决策的影响

① 本表根据加布里埃尔·E. 卡普兰教授2001年的调研数据整理转换而成，参见罗纳德·G. 埃伦伯格《美国的大学治理》，沈文钦等译，北京大学出版社2010年版，第139页。

在共同治理背景下，美国高校内部权力结构整体表现出低重心的特点，如院长在各类高校财政预算编制中的影响力甚至超过了校长和董事会。此外，校长、院长、系主任三者在财政预算编制方面的影响力相近，以院长略优，董事会稍劣于以上各权力影响力，而影响最小的是学生和教师评议会。这可能与财政预算被认为是行政事务而非学术事务有一定的关系。教师与教师评议会在学校治理中影响较大的领域主要是教师招聘与职称晋升、教学事务及学术发展规划等方面，参见表4-2。

表4-2　21世纪以来教师与教师评议会在学校治理中影响较大的领域①　单位：%

	教师任命	职称晋升	课程安排	学位要求	学位类型	教学核算	系主任任命	院长任命	为学校层面的委员会、评议会及类似机构遴选成员
教师及教师评议会	72.8	68.1	90.3	88.2	73.5	38.6	53.2	29.7	78.7

根据南加州大学教育政策中心在2003年的一项教师评议会参与学校决策的全国调查显示，86%的高校教师评议会每年举行的频次为6次及6次以上，10%的高校教师评议会会议每年低于5次。②其中，53%的教师评议会主席每月至少有一次与校长或学术副校长见面的机会。③ 说明教师评议会在当代美国大学治理中已发挥着举足轻重的作用，也说明“共同治理”的治理模式已是制度化、常态化的当代美国大学的治理特征。

二　当代美国大学内部权力制约机制类型及其特点

在以“共同治理”为特征的当代美国大学治理中，大学内部的权力关系主要是“董事会、校长及校委会、评议会、教务长、院长与系主任”之间的关系。从行政体系结构看，董事会、校长及校委会是影响较大的决策权力；从学术治理结构看，评议会、教务长、学院院长与系主任等影响学校决策的权力较大；而从民主治校的视角看，评议会（包括教师评议

① 本表根据加布里埃尔·E. 卡普兰教授2001年的调研数据整理转换而成，参见罗纳德·G. 埃伦伯格《美国的大学治理》，沈文钦等译，北京大学出版社2010年版，第154页。

② Challenges for Governance：A National Report（http：//www. usc. edu/dept/chepa）.

③ Ibid.

会和学生评议会等，这里主要指教师评议会）在学校各委员候选人资格及学术治理等方面是影响学校决策的重要组织机构。另外，校工会也是影响学校决策的组织机构。以上各类权力在不同领域对学校决策的影响程度是不同的，这种决策方式实际上是一种分权制约、差异互补、优势决策的大学治理模式。共同治理模式实际上体现了利益相关者参与治理大学的诉求，在学校内部，其主要是以“教师评议会”（faculty senate）为平台，保障以教师为主体的学术权利参与学校决策的过程。

然而，近十年来，教职员工对教师评议会的满意度有所降低，根据加布里埃尔·E. 卡普兰教授的调查，在博士学位授予资格学校，教师对教师评议会运行状况最不满意，教师有兴趣加入教师评议会的比例仅为19%，硕士学位授予学校和学士学位授予院校的情况则分别占39%和54%。[①] 被调查者认为评议会官僚化的运行趋势与不完善的程序使教师失去了参与治理的兴趣，也有认为是教师对决策程序的冷淡和玩世不恭等文化因素阻碍了教师参与评议会的积极性。通过以上分析，我们将当代美国大学内部权力制约机制类型主要概括为以下几点。

（1）外行董事会、集体谈判与评议会制：社会（权利）制约权力机制。无论公立高校的董事会，还是私立高校的董事会，其成员都是由校外的人士构成，他们代表的主要是一种社会权利。早期的董事会全权管理学校，包括课程安排和学位授予等诸如此类的学术事务，这与特殊时期的办学条件等有关系。当代的美国高校董事会则主要保留了学校的重大人事权，如校长遴选与任命；重大财政权，如学校的远期资源配置规划；立法权和学校的治理权，如学校各类章程的审批权和对学校的整体监督权，以此保证大学的发展目标。虽然董事会与校长和校内其他权力之间存在授权委托关系，但是董事会通过保留最终决定权力，有效地制约了校长及校行政的权力，从而避免了“内部人自我监控”的局限性。而董事会本身是处理学校和州政府之间关系的一个媒介，是州政府权力与学校自治权之间相互制约的一种机制手段。董事会，尤其公立高校董事会的一个重要职责就是维护学校的独立自治性。而州议会通过任命董事会成员及政策制定等方式制约着学校的权力。从此意义而言，外行董事会制是美国大学延续至

---

① Challenges for Governance: A National Report, Center for Higher Education Policy Analysis, University of Southern California, 2003, p. 6.

今的一种“社会权利制约权力”机制。

“集体谈判”是教师通过教师工会等组织机构就工资福利待遇问题与校行政进行协商谈判，影响校行政决策，维护教师利益的一种机制手段。“集体谈判”的教工会因此主要代表的是学校学术权利（academic right）利益。他们通过这一机制对大学决策施加影响，维护师生的基本权利，是典型的“权利制约权力”机制。

“学术评议会”是实现高校“共同治理”的一个重要组织形式。除校长、副校长、院长、副院长、图书馆馆长等行政人员是教师评议会的当然成员外，评议会最主要的构成成员是各院系不同职称的教师。他们在学术事务决策方面占有优势地位，有效地制约了学校的行政决策权力。从评议会的成员构成而言，评议会体现了民主治校的精神，体现的是以“学术权利制约权力”的权力制约机制。以上三种机制又都以“选举”为重要实施手段和方式。

（2）基于“行政—学术”结构二重性的分权制约机制。共同治理背景下的美国高校内部领导体制主要表现为董事会制治理结构模式。董事会、校长及校委会、评议会是学校内部治理最主要的权力构成。董事会是学校最高决策权力组织机构，董事由州议会任命或校友会选举产生。但是从不同的决策维度看，董事会、校长及校委会与评议会在“学术—行政”二元决策结构中，表现出差异互补、优势决策的治理关系。如董事会在负责学校宏观治理方面居于优势决策地位，董事会享有校长任命等重大人事任免、学校长远规划、学校立法等方面的优先决定权力；而校长及校委会在校内行政事务决策方面则处于决策优势地位，他们拥有行政事务的优先管理权和自由裁量权，如人事任免、财务预算及董事会委托的其他权力与职责等；教师评议会及院长与系主任则从学术事务层面发挥着决策的优先权。三者实际上拥有的都是“有限理性决定权力”，是典型的分权制约关系。这种分权制约机制在早期的大学治理中就已经开始形成，如耶鲁大学是最早把大学的部分决策权力交给教授的高校之一。耶鲁大学第8任校长德怀特任职时，指定了西利曼、杰里迈亚·戴和金斯利3名优秀教授组成教授会，让他们负责各自学科的建设与发展，开创了美国大学教授治校的先河，而第10任校长伍尔西任职期间，教授会得以以制度的形式确定了下来。[①] 到哈德利任校长时，耶鲁的治理模式已成为“教授会立法，校长同意，董事会批准”的内部权力运行模式。实际上就是一种分权制约、差异决策的权力运行制约机制。

从纵向看，董事会、校长与学院院长、系主任之间，董事会、评议会、校务会及其下设的各“委员会”之间，属于层层授权委托和制约监督的关系。这种制约监督效果是通过自上而下的“任命”与自下而上的“选举”来实现的。如州议会或校友会遴选任命董事会董事并授权于董事会，董事会遴选任命校长并授权于校长，校长遴选任命教务长及学院院长，教务长享有院长的提名权和院长享有系主任的提名权。以上各类权力关系从行政、学术和民主治校的三个系统，“校—院系”两个层次、“学术—行政”两个维度体现了分权制约的权力制约机制特征。

（3）“依法治校”与“程序正当”。大学章程是大学保持独立与办学合法性的法律制度依据。美国大学内部各类权力组织机构一般都制定有规范权力运行的“章程”和“细则”，这些章程或细则根据学校的发展不断得以修订完善。如 2012 年 5 月 22 日修订并经校董会通过的《耶鲁大学章程》（*The Yale Corporation By - Laws*）规定和完善了校内各权力的定位、职责、权限、运行方式等内容。[②] 章程和细则保证了各类权力的运行都有法可依。违背章程或规则的有关规定，会受到相关负责人的干涉甚至法律起诉，如 1992 年路易斯安那州立大学（Louisiana State University）发生的一起大学董事起诉校长的案件。[③] 起诉的原因是路易斯安那州立大学校长认为董事会无权代表学校行使聘任和解聘教师的权力，该校长也因此罢免了相关董事，路易斯安那州法院根据该校大学章程做出了最终法律判决，维护了校长的权力。类似的如密苏里州立大学（Missouri State University）在 1977 年发生的董事会违反章程规定而私自对该校章程进行修订的事件，这一侵权行为最终以密苏里州法院判其无效而告终。

章程和实施细则的法律效力从程序等方面保证了权力运行的规范性，如任命或重新雇用已退休大学行政管理人员或其他高级管理人员时，董事

---

① 张金辉：《耶鲁大学办学史研究》，中央编译出版社 2009 年版，第 144 页。

② The Yale Corporation by - Laws（http：//www. yale. edu/about/bylaws. html）.

③ ［美］亚瑟·科恩：《美国高等教育通史》，李子江译，北京大学出版社 2010 年版，第 340 页。

会需要校长和常务委员会协商或校长决定后，才能投票表决任命或雇用与否。[①] 而解雇一名校长或者国家实验室主任时，校董事会也必须基于校长的建议或者与校长协商后才能通过投票表决，遵循以上程序的表决结果才具有法律效力。遵照程序，依据制度行使权力是规范权力运行的重要机制手段。

总体而言，美国当代大学内部权力制约机制是以“制度和程序制约机制”为基础，以“社会权利制约权力机制”及“分权制约机制”为主要特色。在共同治理背景下，诉求大学内部权力制约的均衡化。如盖因斯伯格·本杰明（Ginsberg Benjamin）认为美国高校内部的行政—学术二元均衡结构正在向行政权力倾斜。[②] 这引来了学校教授会与校行政之间的摩擦与分歧，如俄亥俄州立大学，因为教务长将资金主要投向体育设施及体育教练工资，而不是教师的医疗保险等福利待遇，引起了教授会的强烈抗议。[③] 教授会希望行政权力和学术权力之间能保持一种平衡的制约关系。美国高校的“社会（权利）制约权力机制”既是其特色，也是在共同治理背景下，大学权力制约机制构建的一个趋势。

第二节　英国大学内部权力制约机制现状与特点

从高等教育发展的历史和大学内部治理结构与权力制约机制类型划分，英国的大学可以分为以“学院制和教授治校”为治理特征，以“决策权力集体化”为权力制约机制模式的古典大学，如牛津大学和剑桥大学；以学术评议会享有主要决策权力，以“董事会、理事会、评议会”三会制为治理特征的城市大学，如伦敦城市大学等；以“董事会与学术委员会”两会制为治理特征，依据1988年《教育改革法案》（Education Reform Act）和1992年《继续与高等教育法案》（Further and Higher Edu-

① Officers of The University Staning Order 100.2 Employment Statuses（http://regents.universityofcalifornia.edu/bylaws/so1002.html）.

② Ginsberg Benjamin, *The Fall of the Faculty*: *The Rise of the All-administrative University and Why it Matters*, Oxford University Press, Inc., 2011, pp.167, 183-184.

③ Robin Wilson, "Balance of Power: Downturn Threatens the Faculty's Role in Running Colleges", *Chronicle of Higher Education*, Vol.55, No.22, Feb.2009, p.A1.

cation Act）设立的新大学几种类型。前两类大学主要依据皇家枢密院颁发的特许状或国会法而创建；后一类大学主要依据1988年和1992年的高等教育法案设立，它们的内部治理结构和权力制约机制也略有不同。以下以此三类大学的权力制约机制类型与特征为案例进行分析说明。

一　以学术文化自觉规约权力的古典大学——牛津大学和剑桥大学

牛津大学（University of Oxford）和剑桥大学（University of Cambridge）都是从中世纪流传下来的英国最古老的大学。牛津大学确切的建校时间已无法考据，亦无确切的创始人，大学的早期历史表明，其起源于12世纪后期一群驻校的牛津教师和学生。① 有关教学活动的最早记载是1096年，由于国王亨利二世在1167年禁止英国学生出国留学巴黎大学（Université de Paris），这一禁令反而使牛津大学得到了较快发展。1201年，执教学者奥克瑟尼尔（Oxonie）担任校长，并在1214年成为官方认可的校长。② 1231年，牛津大学获得法人资格。

1209年，因与市民冲突，牛津大学的学者们避难到剑桥镇，在那里租住旅馆，由教师（Master）负责管理学生，并定居了下来。1226年，来到剑桥的学者们在数量规模上达到建立正式大学的要求，正是在这一年，剑桥大学有了官方认可的代表学校的校长，以及有计划的教学课程和固定的教学人员。③ 为避免剑桥师生遭受房东的盘剥，国王亨利三世于1231年出面保护剑桥师生的利益，并保证他们享有教学特权。1571年，牛津大学和剑桥大学才正式依法成立，成立法案规定了牛津大学和剑桥大学内部治理结构。获得法人资格的牛津大学和剑桥大学享有充分的自治和自由权力，它们保持着自中世纪以来的行会式大学治理模式，如一直保持集体大会（Congregation）是大学最高决策权威的传统。学院享有很大的自治权，拥有独立的皇家枢密院颁发的学院章程，享有独立的招生、财产及人事权力等。“学院制”下的牛津大学和剑桥大学内部组织结构呈现松散连接的“联邦制”特征。

目前，牛津大学内部权力主体与组织机构主要是：1名校长（Chancel-

① Statutes of the University of Oxford，Preface（http：//www. admin. ox. ac. uk）.

② A Brief History of the University（http：//www. ox. ac. uk）.

③ A Brief History of the University：Early Records（http：//www. cam. ac. uk/univ/history/records. html）.

lor)、1 名常务副校长（Vice – chancellor)、5 名代理副校长（Pro – vice – chancellor)、1 个大学理事会（University Council)、1 个学校集体大会（Congregation)、4 个学部（Academic Divisions）和 38 个学院（Colleges)。[①] 它们之间的结构关系如图 4 – 3 所示。

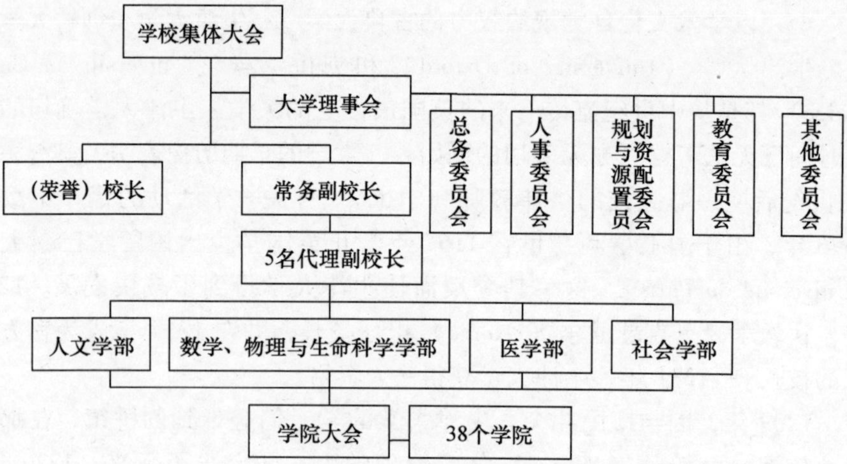

图 4 – 3　牛津大学的内部权力结构及其关系

学校集体大会是由超过 4000 名成员的全体教员、学院院长、社会名流（heads of societies)、高级研究者，计算机、图书馆和行政系统的人员组成，是学校的最高权威组织，享有最终立法决议权。集体大会主要负责对理事会提交的章程规则及学位授予和常务副校长的任命等事宜进行审议和决定，对理事会的行为具有约束力。[②] 校长是荣誉头衔，通常由社会名流担任，并且为终身制，主持和出席学校的重大庆典或学位授予仪式。常务副校长是学校的高级行政人员，5 名代理副校长负责处理学校发展事务及外部相关事务，包括教育、学术服务及大学集会，人事、规划与资源和学术研究等事务。学校理事会主要负责以下事务：第一，推进和实现学校的发展目标；第二，处理行政事务、管理学校资产和财政；第三，学术政

① The Structure of the University（http：//www. ox. ac. uk/about_ the_ university/introducing_ oxford/the_ structure_ of_ the_ university/index. html）.

② A Brief History and Overview of the University ' s Governance Arrangements（http：// www. admin. ox. ac. uk/councilsec/gov/gov_ expl/）.

策和大学战略发展，包括处理各学院和外部社会关系等事宜；第四，制定大学的内部制度，关注学校的发展环境与机遇；第五，在年度财政报告中提出大学的战略风险点。[①] 理事会还要向高等教育基金会（Higher Education Funding Council for England，HEFCE）负责做好财务备忘录等事宜。其具体的日常工作由教育委员会、总务委员会、人事委员会、规划与资源配置委员会，以及学术研究委员会五个委员会负责完成。4 名校外理事会成员由提名委员会推荐，理事会提名，集体大会最终任命。相对于集体大会，理事会是决策执行机构。4 个学部，即人文学部，数学、物理与生命科学学部，医学部和社会学部，各自都有选举产生的部长和学部委员会（divisional board）。38 个学院各自有英国皇家枢密院颁发的学院章程，是独立的组织机构，享有自治权，并在大学理事会和校长及有行政职位的校级领导组成的治理团队领导下运行。

根据牛津大学 2011 年 8 月 1 日至 2012 年 7 月 31 日修订并公布的大学章程内容，集体大会具有决定审批由理事会呈送的提议或 20 名以上大会成员提议修订、废止章程与规则的事宜，批准任命常务副校长及其他事务的讨论决议权。[②] 集体大会依据章程及相关规则通过的任何决定在全校范围内具有普遍约束力。大学理事会（Council）是 2000 年 10 月 1 日由原七日理事会（the Hebdomadal Council）和学院理事会（General Board of the Faculties）合并形成的大学治理组织机构。新大学理事会的目的是维护大学集体大会的最高权威性，避免曾经发生的七日理事会取代集体大会成为实际控权者的现象。评议会（Convocation）由先前毕业并获得学位的牛津学生、在职或已退休的大学集体大会部分成员组成，主要负责选举校长。[③] 选举程序及规则由理事会根据相关法规制定。在权力的实际运行过程中，学校将重要事务委托给了几个委员会，委员会会议由常务副校长或代理副校长主持。学部、学院和系被重新整合成 5 个新的学部，负责管理教学研究与财务工作。

剑桥大学的内部权力结构等情况和牛津大学相类似。如大学集体大会是学校的最高权威，校长是荣誉头衔，常务副校长主持校务及担任各类委

① Role of Council（http：//www. admin. ox. ac. uk/councilsec/gov/gov_ expl/）.

② Statutes of the University of Oxford，2011 – 12，Statute IV. p. 9.（http：//www. admin. ox. ac. uk/）.

③ Ibid.，p. 7.

员会主席并主持会议等，理事会全面负责行政事务，评议院（The Regent House）负责副校长和理事会理事的选举，及内部规则法案的制定工作等，而学部委员会负责学术事务咨询等。① 还有每年由各个学院提名选举产生的2名学监，代表评议院监督集体大会工作，保护言论自由及学校公共秩序等。② 而专门的监察委员会（The Board of Scrutiny）代表评议院检查理事会工作，以平衡学术权力与行政权力之间的关系。③

根据以上分析，牛津大学和剑桥大学的权力制约机制主要是以文化制约权力机制和分权制约机制为突出特征，而其他如以大学章程和议事规则为形式的制度制约权力机制是其基本的权力制约机制类型。

1. 基于学术自治文化的文化制约权力机制

从权力运行的文化模式看，牛津大学和剑桥大学的内部权力运行模式主要是伊恩·麦克尼（Ian McNay）和罗伯特·伯恩鲍姆（Robert Brinbaum）所称的“学院制”权力运行制约模式。这种权力运行模式实际上是一种“行会式”的治理模式，其突出的文化特征是学术权力（主要针对学术权威而言）和学术权利（指广泛意义上的师生群体等）居于大学治理的主导地位。其内部权力制约机制除以“特许状、章程和条例”为基本形式的制度制约权力机制外，主要是决策权力的集体化与体系庞大的“委员会”制，以及学院自治体系。决策权力集体化的主要组织是“集体大会”，其做出的决策具有普遍约束力，是对中世纪大学基于“宗教信仰、宣誓和敬畏知识”的文化制约权力机制传统的继承和发扬。在历史的流变过程中，这一机制逐步演变成了一种学术民主与自治文化。这种文化对大学的治理权力有一种非正式的约束力。如在牛津大学和剑桥大学，尽管常务副校长拥有较大的行政决策权力，但是各个学院却拥有独立的章程和处理院系财务、人事、学科发展等方面的自治权力。集体大会的最高权威性和学院的高度自治性共同塑造了牛津大学和剑桥大学学术自治与教授治校的文化氛围。如理事会决策除特别情况由投票表决外，一般需要取得广泛的一致意见后才能做出最终决定。④ 目前，政府主要通过基金委员会等中介机构寻求对牛津大学和剑桥大学学术权力的约束，诉求行政权力

① How the University and Colleges Work（http：//www. cam. ac. uk/about – the – university/）.

② The Proctors（http：//www. cam. ac. uk/univ/works/proctors. html）.

③ The Board of Scrutiny（http：//www. cam. ac. uk/univ/works/scrutiny. html）.

④ Procedures（http：//www. admin. ox. ac. uk/councilsec/gov/gov_ expl/）.

与学术权力的平衡性。

2. 源于希腊民主决策文化的权力制约权力机制

牛津大学和剑桥大学制度化的权力关系主要是大学集体大会、理事会、评议会和学院董事会之间的关系。主要的个体权力代表有校长、副校长、学部部长、学院大会主席及学院院长。比较活跃的个体权力主要是常务副校长。常务副校长是学校的学术和行政首席负责人，享有战略规划、领导学院发展的权力与责任，也是学校的法人代表。常务副校长同时还享有主持理事会（除规定由校长主持外的）、学校集体大会会议权，指定人员主持其他委员会的权力，以及与理事会、学部、学院、学院大会及学校集体大会联合开展工作，确保学校治理和管理的有效性，管理学校财务的首席责任人等权力与责任。[①] 常务副校长实际上还享有除特殊事件必须投票表决外的理事会常规决策的最终表决权。但这并不意味着常务副校长的权力没有受到约束。从其产生程序而言，常务副校长是由常设委员会向理事会提名推荐，理事会报学校集体大会最终审批任命产生，这意味着常务副校长的权力受集体大会权威的制约和约束，并对其负责。其他个体权力，如学部部长等则基本是向常务副校长和集体大会负责，他们之间是基于章程和规则的权力负责关系。

集体大会作为学校最高权力组织，实际上拥有的主要是一些重要政策制度审批通过权、重要人事任免权和对理事会提议的最终通过和否决权。而理事会则具体负责推进和实现学校的发展目标，日常行政事务、学校资产和财政管理，及学校发展和处理各学院与外部社会关系的权力等。评议会主要享有对校长和副校长人选的提名推荐权。学院委员会则主要享有学院发展的各项决策权，如学术决策、课程开发、五年发展规划和院系预算及师资管理等。[②] 实际上，他们仅拥有有限的学校治理权力，是一种差异决策、分权制约的权力制约权力机制模式。权力制约权力机制是指不同权力体系或同一权力体系内部不同权力之间通过相互约束而形成对组织相对稳定的影响和作用方式。狭义的权力制约权力机制指孟德斯鸠所提出的“立法、行政、司法”三权分立制约机制模式。“大学集体大会”是一种

---

① Role of the Vice - Chancellor（http：//www. admin. ox. ac. uk/councilsec/gov/gov_ expl/）.

② Academic Divisions and the Conference of Colleges（http：//www. admin. ox. ac. uk/councilsec/gov/gov_ expl/）.

特殊的权力制约权力机制类型，它将决策权力分属于不同的个体，并形成体系内的集体决策原则，其根源于希腊民主决策文化传统。

二 以分权制约机制为主要特征的城市大学与联邦制大学

城市大学和联邦大学是为满足英国工业化发展诉求在第二次世界大战后兴起的一类新型综合性大学，它们得到了企业和社会资金的广泛支持。城市大学和联邦大学内部治理权力主要是理事会和评议会，最高决策权力机构经历了“理事会—评议会—理事会”的流变过程，其主要的权力制约机制类型已不同于古典大学，也与基于1988年《教育改革法案》和1992年《继续与高等教育法案》合并升格成立的“新大学”内部治理结构及权力制约机制类型略有不同。

1992年高教法案颁布之前的“联邦制”大学和城市大学。前者如伦敦大学（University of London）等，后者如曼彻斯特大学（University of Manchester）、伦敦城市大学（City University London）等。从治理结构看，该类大学内部主要有校董会（Court）、校理事会（Council）和学术评议会（Senate）等权力机构。如伦敦大学主要是董事会（Board of Trustees）、理事会（Collegiate Council）和教学质量咨询委员会（Academic Quality Advisory Committee，AQAC）等。① 利兹大学（University of Leeds）主要是理事会（Council）、评议会（Senate）、大学委员会（Committees），包括审计与风险委员会（Audit and Risk Committee）、健康与安全委员会和提名委员会等负责理事会和评议会具体工作的委员会，以及董事会（Court）和高级管理层，如校长、副校长等。

根据特许状和章程规定，理事会原则上是学校内部治理的最高权力机构，负责大学发展目标、行政绩效、财务管理与保障、任命副校长，联名评议会推荐荣誉校长，以及制定章程等事务工作。理事会还有权代表学校签订贷款或抵押合同协议，以及负责对教学和研究事务的监督。② 如伦敦城市大学2006年枢密院修订通过的章程规定，大学理事会是学校的最高治理权力机构，对学校的全部事务最终负责，制定学校发展规划、资金及

---

① Governance（http：//www. london. ac. uk/972. html）.

② Andrew Burns，*Guide for Members of Higher Education Governing Bodies in the UK：Incorporates the Governance Code of Practice and General Principles*，Committee of University Chairs，Published Mar. 2009（http：//www. hefce. ac. uk/media/hefce1/pubs/hefce/2009/0914/09_ 14. pdf）.

财务管理与保障，大学组织结构调整，任命常务副校长（Vice - chancellor）、代理校长（Pro - chancellor）和代理副校长（Deputy Pro - chancellor），以及制定规则条例（Ordinance）。[①] 理事会的规模通常是20—40人，校长、副校长、财务长是当然成员，另外还包括教师和学生代表，而校外代表占大部分。如利兹大学2012—2013年的学校理事会成员除代理校长、副校长2名当然成员外，还由克鲁斯沃克公司（Clothworkers' company of London）的1名代表、4名教师代表、2名后勤服务人员代表（Support Staff）、12名校外代表构成。[②] 理事的任期一般为3年，学生理事任期1年。理事可连任3届（每届3年）或2届（每届4年），最长任期为9年或8年。

也有些大学理事会不仅全权负责学校内部事务，还全面负责和管理学术事务，如伦敦大学。伦敦大学的理事会就学校发展战略向董事会提供咨询和建议，同时，代表校董事会，享有制定学术规划与政策，及处理各项学术事务的权力。理事会由常务副校长担任主席，具体工作由教学质量咨询委员会负责，并向理事会提供年度教学质量评估报告。[③]

但总体而言，城市大学的理事会主要负责财务管理与保障、人事任免和章程或规则的制定等工作。在20世纪之前，学校内部的权力结构是：董事会（Court）和理事会（Council）为第一层治理权力；学术评议会（Senate）及校长则属于第二层治理权力。两层权力结构中，第一层以外行代表为主，包括学术人员代表；第二层以校内学术人员构成为主。到20世纪中期前，理事会仍占据着大学治理权力的关键位置。但是20世纪中期以后，由于公共资金的大力支持与供给，大学理事会不再承担筹款的职责，其在大学的决策地位明显下降，而学术评议会因其在学术决策方面的优势却获得了决策的最大发言权，成为名副其实的大学最高决策权力。这一情况直到撒切尔主义及1985年《贾勒特报告》（*Jarratt Report*）后才有所改变。1988年的《高等教育改革法案》重新明确了大学理事会在法

---

① Royal Charter - city University of London（2006）（http：//www. city. ac. uk/about/facts - and - achievements/our - history）.

② Council，Corporate Services（http：//www. leeds. ac. uk/secretariat/council. html）.

③ Academic Quality（http：//www. london. ac. uk/3156. html）.

理上所应有的地位。①

董事会是1992年前成立的大学权力机构之一，也是和理事会并行的大学最高权力机构。有两种类型的董事会，一种是被称为“Board of Trustees”的董事会；另一种是被称为“Court”的董事会，又称为“Annual Meeting of the Stakeholders”，指“利益相关者年度大会”。这两种形式的董事会，前一种董事会（Board of Trustees）享有大学资产、资金和资源的监管与处置权，以及校长等人事任命权和章程修订与机构设废审批权等，类似于校务委员会。如伦敦大学董事会职权依据章程第10条②，享有批准大学战略规划、执行计划，吸收来自理事会的咨询与建议；执行监管并保证行政工作效率，监管和使用大学固定资产与资源；任命校长、副校长及财务审计人员；听取和批准大学财务年度报告，并审批年度预决算报告；确保大学学术评议会和校级高层的有效管理；以及重要学术机构的设立与废止和修订章程及规则等权责。董事会由14名成员构成，包括9名校外成员（包括董事会主席），1名副校长和4名由理事会遴选产生的学院院长。③

后一种董事会（Court）享有的主要是决策咨询权、荣誉校长任命权、副校长提交的年度工作报告及财务报告审议权，以及理事会有效运行的监督权等。相当于美国的校外董事会。董事会每年至少举行1次会议，由担任董事会主席的校长主持，主要听取（副）校长年度工作报告和财务报告，大学近期工作汇报和理事会重要决策等事宜。董事会成员主要包括荣誉校长、校长、副校长、代理校长、理事会理事、评议会人员及地方当局和其他利益相关者。成员规模较庞大，一般在50—400多人不等，常见的为200人左右，如伦敦城市大学董事会成员由荣誉校长（也是董事会主席）、理事会成员、评议会成员、理事会委员会候补成员、著名校友，大学所在城市与社区的公司代表各1名，学生会校友协会代表，大学合作机构代表，当地教育机构代表，大学基金委员会、大学联合会、教育质量保

① Robin Middlehurst, “Changing Internal Governance: A Discussion of Leadership Roles and Management Structures in UK Universities”, *Higher Education Quarterly*, No. 4, 2004, p. 265.

② Board of Trustees Function, Constitution and Dates of Meetings, 13th September 2012 (http://www.london.ac.uk/).

③ Board of Trustees (http://www.london.ac.uk/973.html).

障协会、研究委员会及其他由副校长或代理校长提名的部门代表组成。①

评议会通常被认为是学术事务的最高决策机构。评议会向理事会汇报工作，在进行有关资金与资源配置的决策时，评议会遵守“理事会通过”原则；此外，理事会有关学术事务的决策，如成立或废止院系时遵循“评议会优先决策”原则。② 评议会一般由校长主持，成员按照比例在校内产生，包括校长、副校长、学院院长、图书馆馆长及指定代表，也包括学生代表。规模有 50 人以下的，也有超过 100 人的评议会，因校而异。评议会主要负责学术规划、推进学术研究发展、审定课程内容和新设课程与大纲、学术标准、学位授予程序、任命大学内部与外部考官、确定考试的相关政策与程序、学生录取标准、学生纪律等事务。③ 评议会还负责包括教授、副教授、高级讲师、讲师等学术人员的评聘，大学图书馆的管理等事务。

除此之外，还有一些执行权力组织与个人，如庞大的各委员会、校长、副校长、代理校长、财务处长及学院院长等。依靠庞大的委员会体系保障大学组织的运行是英国各类大学的共同特征，尤其 1992 年高等教育法颁布前的大学。委员会实际上是继承了自中世纪流传下来的牛津和剑桥式的行会治理模式。校长一般是荣誉称号，由理事会和评议会联席提名，董事会任命产生，具有终身任职的特征。荣誉校长除出席重大庆典或学位授予活动外，一般不参与学校内部管理。大学的行政权力实际上主要掌握在常务副校长手中。常务副校长 20 世纪 70 年代前，被认为是首席学术代表与行政代表，他们的主要职责是从深层次上构建大学的组织文化。④ 20 世纪 70 年代后，尤其 1985 年《贾勒特报告》和 1997 年《迪尔英报告》(*Dearing Report*) 以后，常务副校长开始处于行政管理的中心地位，高级管理团队也因此开始出现，常务副校长作为该团队领导，成为学校首席行政执行官员。理论上，常务副校长被看成是大学的战略规划者，但在实际

---

① Ordinance A – Membership (http: //www. city. ac. uk/about/city – information/governance).

② Andrew Burns, *Guide for Members of Higher Education Governing Bodies in the UK: Incorporates the Governance Code of Practice and General Principles*, Committee of University Chairs, Published Mar., 2009, p. 41 (http: //www. hefce. ac. uk/media/hefce1/pubs/hefce/2009/0914/09_ 14. pdf).

③ Ibid., p. 42 (http: //www. hefce. ac. uk/media/hefce1/pubs/hefce/2009/0914/09_ 14. pdf).

④ Catherine Bargh, Jean Bocock, Peter Scott and David Smith, *Universities Leadership: The Role of the Chief Executive*, Buckingham: SRHE and Open University Press, 2000, p. 33.

行权中，他却是学校的日常事务管理者。常务副校长的这种在高等学校和利益相关者之间游动的角色仍是模棱两可和不确定的。[①]

以上正是1992年教育法案颁布前的城市大学、联邦大学等学校的内部权力构成。从中可以粗略地了解到该类型大学的内部权力关系主要是“董事会、理事会和评议会”三会关系构成的内部治理关系，它们是影响学校内部决策的三大权力组织机构，而常务副校长及其他个体权力则主要是决策的执行者。尽管各个学校内部的具体权力构成可能存在差异，但根据以上分析，依然能粗略勾勒出这类大学的内部权力结构关系（见图4-4）。

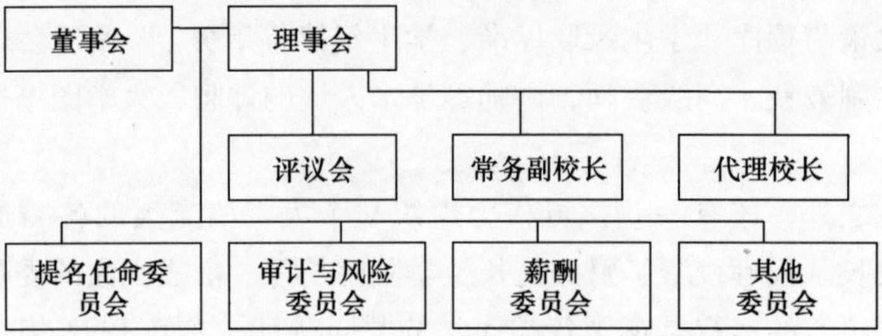

图4-4　1992年教育法颁布前成立的大学内部权力结构关系

根据以上权力结构关系的分析，从中可以了解到1992年高等教育法案颁布前的城市大学和联邦制大学权力制约机制主要有以下类型。

1. 决策权力集体化：体系内的权力制约权力机制模式

学校内部重大决策主要是由董事会、理事会和评议会做出的。“三会”权力均以集体决策为原则。涉及学校重大决策时，董事会（the Governing Body）以法人身份行使权力，任何决策均由全体董事做出，不得由个别人或非正式群体做出。[②] 校长权力主要是荣誉权力，不具有对大学事务的实际决策能力，也不领取薪酬。常务副校长是决策的主要执行者。学院院长与系主任虽然也拥有依据章程规定的人事和财产等权力，但有关重

---

① Catherine Bargh, Jean Bocock, Peter Scott and David Smith, *Universities Leadership: The Role of the Chief Executive*, Buckingham: SRHE and Open University Press, 2000, pp. 34 - 37.

② Andrew Burns, *Guide for Members of Higher Education Governing Bodies in the UK: Incorporates the Governance Code of Practice and General Principles*, Committee of University Chairs, Published Mar., 2009, p. 20 (http://www.hefce.ac.uk/media/hefce1/pubs/hefce/2009/0914/09_14.pdf).

大学术事务决策等则仍以学院委员会决策为主。决策权力集体化是体系内制约权力专制化的一个有效机制，可以避免权力因个人垄断而发生决策过程中的个人利益最大化现象。这一权力制约机制是对英国古典大学权力制约机制类型的继承，是以大学自治和民主决策理念为前提的。

2. 董事会、理事会与评议会“三会”分权制约机制模式

董事会、理事会和评议会对大学决策的影响程度在不同时期是不同的。董事会起初对学校全部工作负责，《迪尔英报告》后其权限大大缩小，董事会不再监管学校的日常事务，也不再参与学校决策过程，而成为供董事会成员表达观点的一个公共论坛，如听取大学年度报告，受理年度账务报告和任命校长。根据特许状或者章程规定，理事会是学校最高权力组织机构，负责制定大学目标，进行行政绩效管理、财务管理与保障、任命副校长，以及联合评议会推荐荣誉校长，制定章程等。而学术评议会是学校的最高学术决策权力组织，在第二次世界大战后曾经是大学名副其实的最高决策权力。三者之间总体上呈现分权制约关系，如涉及学术事务决策时，理事会遵照评议会优先决策原则，而涉及资金与资源决策时，评议会则遵守“理事会通过”原则。这实际上是一种差异决策、优势互补的分权制约机制模式。

除此之外，特许状、章程与规则从法律和程序层面对该类大学权力也起到了规范约束和制约作用，是“盎格鲁—撒克逊”法系大学权力制约机制的基本形式。

三　以社会权利制约权力机制为主要特征的新大学

1992 年《继续与高等教育法案》颁布后成立的大学如斯旺西城市大学（Swansea Metropolitan University）、卡利多尼亚大学（Glasgow Caledonian University）、玛格丽特·爱丁堡女王大学（Queen Margaret University College，Edinburgh）、东伦敦大学（University of East London）等，即通常所说的“新大学”。它们是依据 1988 年《教育改革法案》和 1992 年的《继续与高等教育法案》合并升格成立的一类学校，其前身多为 20 世纪早期成立的多科技术学院。1963 年《罗宾斯报告》（*the Robbins Report*）

后，这些高级技术学院获得了大学的地位。[①] 1988 年的《教育改革法案》使这些学院获得独立法人资格。而 1992 年的《继续与高等教育法案》又使这些升格学院获得了独立的学位授予权资格，具有了名副其实的大学头衔。在这之前，该类大学主要依靠地方当局资助，学位授予也由国家学位授予委员会授予。从高等教育管理体制看，1992 年的《继续与高等的教育法案》最大的影响是废除了 20 世纪 60 年代高等教育大众化过程中形成的“大学”与“多科技术学院”双轨制高等教育运行体制。[②] 该法案也是对 1988 年的《教育改革法案》的补充和扩展，目的在于构建大众化高等教育体系和高等教育质量保证体系。通过这一立法，政府以高等教育基金委员会的形式加强了对大学的统一监管和引导。

从大学治理模式看，1992 年前的大学从学院制向官僚制和法人治理模式转变，而 1992 年高教法案后创建的大学则从官僚化模式向法人治理模式转变，但都包含着公司化运行的元素在里面。[③] 1992 年的教育法案规定，大学董事会由 12—24 名成员构成，包括各学院领导，外行人士 13 人，教师代表 2 名，学生代表 2 名，候补人员 1—9 名。[④] 学术委员会主要负责学术事务决策，对董事会、校长和院系领导负责。

实际上，1992 年的高教法案将大学董事会（Board of Governors）确定为大学最高决策权力，享有广泛的治理权力。同时，扩大校长的权力，要求各大学成立学术委员会。学术委员会主要对董事会和校长负责，如东伦敦大学。东伦敦大学是基于西汉姆技术学院（West Ham Technical Institute）、东南埃塞克斯技术学院（South East Essex Technical College and School）及东北伦敦理工学院（North East London Polytechnic）合并升格于 1992 年获得法人资格的新大学。根据其 2006 年 7 月 11 日通过并生效

---

① Andrew Burns, *Guide for Members of Higher Education Governing Bodies in the UK: Incorporates the Governance Code of Practice and General Principles*, Committee of University Chairs, Published Mar., 2009, p. 36 (http://www.hefce.ac.uk/media/hefce1/pubs/hefce/2009/0914/09_14.pdf).

② *Further and Higher Education Act* (1992), Published by the Stationery Office Limited, 1992, p. 59.

③ Robin Middlehurst, "Changing Internal Governance: A Discussion of Leadership Roles and Management Structures in UK Universities", *Higher Education Quarterly*, No. 4, 2004, p. 267.

④ Andrew Burns, *Guide for Members of Higher Education Governing Bodies in the UK: Incorporates the Governance Code of Practice and General Principles*, Committee of University Chairs. Published Mar., 2009, p. 45 (http://www.hefce.ac.uk/media/hefce1/pubs/hefce/2009/0914/09_14.pdf).

的学校治理条款规定，董事会主要享有以下权限与职责。[①]

第一，确定办学特色和使命，监督办学行为；第二，有效利用资源，保证大学法人的偿付能力及财产安全；第三，批准年度财政收支预、决算；第四，任命、定级、停职、解职和确定行政岗位薪酬及资格条件；第五，为全体员工制定薪酬与资格条件的大体框架；第六，任命批准校级领导。

校长是学校的首席行政负责人，享有以下职责权限[②]：

第一，就有关办学特色和使命向董事会提出建议和咨询，并执行董事会做出的决定；第二，对大学发展目标及学校管理负责，是全体教职工的领导；第三，校长在董事会确定的治理框架内享有对教职员工的任命、定级、停职、解聘权力；第四，在征询学术委员会意见的基础上，安排大学教学活动及其他活动；第五，在董事会的准许下负责准备年度财政收支预算报告；第六，对学生管理负责，并对学生因违反纪律根据相关规定做出开除或留级处理的权力等。

学术委员会向董事会和校长全面负责，主要享有以下职权[③]：

第一，对于学术研究、奖学金、教学与课程安排及学生入学标准总体负责，包括任命和解聘校内、外考试官（examiner）；制定学生学习评定政策和执行办法，确定课程范围、学术标准和课程评估方案；根据1992年《继续与高等教育法案》第76条，确定奖励资格和学术头衔（honorary academic titles），也包括撤销以上奖励和头衔的权力；以及制定学生因违反纪律而开除的相关程序与规则；第二，安排大学教学活动和资源分配机制，并向校长和董事会提出建议的权力；第三，在涉及学术委员会事务时向校长和董事会提出咨询和建议的权力。

学术委员会由校长、其他3位资深校领导（holders of senior posts），20—24位学院院长、系主任或其他非教学机构领导，或者根据其他相关规则确定的类似的人员；1名从教学院系或对应组织机构选举产生的教师代表；2名来自非教学领域的职工代表；2名从全体教学人员中选举产生的教师代表；学生会提名的3名学生代表；满足前款条件下的4名增补成

① Articles of Government（http：//www. uel. ac. uk/governors）.

② Articles of Government，p. 2.

③ Articles of Government，pp. 2 –3（http：//www. uel. ac. uk/governors）.

员。学术委员会委员要求不超过40人，校长担任学术委员会主席。学术委员会委员的任期和遴选产生资格由董事会批准生效，校长可以从学术委员会成员中提名学术委员会副主席代理主持工作。

可见，董事会享有了治理学校的最高权力，不仅涉及行政事务管理，也涉及学术事务管理，同时还具有制定规章制度的最终权力。而校长和院长等行政权力也获得了最大行政管理权，实现了学术权力与行政权力在个体身上的高度统一，如校长已获得行政人事任命权等。学术委员会实际上已经成为决策咨询机构，且主要对以上两类治理权力负责。根据这一治理特征，1992年高教法后的大学明显具有行政简约化和治理法人化的特点。类似的学校还有曼彻斯特大学、斯旺西城市大学等。

根据以上分析，我们可以了解到1992年高教法颁布后组建的新大学内部权力制约关系主要是董事会、校长与学术委员会之间的关系。其相应的权力制约机制也是对以上关系的具体处理方式。主要表现在：

1. 以董事会制为基础的社会权利制约权力机制模式

1992年后成立的大学，董事会是大学内部的最高权力组织机构，其成员主要由校外人士构成，如曼彻斯特大学董事会共由25名成员组成，除校长和学生联合会主席2名当然成员、7名学术评议会成员和2名其他教职员工成员代表外，其余的14名成员都是由校外成员组成。① 校外成员占到了总成员的58.3%。而伦敦大学的董事会外行成员占到了总人数的64.3%。东伦敦大学章程规定董事会做决策时，法定开会人数要达到全体成员的40%以上方可举行，而到会成员必须保证60%以上是校外成员时会议决策才能是有效的。② 这意味着大学的重要决策主要是由校外人员做出。这和英国古典大学及1992年高教改革法颁布前的城市大学由校内人员决策和特定时期的评议会是主要决策权力已经不同了。说明依靠社会权利制约大学权力的机制已在此类大学形成，并且成为该类大学内部权力制约机制的主要特征。

2. “选举任命、授权委托”与“首席行政责任制”：程序制约权力机制模式

① Statutes of the University of Manchester（http：//www. manchester. ac. uk/medialibrary/governance/statutes. pdf）.

② Articles of Government：Procedures for Meetings（http：//www. uel. ac. uk/governors）.

在董事会成员、校长与学术委员会成员关系方面，董事会具有任命和批准校级行政领导的权力，如校长任命权和学术委员会资格审批权。而校长在董事会规定的权限范围内享有对教职员工的任命、定级、停职和解聘权等。其他各委员会则主要通过选举的方式确定成员资格。这样就形成了“董事会—校长—学术委员会”任命与选举相结合的依靠程序制约权力的机制模式。在实施公司法人治理模式的过程中，1992 年后成立的大学没有继承 1992 年前成立的大学将行政工作人员当作国家公务员（Civil Service）的做法，而是将其学术责任（身份）与行政职责（身份）相统一，实施永久性的任命，使其职位对外体现社会地位，对内则体现专业绩效的做法。① 这实际上是在扩大校长、院长及系主任此类行政职位的个人权力，实行首席责任制。他们一方面享有了很大的行政职位权力；另一方面又对董事会等权力组织机构负责，类似于公司治理中的董事会与经理之间的关系，是一种授权委托关系。这种做法有利于形成权力问责机制。

除此之外，依据章程、条例和规则，遵照程序行使权力既是这类大学的权力制约机制，也是英国各类高校共有的权力制约机制手段之一，不再赘述。

总体而言，多元化的英国大学治理结构中，其内部权力制约机制以经典的“文化制约权力机制”和“分权制约机制”为基本特征，以“社会权利制约权力机制”为构建的发展趋势。以上权力制约机制是英国当代大学内部权力制约机制类型的基本情况，它们的权力制约机制是以“依法治校”和“学术自治”传统为基础的。

第三节 德国大学内部权力制约机制现状与特点

1347 年创建的布拉格大学是德国最早的大学，晚于西欧其他国家 2 个世纪，直至中世纪末时，德国也仅有 14 所大学。在其缓慢发展的历史中，德国大学的内部治理与其政治体制相一致，实行分权联邦治理的形式。第二次世界大战后，德国分成了东、西两德。西德基本保持原政治体制和大学治理模式，东德则按照苏联模式，实行自上而下的集权管理模

---

① Robin Middlehurst, “Changing Internal Governance: A Discussion of Leadership Roles and Management Structures in UK Universities”, *Higher Education Quarterly*, No. 4, 2004, p. 265.

式，学校内部权力结构也基本是一种集权控制形式。但总体上，分权治理是德国大学治理的主要特征。1990 年 8 月 31 日，东、西德国在柏林签署两德统一条约，10 月 3 日，东德正式加入西德，实现了两德的重新统一。统一后的德国，以《高等教育总法》为总的指导原则，在联邦体制框架内对高等教育，尤其东德原苏联模式的高等教育进行了改革。以下主要对 1990 年德国统一以来的大学内部权力制约机制情况进行讨论。

一　权力构成及结构关系与价值理念

20 世纪 90 年代以来，因为受办学经费短缺、欧洲教育一体化以及新公共管理运动的影响，德国大学内部权力结构关系开始发生了变化，如董事会制度的引入、校长权力的增强、教授权力的弱化等。原来由教授决策的体制机制已被董事会或理事会和校长、评议会分权决策的体制机制所取代。从大学治理的层面看，德国大学的内部权力主要由以董事会或理事会（Universitätaräte；Hochschulräte；kuratorium）[①] 为代表的社会权利，校长与主席团或校长委员会（Präsidium）为代表的行政权力和以大学评议会（senat）为代表的学术权力构成。权力制约也主要是以上权力之间的制约关系。

1. 董事会或理事会

面对经费紧缺和 20 世纪 90 年代前后高校管理体制改革失败的压力，社会各界将德国高校的不景气归为是传统的“官僚—教授”治理模式所致，认为这一模式太过强调教授的权力而导致大学的衰退。因此，提出实行新的治理模式，即董事会（kuratorium）制治理模式以提高高校的治理绩效。高校建立董事会是 1997 年由德国高校校长联席会议（HRK）首次提出，后在 16 个州的高校得以创建实施。[②] 其创建的初衷是协调学校与州政府的关系，确保大学董事会享有大学的战略规划权、向主席团提供咨询权、学校运行监督权和人事权（主要指选任主席团成员的权力），以此提高高校办学绩效。

德国高校董事会的设置方式实际存在三种情况：一是作为高校的咨询

---

① 也有翻译为“理事会”、“监事会”、“高校委员会”等，功能类似于美国高校的董事会，本书取“董事会”一词。

② 俞可：《“学者自治共和国”的终结——教育领导在德国大学的变革》，《比较教育研究》2008 年第 7 期。

机构存在，如巴登州、撒克逊州等；二是作为教育部的部内单位，负责邦教育部咨询与协调工作的组织机构，如不来梅州和萨尔州；三是作为行政决策机构，参与决策学校的重大问题，如巴伐利亚州和柏林州。[①] 董事会制是对美国高校治理模式的借鉴。但是，因为担心影响评议会在大学决策中的地位，董事会制自引入德国开始就一直备受非议。实际上，德国大学的董事会主要是以决策咨询组织机构的形式存在，如马尔堡－菲利普斯大学的董事会就属于咨询性的组织机构。[②] 董事会的主要任务是向学校提供有关发展规划、教学科研与管理绩效方面的咨询建议，以及向大学评议会推荐校级领导候选人、听取学校法人代表的工作报告等事宜。马尔堡－菲利普斯大学董事会共有7名成员，其中4名来自校外其他领域，3名由学术专家组成，均通过选举产生，由大学评议会等组织机构批准确认，任期2—4年。[③] 马尔堡－菲利普斯大学董事会也主要享有以上权责。而2003年正式转制为“基金会大学”的下萨克森州希尔德斯海姆大学（Universität Hildesheim）的董事会（Stiftungsrat）则是该校的最高行政权力。[④] 其董事会成员共有7名，除校长和1名州政府代表是董事会当然成员外，其余5名成员均来自校外银行、电信等行业领域，现任董事会主席是J. 斯塔克教授（Vorsitzender：Prof. Dr. J. Stark）。董事会制的引入是对德国大学传统治理模式的挑战。

2. 评议会

大学评议会是德国大学的最高决策权力组织机构，是从中世纪德国大学的集体大会、同乡会演变而来，既体现了教授治校的特色，也体现了利益相关者治校的特色。根据黑森州2009年12月修订通过的《黑森州高等教育法和TUD法案》第36条规定，大学评议会具有学术事务决策权力，

---

① 董保城：《从“学者共和国”到“学术企业体”之两难：论新版大学法草案》，http：//huang. cc. ntu. edu. tw/pdf/CCB3419. pdf。

② Renate Mayntz，“University Councils：An Institutional Innovation in German Universities”，*European Journal of Education*，No. 1，2002，p. 22.

③ 张帆、张蓓：《德国大学的内部管理结构及特点——以马尔堡－菲利普斯大学为例》，《大学》（学术版）2010年第6期。

④ Bearbeitung：Iris Ehlers－Stand：15. November 2012（https：//www. uni－hildesheim. de/media/organisation/Organigramm_ Stiftung_ Universitaet_ Hildesheim. pdf）.

包括学科研究与发展、教学组织与管理，以及章程制定等方面的权力。[①]评议会还具有选举校长和批准学校章程的权限，其具体工作由下设的各委员会执行。评议会成员由学校各利益相关者组成，如马尔堡－菲利普斯大学的评议会成员包括校长、9 名教授代表、3 名普通教师代表、3 名学生代表、2 名行政管理人员代表，以及教务长等成员组成。[②] 评议会的成员构成比较广泛，体现了利益相关者治理大学的理念。

和传统的大学评议会相比较，目前的大学评议会权限已从享有学校的全面决策权力转向仅保留学术决策与咨询权力，主要是对原则性问题的讨论。而现在，董事会和主席团（Präsidium）逐渐成为大学的主要决策权力。这和 20 世纪 90 年代以来，德国高校治理向“管理主义”变革的趋势是一致的，即通过强化外部力量干预，以及增强校长、学院院长等个人行政决策权力来提高大学内部决策的效率。

3. 校长与主席团

校长负责制是德国高等教育总法的一项法律规定。根据《高等教育总纲法》（1976 年），为确保大学的有效自治，规定选举产生的校长任期不少于 4 年，新规则取代了原大学校长每年更换一次的制度。实际上，德国的校长有两种称谓，一种是“rector”，被称为“学长”；另一种是“präsident”，被称为“总长”。二者都是评议会从大学内部的教授中选举产生，前者任期不少于 2 年，后者任期不少于 4 年。[③] 校长的主要职责是执行评议会决策。但是，随着新公共管理运动影响的增强，校长的权力得到了不断的提升。1999 年的布兰登堡州高校法规定，校长不仅是学术和非学术人员的领导，也是教授的领导，其权限涉及学校战略发展规划的制定、学科专业的废立、财务预算、机构设置，以及校—院关系的协调等。[④] 根据《巴伐利亚州高等学校法》规定，校长甚至具有否决评议会决议和解散重组其他相关机构的权力。强化校长的领导角色实际上是德国高

---

① *Hessisches Hochschulgesetz und Gesetz zur nderung des TUD – Gesetzes sowie weiterer Rechtsvorschriften*, pp. 678 – 680（http：//www. uni – marburg. de/administration/recht/gesetz/HHG – 14122009. pdf）.

② http：//www. uni – marburg. de/administration – en.

③ 黄福涛：《外国高等教育史》，上海教育出版社 2008 年版，第 332 页。

④ 周丽华：《德国高等教育管理体制改革的新思维》，《华南师范大学学报》（社会科学版）2006 年第 4 期。

校走向管理主义的表现之一。如马尔堡－菲利普斯大学内部主要治理权力已被校长办公室（President's Office）和理事会及其他委员会所享有。①

根据高教法的规定，主席制是相对于校长制的一种内部治理模式。在主席制的大学治理模式中，主席团（Pr. sidium）是学校内部的重要权力组织机构。如在马尔堡－菲利普斯大学，主席团是学校的内部领导组织，负责学校的日常事务决策。② 主席团主席由学校评议会选举，州政府相关部门批准产生，任期6年。主席以法人的身份代表学校处理涉外事务，对内负责学校发展规划等具体事宜，并主持主席团会议，批准评议会选举董事会主席等有关事务。③ 主席团的具体工作由下设的委员会负责执行。主席享有各委员会会议的知情权、内部规则制定审批权，以及决议违宪否决权。某种意义上，主席团与大学评议会是平行的治理机构，只是分工和工作重点不同。

以上是德国高校内部权力构成。其内部权力制约关系正是评议会、董事会或理事会、主席团和校长或主席团主席之间的相互约束关系。其内部治理结构根据校长负责制和主席负责制的不同，又可分为两种类型的内部权力结构关系。主席负责制的大学内部最高决策权力是大学评议会、董事会或理事会与主席团，如希尔德斯海姆大学（Universität Hildesheim）。根据下萨克森州高等教育法（Niedersächsisches Hochschulgesetz）规定，希尔德斯海姆大学的董事会、评议会、主席团是学校的主要治理权力组织形式。④ 其中，董事会是最高决策咨询组织机构，有权参与大学的决策。评议会是最高决策权力组织机构，主席团对评议会管辖范围内的所有事务负责，评议会有权向主席团获取各方面信息，并且有选举任命和解除主席团主席的权力。主席团是最高行政权力组织机构，类似于美国的校内董事会。除此之外，还包括教代会（Vertretungen der Mitarbeiterinnen und Mitarbeiter）和学代会（Studentische Vertretungen）等体现利益相关者治理的组织形式。校长负责制的内部治理模式中，学校评议会仍是最高决策权力，

---

① Administration of the University（http：//www. uni－marburg. de/administration－en）.

② *Hessisches Hochschulgesetz und Gesetz zur nderung des TUD－Gesetzes sowie weiterer Rechtsvorschriften*, pp. 666－678（http：//www. uni－marburg. de/administration/recht/gesetz/HHG－14122009. pdf）.

③ Hochschulrecht（http：//www. uni－marburg. de/administration/recht）.

④ Senat（https：//www. uni－hildesheim. de/index. php? id＝senat&L＝1）.

董事会和校长委员会则是学校的最高行政权力。

总体而言，评议会仍是德国高校治理中最主要的决策权力组织。尽管在一些大学，如康斯坦茨大学（University of Konstanz），以及新转制的基金会大学中，董事会享有学校的最高决策权和否决权，但由于教授治校和大学自治传统的影响，德国大学对于董事会的引入、董事会成员构成及其功能的发挥仍然存在很大分歧，董事会更多的是以决策咨询机构设立而非最高决策权力组织机构设立。[①] 校长及校长委员会是学校的最高决策执行权力。虽然，教授治校的传统仍根深蒂固，但董事会制的引入和校长权力的增强，以及评议会权力的逐渐萎缩将是德国高校治理结构调整不可避免的趋势，这一调整的趋势也是大学寻求学术权力与行政权力制约均衡化的诉求。

二　权力制约机制特征

根据以上分析，德国大学内部权力制约机制类型主要包括以下几种类型：

（1）分权制约机制。德国公立高校虽然基本是作为国家机构设立的，并且其办学资金主要依靠政府的投资，但是，德国政府除目前鼓励大学设立董事会和借助教育立法杠杆影响大学发展外，基本没有参与大学内部的事务管理。学校内部的评议会、董事会和校长委员会或主席团之间也不是严格意义上的科层关系，而是一种以各类委员会为媒介的分权分工和松散联合的关系。各委员会在州高等教育法和学校章程许可的范围之内享有很大的决议自由，它们之间实际上主要是以“分权制约机制”形式维持彼此的关系的。如哥廷根大学内部治理组织机构主要包括主席团、评议会、董事会、教师议会、学院会议等。主席团作为法人代表，对外代表学校，对内负责协调内部关系，起草大学发展规划，促成大学目标任务的完成及其他日常事务管理。[②] 评议会主要负责审批学校法律法规，选举任命董事会和主席团成员等。[③] 董事会则主要由大学基金委员会和医学基金委员会

① Renate Mayntz，“University Councils：An Institutional Innovation in German Universities”，*European Journal of Education*，No. 1，2002，pp. 24 – 27.

② Informationen zum Präsidium（http：//www. uni – goettingen. de/de/894. html）.

③ Senat（http：//www. uni – goettingen. de/de/22448. html）.

委员组成，参与大学的财务决策。[①] 横向上形成分权分工制约关系，纵向上形成大学与学院议会之间的分权制约关系。

（2）选举任命机制。选举任命机制是处理评议会与董事会和主席团，以及大学与州政府之间关系的手段之一。在大学内部，评议会具有选举董事会主席及其成员的权力。如在康斯坦茨大学，根据其大学章程的第7条规定，评议会负责遴选董事会的7名校外成员，其中3名由大学评议会和州教育行政当局共同选举产生，最终由州教育行政当局正式任命。[②] 同时，评议会还有权选举任命或解除主席团主席及其成员的权力。校长也由评议会从教授中选举产生，由州教育当局最终任命。而评议会成员则由学校全体大会根据章程规定，按照比例选举产生。以上拥有选举权的各权力均具有对被选举者的违宪解除权。虽然，从根本上选举任命机制属于制度和程序制约权力机制范畴，但它在规范大学权力运行方面确实起到了关键效果。

（3）董事会制：社会权利制约权力机制的引入。董事会制既是大学的一种治理模式，也是平衡大学权力关系的一种机制。德国高校引入董事会制是在20世纪末期。尽管到目前为止，人们对董事会的功能发挥、人员构成等存在争议，但是依托董事会引入社会权利，如公司、劳工会、银行、教会等领域的社会人士参与监督制约大学决策权力是高校寻求平衡学术权力与行政权力关系的一种新机制。董事会的引入使大学评议会从全权决策权力组织逐步演变为学术事务决策权力。总之，董事会制是德国大学构建“权利制约权力”机制的一种形式。

除此之外，以各类立法和程序制约权力也是德国大学权力制约机制的基本类型。前者表现在州高等教育立法及各大学法与大学章程、规则等方面，后者主要体现在校行政权力参与评议会表达意见的程序，以及主席团主席对下设委员会会议知情权的操作程序等方面。校长虽然由评议会选举产生，但是校长也有权对评议会的决策根据其是否违反大学法规定做出否决，并通过绩效评价等予以纠正，以此帮助提高学术评议会成员的决策水平。绩效评价也可看作是处理校长与评议会之间关系的一种机制手段。

---

① Stiftungsrat für die gesamte Stiftungsuniversität（http：//www.uni-goettingen.de/de/11349.html）.

② Renate Mayntz，“University Councils：An Institutional Innovation in German Universities”，*European Journal of Education*，No.1，2002，p.23.

第四节　日本大学内部权力制约机制现状与特点

日本高等教育被认为是“外延式、后发型”的成功典范。从大学治理的视角分析，日本大学主要有三种类型：一是以《帝国大学令》（1886年）、《高等学校令》（1918年）和《大学令》（1918年）为基础，实施中央集权治理模式的大学，如帝国大学等，主要存在于第二次世界大战前；二是以《教育基本法》（1947年）和《学校教育法》（1947年）为依据成立或改制的大学，以教授会为主要治理权力组织，并实施民主治校模式的大学，如筑波大学等；三是以《国立大学法人法》（2003年）为依据改制的大学，实施大学董事会制治理模式的大学，如横滨大学等。从学校的性质而言，日本主要有国立、公立和私立三种类型的大学，其中前两种大学治理模式相似，私立大学采用的是公司法人治理模式。本节主要对《国立大学法人法》颁布后的日本国立大学内部权力制约机制情况及特征予以讨论分析。

日本国立大学法人化问题最早是在1971年的日本中央教育审议会报告中提出的。1997年日本实施国家行政改革时将国立大学法人化作为一项政策性问题正式提出。2000年7月，日本文部省组织开展了历时一年八个月的“关于国立大学独立行政法人化调查讨论会”，并最终于2002年3月26日发表了《关于新的“国立大学法人”形象》的调查报告。[①]该报告就国立大学法人的组织、人事、目标与评价及财务预算等制度性建设问题进行了研究，并提出相应的政策建议。日本文部科学省按照这一报告精神制定了《国立大学法人法》法案，于2003年先后在内阁会议和国会例会上审议通过，并于2004年4月起正式实施。

《国立大学法人法》使日本的国立大学一夜之间全部成为独立法人。《国立大学法人法》的目的是改变国立大学原有的自治结构体系，转而实施基于公司法人模式的管理主义治理结构体系，变革的主要动因是解决长期存在的大学教学研究与企业公司需求相脱节的问题。[②] 法人化的结果削

① 黄福涛：《外国高等教育史》，上海教育出版社2008年版，第389页。

② Tabata Hirokuni, “The Incorporation and Economic Structural Reform of Japan's National Universities”, *Social Science Japan Journal*, No. 1, 2005, p. 98.

弱了教授及教授委员会的权威，而最大化了校长和校行政管理委员会的权威。原来由各个学院教授代表组成，拥有大学治理最终决策权的教授委员会（Professor's Councils）被改革后的大学行政管理权力所取代，校长拥有了决策的终决权。① 教授委员会仅限于拥有对学术事务的咨询权。外行董事会的引入也是为了实现外部社会力量参与大学治理，促使大学内部治理结构向企业化运行模式转型，实现多方权力制衡和利益相关者治理的局面，以此完善大学决策机制。

在法人化治理变革影响下，"董事会"和"校长"成为这一时期比较活跃的大学治理权力。以下先说明《国立大学法人法》颁布以来大学内部主要权力构成及其结构关系，再讨论其权力制约机制类型与特点。

一 权力构成与关系结构

根据《国立大学法人法》第7—23条规定，日本国立大学内部治理权力与组织机构主要有：校长、董事会、经营协议会、教育研究评议会及监事会等。② 如早稻田大学的治理权力主要包括"校长、董事会、经营协议会、评议员会和监事会"。③ 除此之外，还有一些执行和咨询委员会，如校长选考会议、教授会等。

1. 校长

国立大学法人化后的日本大学校长既是大学的首席行政负责人，也是大学的对外法人代表，承担着管理和经营大学的双重使命。校长由文部科学省根据大学校长选考委员会的推荐意见任命产生，任期2—6年，而具体的任期时间由大学董事会根据校长选考委员会的讨论意见决定。校长的解聘也由文部科学省根据校长选考委员会的申请报告意见实施。根据《国立大学法人法》第8、9、11、20—23条规定，大学校长除根据《学校教育法》（1947年第26号法律）第58条第3项的规定行使职权外，还将以国立大学法人的身份总理学校各项事务。④ 其具体权限涉及学校的发

① Tabata Hirokuni, "The Incorporation and Economic Structural Reform of Japan's National Universities", *Social Science Japan Journal*, No. 1, 2005, p. 97.

② 王如哲：《各国高等教育制度》，华东师范大学出版社2010年版，第138—139页。

③ http://www.waseda.jp/gb/about/organization.html.

④ 《〈国立大学法人法〉概要》，http://wenku.baidu.com/view/5e2f39e9172ded630b1cb6ee.html。

展规划、人事任免、财务预算与分配、组织机构废立等方面。校长实际上成为法人化后日本国立大学最强的个人集权者，但这并不意味着校长的权力没有约束。根据《国立大学法人法》第11条规定，校长在对以下事项做出决定时必须经过董事会（由校长及理事组成）讨论才可做出决定：(1) 有关中期目标的意见（原案）、年度计划；(2) 须得到文部科学省认可的事项（如中期计划等）；(3) 财政预算、执行和决算；(4) 大学组织机构的设废；(5) 董事会所规定的其他事项。①

说明校长的权力也不是无限的。另外，学部教授会仍对校长权力有很大的约束性，同时，校长的权力还受到相关法律和规则的约束和制约。总体而言，法人化后的大学校长还是拥有了不少权力，如人事任免权、资源分配权、大学事务终决权及法人代理权等。

2. 董事会（役員会）

结合大学法人法的精神，日本大学的“役員会”（執行役員は）实际上相当于董事会，为便于理解和解释，本书取“董事会”。《国立大学法人法》第7条规定，大学的董事会由校长、董事（根据法人的不同情况确定）、副校长和2名监事组成。② 如名古屋大学董事会（役员会）的校内成员由校长（総長）、7名董事（5名兼职副校长，分别负责总务、教育情报、财务、人事和公共关系）、1名总务长、1名理事、3名副校长（副総長）和2名监事组成。③ 另外还有一些校外董事成员，一般为社会知名人士或著名校友等。《国立大学法人法》还规定，各大学的董事会、经营协议会及校长选考会议等构成人员中必须有一定比例的校外人员名额。董事长从董事中产生，是学校的法人代表（实际上一般由校长兼任）。校内董事由校长直接任命，任期由校长决定，一般不得超过任命该董事的校长的任期。这意味着董事的任期最长不超过6年。董事会主要职责是提供咨询，协助校长开展工作，主要就学校发展中期目标规划、财务预决算、重大组织机构调整等事项向校长提供咨询和做出决策。

① 《〈国立大学法人法〉概要》，http://wenku.baidu.com/view/5e2f39e9172ded630b1cb6ee.html。

② 同上。

③ 大学の概要/学部・研究科＞執行体制＞役員等（http://www.nagoya-u.ac.jp/about-nu/gov/director/）。

3. 经营协议会（経営協議会）

“经营协议会”和“教育研究评议会”是《国立大学法人法》规定的法定咨询组织机构。《国立大学法人法》第20条规定，法人化后的国立大学应当设立审议有关大学经营情况的组织机构，即通常所说的“商议员会”或者“经营协议会”。经营协议会的成员由校长、副校长、董事、教员及校外人士组成。如横滨大学的经营协议会成员由校长、4名董事（理事）、1名副校长和6名校外人士组成。[①] 经营协议会的规模因学校不同而有所不同，如筑波大学的经营协议会成员由20名成员组成，校内校外各10名，其中校内成员由校长、6名董事（理事）和3名副校长组成，校外由10名来自不同行业的知名人士，如丰田汽车公司副董事、中部电力公司的法律总顾问、名古屋大学经济学院院长、IBM日本总公司的董事会主席等人士构成。[②] 经营协议会主要就大学法人经营事项有关重大问题进行讨论，并提出咨询建议，如东京大学经营协议会的主要权责包括学校中期发展目标、发展规划，大学章程条例修订，各类职员工资支付标准，财务预、决算，学费事宜及大学法人经营自评等事务进行审议。同时，根据《国立大学法人法》规定，东京大学的经营协议会还享有校长选考会议成员的半数（8名成员）的选举权，以及向校长选考会议提议罢免校长的权力等。[③] 提议罢免校长时实行2/3票决通过的决策原则。校长被罢免后，经营协议会主席的职务由经营协议会中最年长但不具有副校长身份的董事代行。但是，经营协议会及教育研究评议会的首席负责人及会议的主持人一般都是校长兼任。

4. 教育研究评议会

根据《国立大学法人法》第21条的规定，教育研究评议会是审议教育教学研究重要事项的组织机构，是校长的法定咨询机构。教育研究评议会的成员一般由校长、董事（理事）、各个院系的院长或主任及校外成员组成，校长任评议会首席负责人，并主持会议。如名古屋大学的教育研究评议会成员由40名成员构成，包括校长、3名董事和36名院系及附属组

① 運営組織図（http：//www. ynu. ac. jp/about/organization/manage/tree. html）。

② 大学の概要/学部・研究科 > 執行体制 > 経営協議会委員（http：//www. nagoya - u. ac. jp/about - nu/gov/mgt - board/）。

③ 邢晓辉、耿景海：《法人化后日本大学内部治理结构研究——以东京大学为例》，《广东教育学院学报》2009年第4期。

织机构的主要负责人。① 评议会除校长外，所有成员采取配额选举产生，并由校长任命，对校长负责，成员任期一般是两年。法人化后的国立大学教育研究评议会主要享有学术事务咨询权，校长选考会议部分成员资格推选权以及提议罢免校长的权力。显然，法人化后的国立大学内部治理结构和权力运行机制发生了很大的变化，尤其是评议会权力和校长权力范围的变化。法人化前，评议会是学校的最高决策权力组织机构，重大决策由各个学院教授组成的教授委员会在代表大学广泛意见初步讨论的基础上，再由评议会做出决定。② 评议会拥有人事任命权，如校长就是由评议会及全体教师选举产生。法人化后，以上重大决策权和人事权基本上都转移到了校长的手中，评议会基本成了学术事务咨询机构。学部的教授会虽然仍是学部最高治理权力，但是决策的终决权已属于校长而不再是教授会了。

5. 校长选考会议与监事

校长选考会议是专门负责决定校长人选的组织机构，严格意义上讲，并不是治理权力组织机构。校长选考会议成员由教育研究评议会和经营协议会的部分成员组成，具体操作程序是由评议会和经营协议会在其内部无记名投票分别选举同等名额的人员组成校长选考会议议员，首席负责人由选考会议员互选产生，并主持会议。③ 校长选考会议实际上并没有校长候选人的最终任命决定权，其任命权在文部科学省。

监事负责监督学校的各项工作，主要是财务工作和业务工作。根据《国立大学法人法》第7条、第21条，以及《私立学校法》第35条、第38条，学校设置2名及以上的监事，监事不得拥有学校法人身份，其具体职责是负责检查学校法人财产和董事决策执行情况，并就检查结果向董事会、评议会及文部科学省报告和提出意见。

以上是法人化后日本高校的主要治理权力构成。根据其权力职责大小与关系，以筑波大学（见图4-5）和横滨大学（见图4-6）内部治理结构为案例，从整体上简要分析以上权力之间的关系。

---

① 大学の概要/学部・研究科 > 執行体制 > 教育研究評議会評議員（http://www.nagoya-u.ac.jp/about-nu/gov/edu-board/）。

② Tabata Hirokuni, "The Incorporation and Economic Structural Reform of Japan's National universities", *Social Science Japan Journal*, No. 1, 2005, p. 97.

③ 邢晓辉、耿景海：《法人化后日本大学内部治理结构研究——以东京大学为例》，《广东教育学院学报》2009年第4期。

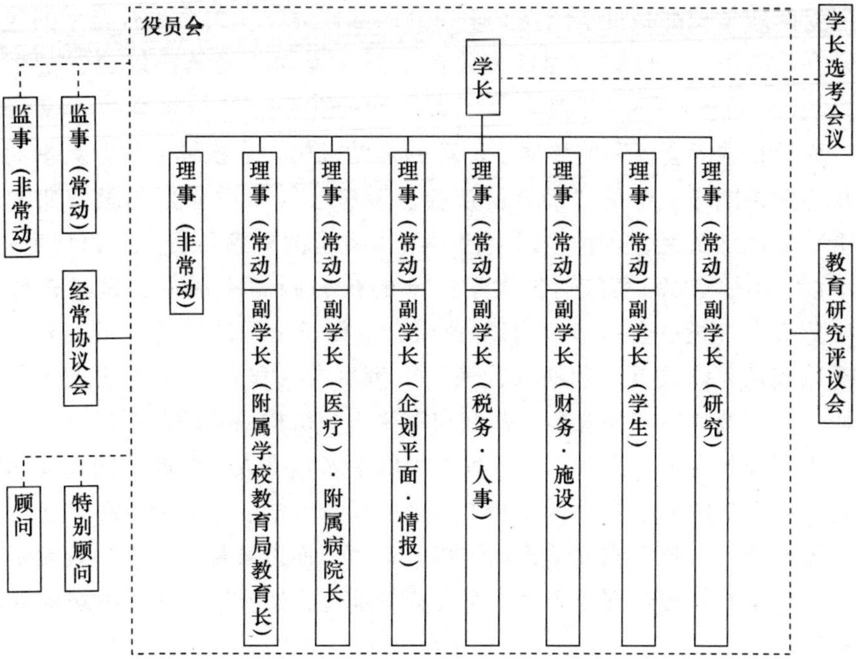

图4－5　筑波大学内部组织结构①

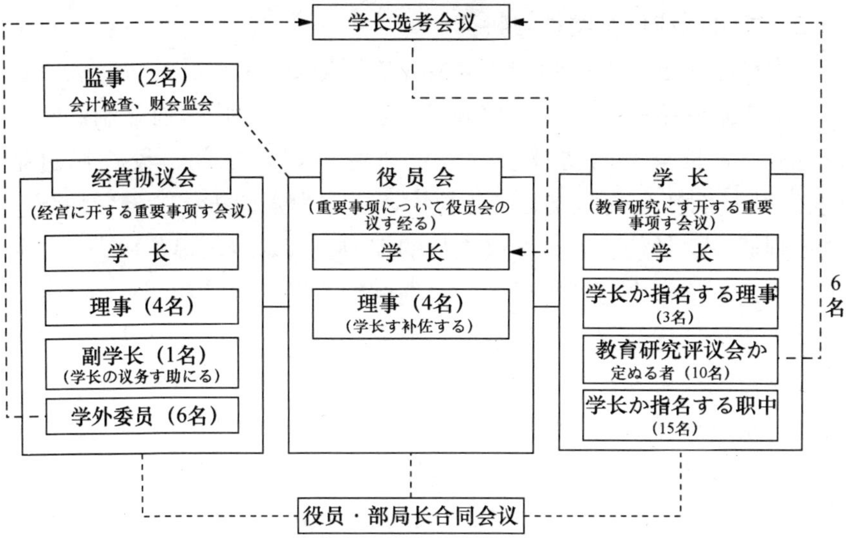

图4－6　横滨大学内部权力关系结构②

---

① http：//www. tsukuba. ac. jp/about/administrative. html.

② 運営組織図（http：//www. ynu. ac. jp/about/organization/manage/tree. html）。

这两所学校都是日本国立大学，其内部权力结构关系具有典型的代表性。在筑波大学，校级治理权力关系主要体现为“经营协议会、董事会（役员会）与教育研究评议会”三者之间的关系。校长是行政首席负责人，而校长选考会议和监事属于治理的辅助机构。在横滨大学，大学的治理权力关系同样主要是“经营协议会、董事会（役员会）与教育研究评议会”之间的关系，校长是以上权力组织机构的首席负责人。可以看出，《国立大学法人法》实施后，大学内部的权力制约关系主要是经营协议会、董事会（役员会）、教育研究评议会及校长之间的制约关系。它们之间是以校长为行政首席和法人代表，以董事会（役员会）为法人、以经营协议会和教育研究评议会为咨询和审议组织机构的治理关系。

由于校长实际上身兼以上三种组织的首席负责人，因此，国立大学法人化后，大学内部主要呈现出以校长为首的行政集权控制结构与运行模式。校长和校行政已成大学管理的强势集团，而以教授为代表的教育研究评议会和学部教授会则处于了相对弱势的地位，这和国立大学改革前的情况相反。

二　权力制约机制类型与特征

日本国立大学权力制约机制类型简要概括如下：

（1）“选举任命”、“提议解聘”与“审议咨询”：程序制约权力机制。首先，校长与经营协议会、教育研究评议会之间，校长通过把握“两会”成员的任命权形成对二者的约束。作为咨询机构的经营协议会和评议会则通过选举校长选考会议成员的权力、解聘校长提议权力，以及重要事务审议咨询权力与校长形成一定的制约关系。校长和董事会之间，校长通过董事提名任命权对董事会权力形成一定的约束。而董事会则通过咨询和优先讨论权对校长的决策权力形成制约，如在涉及学校中期目标、发展规划、财政预算及重大组织机构调整时，校长必须基于董事会的事先讨论才能做出最终决定，实际上是从程序上对校长决策权力构成约束。

（2）外行参与学校治理：社会权利制约权力机制。国立大学法人化的主要目的是引入董事会制，实施企业法人治理模式。从治理结构而言，新的内部治理结构已从原来的中央集权管理和大学学术自治模式转向以“治理管理委员会”和“学术管理委员会”为特征的“行政—学术”二元治理结构。其中治理管理委员会的组织机构主要是“经营协议会”和

“董事会”（役员会），学术管理委员会主要是“教育研究评议会”。根据《国立大学法人法》的规定，治理管理委员会的大部分成员应来自校外，尤其欢迎企业管理者加入大学治理管理委员会，同时还规定治理管理委员会的高层领导至少有1名成员来自校外。[①] 这意味着社会利益相关者已成为大学治理的半数决策者，他们和大学内部治理权力形成一种合议制的决策形式。尽管董事会在日本国立大学是以法人和咨询组织机构的性质设立，并且也不具有法律意义上的最高决策权力，但是董事会是日本大学引入社会权利制约大学权力的重要一步，而且有些大学如庆应大学的董事会已是实际上的学校最高决议权力。

对于以校长为首的新集权控制模式的日本大学，其内部权力制约机制主要有以上两种机制。另外，以大学宪章和规则为形式的制度制约权力机制，以及以“委员会”为具体形式，实施集权下的“决策、执行与咨询监督”三权制约机制也是其内部权力制约机制类型。

总之，国立大学法人化后，文部科学省对大学的控制从直接控制已转向以“第三方评估机构”和“绩效拨款”为手段的间接控制，学校在获得诸多经营管理权的同时却削弱了教授会的权力和学术自治的权力。

本章小结

本章主要对当代美国、英国、德国和日本四国高校内部权力制约机制现状与特征进行了国别分析。研究发现以大学章程、宪章和各类校内规则为形式的“法规制度制约权力机制”是欧美法系国家大学权力制约机制的基本形式，其主要是因为这些章程和各类校内规则都被赋予法律效力，具有法律意义上的约束力，违背规章制度要受到法律意义上的责任追究。除此之外，四国大学因其大学内部治理模式不尽相同，其权力制约机制的主要特征也有所区别。

美国大学的内部治理已表现出明显的“共同治理”特征。其大学内部的权力制约关系主要是“董事会、校长（校行政）与评议会”等之间的关系。从行政体系结构看，董事会、校长及校委会是影响决策的最主要

① Tabata Hirokuni，“The Incorporation and Economic Structural Reform of Japan’s National Universities”，*Social Science Japan Journal*，No. 1，2005，p. 98.

的权力组织机构；从学术治理结构看，评议会、教务长、学院院长与系主任是影响决策最主要的权力组织与个人；而从民主治校的视角看，评议会在学校各委员候选人资格及学术治理等方面是影响学校决策的关键组织机构。这种决策方式实际上是一种基于分权制约的差异决策与优势互补治理模式，体现了利益相关者参与大学治理的价值诉求。其具体通过以下方式体现以上治理特征：一是基于外行董事会、集体谈判与评议会制的社会权利制约权力机制。这一机制主要是通过代表社会权利的校外董事权力来平衡和约束校内权力主体的决策行为，如董事会通过保留重大人事、财务和立法权对以校长为首的行政权力形成有效制约，避免了“内部人自我监控”的不足。二是基于“学术—行政”二重性的分权制约机制。董事会、校长及校委会与评议会在学校治理决策中表现出差异互补的决策优势，体现了分权制约机制特征。三是以“依法治校”和“程序正当”为表现形式的程序制约权力机制。美国学校内部各组织机构都有自己的“章程”和实施“细则”，这些章程和细则的法律效力是其依法治校的根本保障，也是权力按照正当程序行使的保证。总体而言，当代美国大学内部权力制约机制主要是以“制度和程序制约权力机制”为基础，以“社会权利制约权力机制”及“分权制约机制”为特色。

从内部治理结构与制约机制类型划分，英国大学可以分为以“学院制和教授治校”为治理特征，以“决策权力集体化”为主要权力制约机制的古典大学；以学术评议会为主要决策权力，以“董事会、理事会、评议会”三会制为治理特征的城市大学；以及以“董事会与学术委员会”两会制为治理特征，依据1988年《教育改革法案》和1992年《继续与高等教育法案》设立的新大学几种类型。古典大学内部权力组织与个人主要是大学集体大会、副校长、理事会、评议院等。其内部权力制约关系也主要是教职员集体大会、理事会、评议会之间的关系。而教授治校和学院制治理模式是以上权力关系的结构特征。古典大学最主要的权力制约机制是“决策权力集体化”与体系庞大的“委员会”运行机制。决策权力主体的集体化，有效防止了权力的个人专制，减少了公权滥用的风险。这实际上保持的是中世纪大学文化制约权力机制的遗风。1992年以前的城市大学权力关系主要是校董会、校理事会和学术评议会等组织机构之间的制约关系，其最高权力机构原则上是理事会，但实际上学术评议会在特定时期扮演了最高决策权力组织机构。其权力制约机制除决策权力集体化的机制外，还有以“三会”为特征的分权制约机制类型。1992年以后大学主要以董事会和学术委员会“两会制”为大学内部权力结构关系，其治理模式表现出法人化治理的特征，董事会成为大学的最高决策权力。其内部权力制约机制主要是以外行决策机制为特征的社会权利制约权力机制和以“选举任命、授权委托”与“首席行政责任制”为特征的程序制约权力机制两种。总体而言，多元化的英国大学治理中，其内部权力制约机制主要是以“决策权力集体化”为特征的文化制约权力机制和分权制约机制，这是其权力制约机制的基本特征，而“社会权利制约权力机制”则是其构建的趋势。以上权力制约机制以“依法治校”和“学术自治”为基础。

德国实现统一后，以《高等教育总法》为指导原则，在联邦体制框架内对其高等教育，尤其东德原苏联模式的大学进行了改革。改革后的德国大学内部权力与组织结构也发生了变化，如董事会制度的引入、校长权力的增强和教授权力的弱化等，这使原来主要由教授决策的权力运行体制机制演变为主要以董事会或理事会和校长为行政权力代表，评议会为学术决策权力代表的二元权力关系格局。董事会作为德国大学新的治理权力，主要以咨询组织机构、教育部部内单位或以行政决策组织机构的形式设置。由于受德国高校教授治校文化传统的影响，董事会实际上主要是学校的最高决策咨询组织机构。校长及校长委员会或主席团的权力在扩大，而评议会仍享有重要的决策权力。它们之间的关系主要依赖于分权制约机制、以“选举任命”为特征的程序制约权力机制和以董事会为形式的社会权利制约权力机制维持。董事会制的引入是德国大学构建社会权利制约权力机制的一个路径。

日本大学有三种类型的治理结构。一是以《帝国大学令》（1886年）、《高等学校令》（1918年）和《大学令》（1918年）为基础，实施中央集权治理模式的大学；二是以《教育基本法》（1947年）和《学校教育法》（1947年）为依据成立或改制组建教授会与实施民主治校模式的大学；三是以《国立大学法人法》（2003年）等为依据改制的大学，主要是实施大学董事会制治理模式的大学。《国立大学法人法》使日本的国立大学一夜之间成为独立法人，目的在于改变国立大学原有的自治结构体系，转而实施基于公司法人治理模式的管理主义结构体系。法人化的结果是最大化了校长和校行政管理委员会的权力，而削弱了教授及教授委员会的权威。大学治理的最终决策权也因此从教授委员会转移到了校长及校行政管理层。《国立大学法人法》实施后，大学内部治理关系主要是经营协议会、董事会（役员会）、教育研究评议会及校长之间的制约关系。它们之间总体上呈现出以校长为行政首席和法人代表，以董事会（役员会）为法人、以经营协议会和教育研究评议会为咨询和审议机构的校级治理结构关系。处理以上关系的权力制约机制主要有：以“选举任命”、“提议解聘”与“审议咨询”为特征的程序制约权力机制和以“外行董事会、经营协议会和校长选考会议”为形式的社会权利制约权力机制。法人化后，日本高校总体表现出以校长为首的新集权控制的治理模式。

以上四国高校内部权力制约机制，以制度制约权力机制为基本形式，以社会权利制约权力机制为主要构建趋势，这也是大学作为利益相关者组织实现“共同治理”的价值诉求。

第五章

我国大学内部权力制约机制运行现状、绩效与评价

我国公办高校统一实行党委领导下的校长负责制体制机制。这一体制机制是对新中国成立后，我国公办高校内部领导体制实践探索的经验总结成果。坚持党委领导下的校长负责制作为高校内部领导体制和一项基本的法律制度被写入《中华人民共和国高等教育法》（以下简称《高教法》），说明我国公办高校内部领导体制和治理结构经过半个多世纪的不断探索和实践反思基本确定了下来，同时，也说明高校内部领导体制有了明确的法律依据，违背法律法规规定行使权力将受到法律的约束和管制。但由于我国大学章程的法律效力，以及章程在高等教育法律体系中的地位还不明确，导致大学章程及学校内部制定的一系列规章制度的司法效力和法律的严肃性还不够。这是高校内部权力实际操作与制度设计的理性诉求始终存在距离，甚至严重偏离制度设计初衷的重要原因。

2015 年 12 月 27 日，第十二届全国人大常务委员会第十八次会议表决通过了关于修订教育法、高等教育法的决定，并于 2016 年 6 月 1 日起执行新修订的法案。本次《高教法》的修订草案广泛吸收了各方面的意见，并对一些看得准、有共识的问题作了有针对性的修改，具有较强的可操作性。修订后的《高教法》更加趋于成熟。修订的条款涉及《中华人民共和国高等教育法》的第 4 条、第 5 条、第 24 条、第 29 条、第 42 条、第 44 条、第 60 条第 1 款七处，内容涉及高等教育办学方针、人才培养、高校设立、学术委员会职责、评价制度、经费筹措等方面。①

① 《教育法、高等教育法修改获通过》，http：//www. moe. edu. cn/jyb_ xwfb/s5147/201512/t20151228_ 226184. html。

对《高教法》的修订完善，表明了国家要求实施依法治校，完善大学内部治理结构和权力制约机制，规范大学内部权力运行的决心。依法治校既是实现“四个全面”的题中应有之义，也是新时期提高高等教育质量的基本保障条件之一。

第一节 我国大学内部权力制约机制运行基本情况

1998 年 8 月 29 日第九届全国人民代表大会常务委员会第四次会议通过了我国高等教育法（2015 年 12 月 27 日第十二届全国人民代表大会常务委员会第十八次会议修订），对我国公办高校的法律地位、内部权力构成、权力关系结构及权力职责范围等做了规定，这标志着我国高校步入了依法治校的时代。有关高校内部权力关系及其运行机制，除高等教育法之外，1996 年的《中国共产党普通高等学校基层组织工作条例》（2010 年作了修订，以下简称《高校组织工作条例》）也作了规定。根据这两则法律法规判断，我国公办高校内部的权力构成：高等学校党的基层委员会（以下简称“校党委会”）（《高教法》第 39 条、《高校组织工作条例》第 3 条）、高等学校校长及校长办公会议或校务会议（《高教法》第 40、41 条）、学术委员会（《高教法》第 42 条）、教职工代表大会（以下简称“教代会”）（《高教法》第 43 条）。以上权力之间的基本关系结构是“党委领导、校长行政负责、学术委员会审议咨询、教代会民主参与监督”，简称“党委领导下的校长负责制”。

其中，校党委会是学校的最高决策权力。根据《高教法》第 39 条，校党委会享有以下权力：

> 按照中国共产党章程和有关规定，统一领导学校工作，支持校长独立负责地行使职权，负责执行中国共产党的路线、方针、政策，坚持社会主义办学方向，领导学校的思想政治工作和德育工作，讨论决定学校内部组织机构的设置和内部组织机构负责人的人选，讨论决定学校的改革、发展和基本管理制度等重大事项，保证以培养人才为中心的各项任务的完成。

校长是学校的法定代表人，享有学校的决策执行权力，校长办公会议或校务会议是校长行使权力的主要运行机制。根据《高教法》第40、41条规定，校长全面负责本校的教学、科学研究和其他行政管理工作，具体行使以下权力：

> 拟订发展规划，制定具体规章制度和年度工作计划并组织实施；组织教学活动、科学研究和思想品德教育；拟订内部组织机构的设置方案，推荐副校长人选，任免内部组织机构的负责人；聘任与解聘教师以及内部其他工作人员，对学生进行学籍管理并实施奖励或者处分；拟订和执行年度经费预算方案，保护和管理校产，维护学校的合法权益；章程规定的其他职权。高等学校的校长办公会议或者校务会议处理前款规定的有关事项。

这是对高等学校党、政权力关系和权力职责范围的基本规定。2015年12月新修订的《高教法》对高校学术委员会的权力与职责做了修订补充，将原《高教法》第42条有关高校学术委员会的权责主要是“审议学科、专业的设置，教学、科学研究计划方案，评定教学、科学研究成果等有关学术事项”修订完善为：

> （1）审议学科建设、专业设置，教学、科学研究计划方案；（2）评定教学、科学研究成果；（3）调查、处理学术纠纷；（4）调查、认定学术不端行为；（5）按照章程审议、决定有关学术发展、学术评价、学术规范的其他事项。

从修订后的内容看，学术委员会的权力与职责更加明确具体，可操作性也更强，体现了国家对高校学术委员会职责的重视。《高教法》对学术委员会委员资格没有做明确的规定，主要目的可能是将具体操作方法留给高校根据学校章程和本校实际情况确定，这体现了国家对办学自主权的充分尊重。

《高教法》第43条、《高校组织工作条例》第28条有关教代会的职责也作了简要的陈述，规定教代会的主要职责是“高等学校通过以教师为主体的教职工代表大会等组织形式，依法保障教职工参与民主管理和监督，维护教职工合法权益”。教代会制度体现了人民当家做主的社会主义民主政治核心价值观在高校组织内部的具体落实。

从法律规定而言，显然，学校党的委员会和校长是最主要的决策权力组织与个人。其中校党委会是高校决策权力组织，校长是决策执行权力主体，而学术委员会和教代会则主要是决策咨询与民主监督权利组织形式。

但是，对于以上权力关系在实际运行过程中处理的具体方式与机制，《高教法》和《高校组织工作条例》都没有做出明确的法律规定。为了保证大学内部权力的有效运行，各个高校根据《高教法》及《高校组织工作条例》又制定了各项议事规则等规范权力的具体运行。由于我国不同层次水平高校对于《高教法》等相关法律法规解读和理解的不同，以及其他因素影响，实际制定出来的权力运行规则往往具有浓厚的校本特色。再加上高校内部各类规章制度和议事规则在具体制定过程中没有进入相应的法律程序，因此，各项议事规则的实际法律效力是非常有限的。其对权力的实际约束力也明显不足。这正是高校内部权力在实际运行中边界模糊，甚至违背程序和越权行使的重要原因。

为了规范权力的运行，增强大学章程及各项议事规则建设的规范性。2010年，国家制定颁布了《国家中长期教育改革和发展规划纲要(2010—2020年)》(以下简称《纲要》)，明确提出各类高校应加强大学章程建设，依法制定大学章程，依据大学章程管理学校的要求。为了指导和规范高校章程的具体制定工作，教育部又于2011年7月12日审议通过并发布了《高等学校章程制定暂行办法》，对章程制定的程序、基本内容和形式等做了详细规定。2012年教育部又发布了《全面推进依法治校实施纲要》的通知（教政法〔2012〕9号），提出落实《纲要》和党的十八大有关依法治国的精神，落实十七大、十八大提出的“以制度管权、管事、管人”（十七大报告第六条第6款；十八大报告第五条第6款）的制度制约权力机制建设的要求。

实际上，《高教法》颁布后的1999年，教育部就颁发了《关于加强教育法制建设的意见》，要求高校尽快依据《高教法》等法规制定和完善大学章程。2007年教育法规办公室公布《关于报送高等学校章程材料的通知》时，已有563所高校向教育部报送了大学章程草案。[①] 和大学章程相配套的其他促进以制度制约权力机制建设工作的事项还有2011年教育部颁布的《教育部关于进一步推进直属高校贯彻落实“三重一大”决策制度的意见》（教监〔2011〕7号）[②] 和2012年11月22日教育部印发的《全面推进依法治校实施纲要》（教政法〔2012〕9号）。前者是关于直属高校贯彻执行“重大决策、重要人事任免、重大项目安排和大额度资金运作事项”（简称“三重一大”）必须由领导班子集体研究做出决定的规范要求，而后者是关于进一步推进高校的法制化建设进程，落实党的十八大报告有关精神的政策文件。2015年12月27日第十二届全国人大常委会第十八次会议对《高教法》修订草案审议通过的决定，都是国家逐步推进和落实依法治校，完善大学内部治理结构和权力制约机制的重要举措。

那么，高校内部“以制度制约权力”机制实际建设情况如何呢？以下基于2011年3月至2012年7月对目的性抽样的64所高校的调查情况进行描述性统计说明。

本次问卷调查在取样时，除西藏、青海、新疆、贵州、内蒙古的高校未参与调研外，其余省份以省均约3所学校的比例进行了抽样调查统计。抽样的学校包括直属“985”、“211”重点高校、省属重点高校和地方本科院校等几种类型的学校。进行目的性抽样主要是考虑到我国公办高校内部治理结构的组织同形性，以及调研数据的可回收性。调查的内容主要包括“大学章程、党代会决策权相关规定、党委会和校长办公会议事规则（简称‘两会议事规则’）、教代会议事规则、‘三重一大’决策制度、自由裁量权、信息公开制度及风险预警防控办法”八个方面“制度制约权力”机制的实际建设情况，调研结果统计如表5－1、图5－1所示。

① 张国有、胡少诚：《中国大学章程建设的历程与形态》，《北京大学教育评论》2012年第2期。

② “三重一大”最早是1996年1月24—27日举行的中国共产党中央纪律检查委员会第六次全体会议上对党员领导干部在政治纪律方面提出的四条要求的第二条纪律要求。具体表述如下：认真贯彻民主集中制原则，凡属重大决策、重要干部任免、重要项目安排和大额度资金的使用，必须经集体讨论做出决定。

表5－1　　64所高校以制度和规则制约权力为目的的机制建设情况统计

	大学章程		党代会决策权相关规定		党委会和校长办公会议事规则		教代会议事规则	
	N	%	N	%	N	%	N	%
有	33	51.6	37	57.8	57	89.0	58	90.5
制定中	17	26.6	24	37.5	3	4.7	4	6.3
拟制定	6	9.3	2	3.1	4	6.3	1	1.6
无	8	12.5	1	1.6	0		1	1.6
	“三重一大”决策制度		“自由裁量权”制约机制		信息公开实施办法		风险预警防控办法	
	N	%	N	%	N	%	N	%
有	54	84.3	38	59.4	58	90.5	41	64.1
制定中	7	11.0	21	32.8	1	1.6	14	21.8
拟制定	3	4.7	2	3.1	5	7.9	5	7.8
无	0		3	4.7	0		4	6.3

注：“N＝64”表示样本总量；“%”表示所占百分比。本数据截至2012年年底。

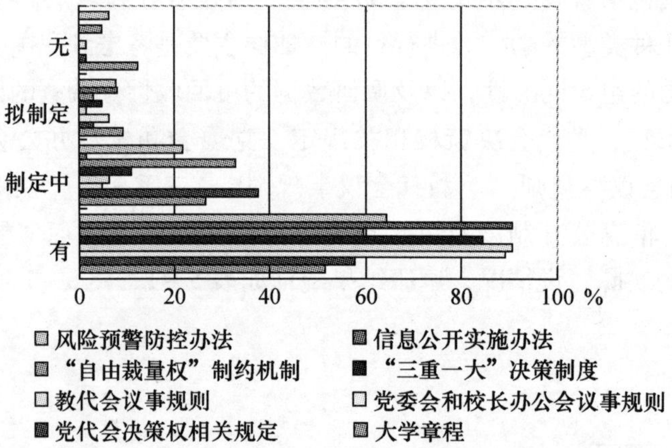

图5－1　64所高校八项制度建设情况统计

以上八项制度及相关规则建设情况中，建设完备的前三位依次是“信息公开实施办法”、“教代会议事规则”和“党委会和校长办公会议事规则”，建设情况最差的三项制度依次是“大学章程”、“党代会决策权相关规定”和“自由裁量权”。正在制定中的比例最高的前三项制度依次是“党代会决策权相关规定”、“大学章程”和“自由裁量权”。拟制定的八项规章制度中，比例最高的前三项依次是“大学章程”、“信息公开实施办法”和“风险预警防控办法”，最差的三项为“教代会议事规则”、“党代会决策权相关规定”及“自由裁量权”。八项制度中，没有建制的比例最高的前三项依次是“大学章程”、“风险预警防控办法”和“自由裁量权”。都有的三项制度为“两会议事规则”、“信息公开实施办法”和“‘三重一大’决策制度”。

对于以上统计结果，我们主要有以下几点认识：第一，“大学章程”、“自由裁量权”和“风险预警防控办法”是建设十分不足的几项规章制度，但是目前已受到学校高度关注。以上几项制度建设不足的主要原因是相关规章制度建设的法律依据、审批程序及认定主体不明确，高校之间互相观望的态度较明显，如大学章程的制定。这和实地访谈结果也是相一致的。目前，这几项制度备受重视又和教育部的相关政策激励有很大的关系，如《国家中长期教育改革和发展规划纲要（2010—2020年）》和《高等学校章程制定暂行办法》（2011年）。第二，“信息公开实施办法”、“教代会议事规则”和“党委会和校长办公会议事规则”的建设情况之所以在调研统计中比例最高，与这几项制度都有来自教育部的指导文件和政策的强力推行有关系，如1996年公布的《中国共产党普通高等学校基层组织工作条例》、2010年3月30日第5次部长办公会议审议通过的《高等学校信息公开办法》以及2011年11月9日第34次部长办公会议审议通过的《学校教职工代表大会规定》等。以上几项制度建设的同构性现象也较明显，这可以通过对各高校校园网公布的以上制度规则的文本内容比较分析了解到。第三，制度建设不足与已有制度流于形式现象并存，权力的非制度化运行现象明显，如教代会的实际运行情况与教代会议事规则和其他制度规定不符的现象等。造成以上现象存在的主要原因在于各项议事规则的上位法，即大学章程的法律依据和法律效力还不清晰，因此，作为章程下位法的内部规则的法律依据、法律效力也是不明确的，规则流于形式和失效的现象在所难免。

由于以上原因，我们所调研的八项制度建设情况中，全部建设完备的仅有6所学校，仅占调研学校的9.38%。而缺2—3项的比例最高，均占到调研学校的23.44%（见表5-2、图5-2）。

表5-2　　八项规章制度建设情况综合统计

	全有	缺1项	缺2项	缺3项	缺4项	缺5项	缺6项	缺7项
学校数（所）	6	14	15	15	9	3	1	1
百分比（%）	9.38	21.88	23.44	23.44	14.06	4.68	1.56	1.56
累积百分比（%）		31.26	54.70	78.14	92.20	96.88	98.44	100

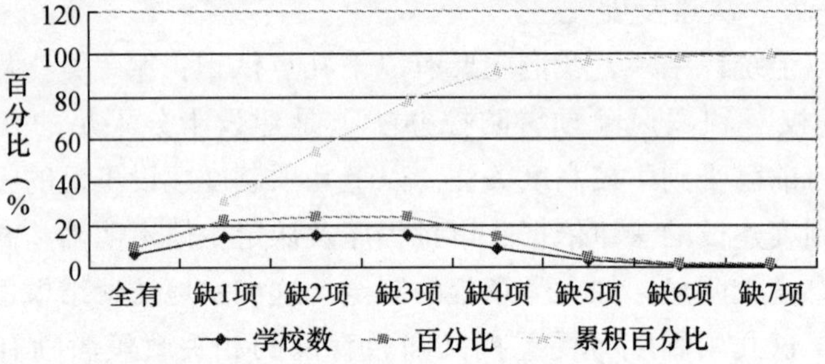

图5-2　各项规章制度的有无情况统计曲线图表（数据截至2012年年底）

以上是对以制度制约权力机制建设和运行情况的调查统计。统计结果显示，完善和制定大学章程等各项权力运行的规章制度，实现依法治校是我国高校当前和今后一段时期要重点解决的议题，这是构建以制度制约权力机制的核心内容。此外，明确高校内部各项规则的法律依据、法律效力、执行监督程序等也是迫切需要解决的课题。

高校发展的历史表明，明确高校的独立法人地位，以大学章程等为主要形式的制度制约权力机制是制约高校内部权力运行最基本的形式。我国《高教法》已明确了高校的独立法人地位，这为高校完善制度制约权力机制奠定了法律基础。

从权力的类型和治理结构而言，我国公办高校内部权力结构是一种“决策、执行、审议监督”分工负责的权力结构关系。其中，校党委会是决策权力，党委书记是全体委员的“班长”，负责主持召开党委会议等，党委会主要代表执政党在高校的权力意志；校长是执行权力，校长通过校长办公会或校务委员会行使手中的权力。校长由政府任命，受政府委托，代表的是行政权力的意志；入选学术委员会的教授和具有教代会代表身份的教职工则代表的是审议咨询与监督权利，代表的是学术权力和民主权利的利益。以上三类权力是一种分工负责的关系，是和党的十七大、十八大报告提出的“建立健全决策权、执行权、监督权既相互制约又相互协调的权力结构和运行机制”相吻合的（十七大报告第六条第6款）。从以上分析可以了解到，大学除校长权力具有个体性外，其他权力都是由“集体成员”构成，通过“集体决策”和“民主集中”的方式做出决策，如党委会的决策、学术委员会和教代会的议事方式。其具体决策机制是通过“记名或无记名投票、举手表决和过问”等方式以会议形式议决。从此意义而言，我国高校内部的权力制约机制除正在建制和完善的各项规则与制度制约权力的机制外，还有以下几种权力制约机制类型：

（1）“集体权力、会议决策”与“首长负责制”。集体权力是指权力的主体构成由两个及两个以上的成员构成，成员之间的关系是一种平等的合作关系，而不是上下级关系，决策机制实行集体决策和民主集中的形式，遵循多数票决制。权力主体集体化的目的是为了防止权力的个人化和决策中的专制化。通常以委员会的形式运行，是相对于“首长制”权力运行机制而言的，如党委全委会与党委常委会等。根据2012年11月14日修订通过的《中国共产党章程》（以下简称《党章》）第10条第5款规定，“党的各级委员会实行集体领导和个人分工负责相结合的制度。凡属重大问题都要按照集体领导、民主集中、个别酝酿、会议决定的原则，由党的委员会集体讨论，做出决定，委员会成员要根据集体的决定和分工，切实履行自己的职责”①。《中国共产党普通高等学校基层组织工作条例》（2010年修订）第3条对以上决策权力主体集体化和集体决策机制也有说明。《党章》（2012年修订）第二章第16条、党的十八大报告第十二条第8款同时规定，“任何党员不论职务高低，都不能个人决定重大问题；如遇紧急情况，必须由个人做出决定时，事后要迅速向党组织报告。不允许任何领导人实行个人专断和把个人凌驾于组织之上”。以上规定明确了高校党委会作为最高决策权力和领导核心，其决策的基本原则是“集体决策、讨论决定”，党委全委会、党委常委会等都以会议议决的形式运

① 《中国共产党章程（2012）》，中央政府门户网（http：//www. gov. cn/jrzg/2012 - 11/18/content_ 2269219. htm）。

行，强调党委的领导是集体领导而不是党委书记个人领导，是党委委员集体决策而不是党委书记个人决策。权力主体“集体化”的目的正是为了防止决策权力的个人专制，是和社会主义民主政治的决策体制机制相吻合的，是一种体制内的权力制约权力机制。

首长负责制是指各级政府及其部门的首长在民主讨论的基础上，对本行政组织所管辖的重要事务具有最后决策权，并对此全面负责。[①] 首长负责制在高校主要指校长作为学校法人代表和行政首席负责人，对学校的各项管理工作负责，具有在校长办公会或校务委员会会议讨论的基础上做出最后决策的权力。校长和校长办公会或校务委员会其他成员之间是一种上下级关系，校长在参考其他成员意见的基础上，有做出最后决定的权力。从校长权力运行的机制看，校长的行政首长负责制也是民主集中制的一种形式，其决策也主要是通过行政会议做出的，是与党委的集体领导相结合的。会议决策和首席负责制有利于对校长行政权力的制约和问责。

学术委员会和教代会的运行机制也主要是以“会议”的形式运行，通过学术委员会会议和教职工代表大会的形式发挥审议咨询和民主监督职责。各委员会委员与代表本着平等协商、民主集中的原则集体做出决策咨询。会议和协商民主的决策机制防止了学术权力的个人垄断与审议监督权力的个人化。集体决策机制是我们党革命实践探索的结果，经历了从领袖制到集体领导体制的演变过程。高校权力的集体化与集体决策正是对集体领导的政治体制机制在高校组织的落实和体现。从制度设计而言，高校内部并不存在制度意义上的两个“一把手”的问题，真正的“一把手”是指作为学校法人代表的校长。

（2）分工负责机制与程序制约机制。分工负责机制和分权制约机制不同，分工负责的权力主体之间可能是科层化的领导与被领导关系，也可能是平等的权力关系；而分权制约机制则体现为拥有有限决策的权力之间是一种相对独立的或平行的权力关系，各权力均拥有决策的差异优势。狭隘的分权制约机制主要指“立法、行政、司法”三权分立制约机制。我国公办高校内部的党委会、校长与校长办公会、学术委员会和教代会之间实际上是一种校党委一元权力领导下的分工负责体制机制。“四会”之间是直接或间接的领导与被领导关系和层层负责关系。校党委会通过把握办

① 《首长负责制》（http：//baike. baidu. com/view/1027865. htm）。

学方向、掌握重要人事任免、重大机构与制度立废、重大财务等方面的终决权，获得了学校最主要的权力资源，与其他委员会形成直接或间接领导关系。其他各委员会分别负责有限范围的权力职责，和党委会之间是一种上下负责关系。上级领导权力享有对下级权力主体负责人的提名、任命权，以此形成对下级权力主体行为的监督和约束。因此，可以说，提名任命机制是这一机制的具体手段，保证了权力上下负责关系的维持。《高教法》第41条第3款和《高校组织工作条例》第10条第3款都规定校党委会和校长具有讨论决定学校内部组织机构负责人人选的权力。

程序制约权力机制是制度制约权力机制最主要的一种形式，一般以“议事规则”的形式表现出来。在制度既定的情况下，程序正当是处理各类权力关系的重要机制，如校党委会和校长办公会在决策重大学术事务或教师福利事宜时，必须在学术委员会或者教代会先行讨论通过后才能做出最终决定。从程序上，学术委员会及教代会对校党委会和校长办公会的决策形成一定的制约。其他的如有关自由裁量权行使的程序问题，人事任免的程序问题等。如武汉某大学《校长办公会议事规则》第十条规定，校长办公会从议题提出到上会决议的程序如下，“议题提出前，分管校领导和相关部门应进行充分调研、论证和协商。与师生员工利益密切相关的事项，应通过教职工代表大会或其他形式听取意见和建议。对专业性、技术性较强的重要事项，应事先进行专家评估论证，技术、政策法律咨询，提交论证报告或立项报告。按照《学术委员会章程》规定应由学术委员会事先审议的，要先通过学术委员会审议。”这是对权力关系在决策程序上的规定。

（3）董事会或理事会制：社会权利制约权力机制的构建。新中国公办高校董事会的创建主要有两个集中的时期，一是20世纪90年代前后，以1987年汕头大学①董事会的成立为始端，先后有对外经济贸易大学（1989年）、中国矿业大学（1989年）、中国传媒大学（1994年）、湖北大学（1996年）和复旦大学（1997年）等；二是21世纪的前10年，如东南大学（2000年）、江南大学（2001年）、苏州大学（2002年）、武汉

① 汕头大学是1981年经国务院批准成立的广东省属“211工程”重点建设综合性大学，是教育部、广东省、李嘉诚基金会三方共建的高等院校，也是全球唯一一所由私人基金会——李嘉诚基金会持续资助的公立大学。

大学（2003 年）、华北电力大学（2003 年）和同济大学（2005 年）等。[①]其中，前一个阶段创建的动力源自 1985 年《关于教育体制改革的决定》颁布后各高校对内部治理结构的创新性探索；后一个阶段的动力主要是借助董事会机制缓解高校扩招引致的资源紧缺问题。2011 年审议通过的《高等学校章程制定暂行办法》第 13 条对高校董事会或理事会的成员构成作了规定，并要求在大学章程中明确董事会或理事会的地位、作用与议事规则等。尽管到目前为止，董事会在高校中的地位、法律依据和权责还不是很清晰，但是董事会作为社会权利参与大学决策机制的引入，意味着社会权利制约权力机制建构的探索。

以上只是从制度设计的层面对我国公办高校内部权力制约机制的分析。在实际运行中，各类权力制约机制效果如何，还需从各权力实际关系和运行情况进行分析。

第二节　我国大学内部权力制约机制运行绩效

从制度设计考虑，我国公办高校内部权力制约机制类型主要有：以集体化权力和集体决策为特征的体系内的权力制约权力机制，党委领导下的分工负责机制，以各项议事规则、在建的大学章程为形式的制度制约权力机制、程序制约权力机制和正在构建完善的董事会、教代会为形式的社会权利和民主权利制约权力机制等类型。本节围绕这几种权力制约机制的实际绩效进行讨论。

一　集体权力、集体决策与分工负责机制运行的效果

党委集体领导与校长个人分工负责机制实际上是一种特殊的权力制约权力机制。这种权力制约机制是建立在一元权力领导体系结构基础上的自上而下的权力监督关系。根据《高教法》和《高校组织工作条例》，我国公立高校内部权力制约关系主要体现为“校党委会、校长及校长办公会或校务委员会、学术委员会与教代会”“四会”之间的制约关系。“四会”

① 周群英：《合理性与合法性：中国公立高校董事会的实践与争议》，《现代教育管理》2009 年第 8 期。

权力都以会议决策为特征，尽管校长具有行政决策的最终决定权，但是校长的决策也以校长办公会的形式遵循集体协商和民主集中的决策原则做出决定。“四会”都有相应的负责人，如党委会的书记、校长办公会的校长、学术委员会的主任、教代会主席团的团长。由于集体领导是一种权力制而不是责任制。[①] 集体做出的决策结果只能归咎于集体，但是“集体”无法“承担责任”，因此，需要寻求通过分工协作将集体责任转化为个体责任，形成首席问责机制和分工负责机制。这样处理后，“四会”关系在非正式沟通过程中就演变成主要负责人或首席负责人——书记、校长、学术委员会主任和主席团团长或工会主席之间的沟通关系。但是，由于学术委员会在很多学校实际运行频率并不高，有些院校甚至几年都不召开学术委员会会议，学术委员会主任职位因此基本成为一种荣誉职位或者由在任校长兼任。教代会一般一年召开一次，其对学校重大决策的影响有限。这样，学校重大事务和日常事务决策的非正式沟通基本是党委书记与校长之间的沟通。有些重大决策实际上就是所谓的两个“一把手”的决策。这从本书的访谈工作中也有所反映。下面是某几所大学副校长有关大学内部权力制约机制运行情况的访谈实录：

> A 副校长：实际上，学校的事情就是两个“一把手”（校长和党委书记）决定的，其他人基本是知情权，没有太多的表决权。学校的权力关系主要就是党政“一把手”权力关系。对于两个“一把手”配合问题（关系），主要取决于个人的素质、觉悟甚至可以说和个人工作能力、作风、人品都有很大的关系。如果说校长和书记有“裂缝”，那下面的班子就是一条“鸿沟”，如果两人配合好，那班子成员相对来讲配合得就比较好。在“三重一大”决策问题上，这个大家都很清楚，领导班子集体决策，基本上是没有什么太大的分歧。大家都是之前做讨论，讨论完了后，校长和书记再沟通一下，统一意见，再上会做出决策的。开会时一般先让大家发表意见，然后根据大家的意见，还有他们（两个“一把手”）自己的一个判断，做出决策。为了体现民主与监督原则以及校务公开原则，一般会让工会和监

---

① 云谷川：《集体领导体制存在很大弊端》，中国共产党新闻网(http：//cpc. people. com. cn/GB/74166/74193/5249191. html)，2007 年 1 月 5 日。

察部门等相关部门的负责同志参会，但他们不会有太多的发言权，更谈不上影响决策了。这在地方性本科院校情况可能还是比较普遍的，对于重点高校，可能情况要好一些吧！毕竟不同层次的学校，可能它的权力运行环境还是有些不太一样。①

B副校长：我们学校两个“一把手”配合还是比较好的。对于这一点，我觉着只要认识到学校的整体长远发展，就问题不大，这和个人的素质有关。如果从个人立场出发，那可能会有一些分歧。所以，我认为主要是两个人的认识问题。在“三重一大”问题上，除领导班子集体决策外，一般涉及哪一块工作，可能会要求这些部门负责人来参会。开会前，这些部门机构要先讨论，并拿出一个成熟的方案，然后再上会，会上根据这些信息做出决策。一般来说，职能部门没有通过的议题是不能上会讨论的。②

从这两位校长的访谈和实际调研中可以了解到，公办高校尤其地方性公办本科院校内部重要事项决策实际上已成了两个“一把手”的决策，偏离了权力制约关系设计的初衷。尽管学校决策的形式和程序遵循了“集体领导与集体决策”的原则，但是很多重大决策，在上会决策前就已经有了结论，会议决策成为会前个人决策的合法机制。正如某地方本科院校C副校长所说：

校党委会会议决策时，大家对党委书记的意图心知肚明，表决时，基本都是按照党委书记的意图作出决策，因此，决策的结果是党委的意图还是党委书记的意图实际是很难区分的。

“集体领导是党的领导的最高原则之一。从中央到基层的各级党的委员会，都要按照这一原则实行集体领导和个人分工负责相结合的制度。凡是涉及党的路线、方针、政策的大事，重大工作任务的部署，干部的重要任免、调动和处理，群众利益方面的重要问题，以及上级领导机关规定应由党委集体决定的问题，应该根据情况分别提交党的委员会、常委会或书

① 某地方本科院校副校长访谈录，在此隐去访谈人及访谈学校信息。

② 某省属重点大学副校长访谈录，此处隐去访谈人及访谈学校信息。

记处、党组集体讨论决定，而不得由个人专断。”① 这是1980年2月党的十一届中央委员会第五次全体会议通过的《关于党内政治生活的若干准则》第二条规定，该条同时规定，“书记和委员不是上下级关系，书记是党的委员会中平等的一员。书记或第一书记要善于集中大家的意见，不允许搞‘一言堂’、‘家长制’”。而有关党委会集体领导与集体决策的原则在《党的基层组织工作条例》（2010年修订）第3条中也有明确说明。但是实际运行中，集体决策成为两个“一把手”决策的合法外衣，没有起到约束和预防个人专断的效果。“党委领导下的校长负责制”在一些学校以“党委书记领导下的校长负责制”方式运行。再加上党委书记和校长身份的特殊性，集体领导与集体决策机制实际已蜕变成了“两个‘一把手’”的权力博弈机制。并且，正如访谈中所了解到的，当二者站在学校的立场时，二者具有积极的权力制约关系，但当二者站在个人立场决策时则具有消极的权力制约关系。又因为党委书记和校长的个人能力等因素影响而形成了具有校本化的“哥俩好”、“强弱型”、“对峙型”权力博弈文化。这种情况下，集体领导与集体决策机制就进一步演变成了依靠“个人道德修养”制约权力的道德约束机制。这是一种弱的权力制约机制。

二　以大学章程和议事规则为形式的制度制约权力机制运行效果

大学章程起源于中世纪大学的特许状，是大学依法办学和依法治校的法律依据。取得法律效力的大学章程对大学内外部权力关系及其规范运行具有制度和程序两方面的制约和约束效果。我国大学章程的建设主要集中在三个时期，一是以《钦定京师大学堂章程》（1902年）、《奏定京师大学堂章程》（1903年）为代表的清末大学章程的制定；二是以《国立北京大学章程》（1912年）、《东南大学组织大纲》（1921年）、《国立北京大学现行章程》（1920年）等为代表的民国时期大学章程的制定；三是以1999年《高等教育法》颁布实施和2012年《高等学校章程制定暂行办法》、2013年《中央部委所属高等学校章程建设行动计划（2013—2015年）》颁布实施以来的近十年大学章程集中制定的时期。

---

① 《关于党内政治生活的若干准则》，中央政府门户网（http：//www.gov.cn/test/2007－07/06/content_674817.htm）。

为深入推进教育部及中央部属高等学校章程建设，加快现代大学制度建设，根据《高等教育法》、《高等学校章程制定暂行办法》（2011 年）等相关规定，国家教育部又颁布制定了《中央部委所属高等学校章程建设行动计划（2013—2015 年）》等指导性文件。该计划实施目标要求到 2015 年年底，教育部及中央部门所属的 114 所高等学校，分批全部完成章程制定和核准工作；“985 工程”建设高等学校 2014 年 6 月前完成章程制定；“211 工程”建设高等学校 2014 年年底前完成章程制定工作。[①] 截至 2015 年 6 月 26 日，全国 112 所“211 工程”高校（含 38 所“985 工程”高校，军事院校除外）的章程在教育部全部完成核准发布工作。

实际上，为了保证高等学校章程制定工作，教育部先后发布《高等学校章程制定暂行办法》（2011 年）、《学校教职工代表大会规定》（2011 年）、《全面推进依法治校实施纲要》（2012 年）、《中央部委所属高等学校章程建设行动计划（2013—2015 年）》、《高等学校学术委员会规程》（2014 年）、《普通高等学校理事会规程（试行）》（2014 年）等多个文件指导章程的制定工作。并且，原则上要求 2015 年年底前实现全国各类高校“一校一章程”的章程制定目标。[②] 表明国家实现依法治校，建立现代大学制度的决心。

根据本书前期对 64 所高校大学章程有无的调查结果显示，2012 年年底之前，有大学章程的高校仅占我国公办高校总样本的 51.6%。说明有近半数的高校（截至 2015 年年底，我国有普通高校 2553 所，成人高校 292 所）是在没有大学章程的情况下运行的。即使制定有章程的大学，章程对于规范学校管理的效果并不理想。大学党委书记和校长只要按照国家政策办学就能将学校运行下去，这与我国大学长期存在的行政依附性和独立法人地位落实不到位有关。下面主要对第三阶段大学章程制定之前已有的大学章程对学校内部权力运行的制约和规范效果，以三所高校为例进行文本分析说明（见表 5－3）。

---

① 《中央部委所属高等学校章程建设行动计划（2013—2015 年）》，http：//www. moe. gov. cn/publicfiles/business/htmlfiles/moe/s7742/201311/160160. html。

② 《全国“211 工程”高校章程全部核准发布》，http：//www. moe. edu. cn/jyb_ xwfb/gzdt_ gzdt/s5987/201506/t20150630_ 191785. html。

表5-3　　三所公办高校大学章程有关内部权力制约的文本分析

项目	吉林大学章程①	兰州大学章程②	中国政法大学章程③
有关党委会权责说明	第十九条（具体内容见附录3，下同）	第十三条（具体内容见附录4，下同）	第十七条（具体情况见附录5，下同）
有关校长及校长办公会权责说明	第二十一条	第十五条	第二十条
有关学术委员会权责界定说明	第二十四条；第二十五条	第二十二条	第二十二条；第二十三条
有关教代会权责界定说明	第二十六条	第二十七条	第二十五条；第二十六条
其他相关治理权力说明	第二十条	第十四条；第四十三条	第十九条；第二十一条
章程法律依据、效力说明	根据法律规定，制定本章程	根据《中华人民共和国教育法》、《中华人民共和国高等教育法》、《中华人民共和国教师法》等有关法律、法规和行政规章，结合本校实际情况，制定本章程 第五十五条	根据《中华人民共和国教育法》、《中华人民共和国高等教育法》等法律，制定本章程
章程修订审议程序及解释权归属说明	第七十条	第五十四条	第六十六条；第六十七条；第六十八条；第六十九条

注：以上三所学校章程内容均来自相关网页资料，详细内容见附录3、附录4、附录5。

与《高教法》和《高校组织工作条例》相关内容比较分析发现，三所学校章程有关党委和校长的主要权力和职责基本是按照高校基层组织工

① 《吉林大学章程》，http：//guihc. buct. edu. cn/xiangguan/2007926105646. asp？newsid = 170。

② 《兰州大学章程（草案）》，http：//dpo. gzu. edu. cn/s/42/t/427/6e/6c/info28268. htm。

③ 《中国政法大学章程》，http：//www. cupl. edu. cn/html/xwgk/col1826/2012 - 12/14/20121214160209235887619_ 1. html。

作条例、党章和《高教法》有关党委和校长的权责规定形成文本，具有较强的同构性。有关学术委员会的权力及下设委员会的职责也基本限定在学术事务的审议咨询方面。在具体阐述上，兰州大学章程对学术委员会成员构成资格进行了说明，并明确学术委员会是学术事务决策组织，而吉林大学和中国政法大学章程仅对学术委员会审议学术事务的权力进行了说明，而且相比党委会和校长权力的描述，着笔较少。关于教代会的规定，除共同明确教代会是教职工参与学校民主管理与监督的基本形式外，三所学校新修订的大学章程对教代会版权责进行了详细说明，如兰州大学章程和中国政法大学章程。中国政法大学章程明确指出教代会具有大学章程修订审议权和教职工福利事务决定权等详细的权力规定。同时，三所学校章程都包含对纪律检查委员会职责说明的内容。兰州大学章程还包含有关校理事会职责的说明，校理会相当于大学基金委员会，同时发挥议事咨询功能。中国政法大学章程则明确说明其校内委员会是学校发展咨询组织。

有关大学章程的法律依据，表述虽不同，但基本都是以教育法和高等教育法为法律依据。但有关章程的法律效力、章程与校内其他议事规则之间的法律关系、修订程序和司法程序等内容则没有作说明。有关章程的修订权限和解释权限表述也不尽相同。吉林大学规定章程的修订是经校务委员会和教代会审议、党委会通过，报教育部备案即生效。根据其程序，章程解释权在党委会；兰州大学规定章程的制定修改经学权教职工代表大会讨论、学校教育会议讨论通过，学校党委常委会审定，经法定代表人签发报国务院教育行政部门核准后生效；中国政法大学则规定章程的修订程序为校长提请教代会，由教代会审议通过，报教育部备案即生效。中国政法大学章程还明确规定章程的解释权在教代会。说明在“党委领导、校长负责”的权力结构架构下，大学内部权力实际运行流程略有不同。

通过对三校章程的分析，我们有以下几点认识：第一，章程的法律效力还不够明确。章程的制定过程没有进入法律程序，也没有相关法律机构的法律效力认定。对于违背章程规定进入司法程序的相关说明也没有。教育部备案的章程处于我国高教行政法系的何处位置不够明晰。第二，大学内部权力的实际运行与大学章程的关联性还不够密切，制定的章程体现了学校哪些群体的意志和立场还不明确，章程有关大学与政府等外部关系的说明不够清晰。第三，章程有关大学自治权力的说明不多，除明确了党、政权力的职责外，对学术权力、教代会权力的规定还不够明确和详细。第四，章程修订的程序不确定，大多数大学将章程的修订审议权赋予了校党委会，违反了决策者自己为自己立法的逻辑，而关于大学教师和学生参与章程修订的程序和权益说明不多。以上问题也是大学章程社会认可度低，实践性不强的原因。

学术委员会是学校的学术审议机构，从学术委员会的成员构成看，“双肩挑”人员在学术委员会中占的比例较大，学术委员会的决策因为学术委员会委员行政身份的影响容易演变成广义的行政决策。调研访谈中我们了解到，某地方本科院校二级学院院长基本都是学术委员会的委员，无行政职务的教授人员凤毛麟角。被访谈的某学院院长透露，在担任某二级学院院长时，其是学术委员会的当然成员，但是当从二级学院院长岗位退下来后，学术委员会委员资格就自动被取消了。

教代会在党委的领导下，其情况类似于学术委员会，半数以上甚至2/3的主席团成员由行政人员构成，其审议决策过程的泛行政化运作明显，没有能体现《高教法》和大学章程中有关教代会代表广大教师权利发挥民主管理与监督权利的宗旨。原则上的“决策、执行、监督”分开运行、相互制约的内部权力关系结构在实际运行中有向“议行合一”的权力运行模式蜕变的趋势。《高教法》第30条规定，“高等学校自批准设立之日起取得法人资格。高等学校的校长为高等学校的法定代表人。高等学校在民事活动中依法享有民事权利，承担民事责任”。《民法通则》第36—37条规定，“法人是依法成立、具有民事权利能力和民事行为能力，依法独立享有民事权利和承担民事义务的组织”。根据民法通则的规定，作为独立法人的高校组织原则上应具备的人事权与资源配置等权力并不完全为校长这一法人代表所拥有。“四会”制度设计的“决策—执行—审议监督”相互协调和制约关系与实际上的党政两个“一把手”的权力博弈问题和决策中的“议行合一”问题，使大学章程蜕变成对外证明合法性的依据，而对高校内部权力约束的法律严肃性还远远不够。

校内的其他议事规则等管理文件的法律依据也不清晰。以上除兰州大学明确说明校内规章制度的依据是大学章程外，吉林大学和中国政法大学都没有明确说明其校内规则的法律法规依据。类似的如湖北某大学校长办公会议事规则除对会议的议题范围、参会人员等程序内容做了说明外，并没有有关该规则法律依据的任何说明。这意味着校内繁多的议事规则等属于没有法律效力的日常文件，其对权力的制约和约束效力具有了不确定性。这也是大学内部存在“朝令夕改”现象的根本原因。

2013年11月28日，首批核准颁布的6所高校章程及以后制定核准颁布的大学章程明显在大学自主权问题、党政权力运行范围和职责、学术委员会权责、教师职工与学生权力等方面做了较为详细的规定。有的学校，如东南大学甚至明确规定校长办公会的参会人员身份。那么新一批大学章程能否达到规范大学权力的预期运行绩效，还需要一定的时间进行验证。

三　以董事会或理事会制为主要形式的社会权利制约权力机制运行效果

2010年的《国家中长期教育改革和发展规划纲要（2010—2020年）》第十三章第40条明确提出“探索建立高校理事会或董事会，健全社会支持和监督学校发展的长效机制”。[①] 2011年审议通过的《高等学校章程制定暂行办法》第二章第13条也明确提出有关董事会的事宜，2014年教育部又制定颁布《普通高等学校理事会规程（试行）》，这意味着我国高校建立董事会有了明确的制度依据。

截至2012年年底，我国高校董事会建设情况，“985”高校（39所）有27所建立了董事会，建立的比率是70%，“211工程”高校（116所，除同时为“985工程”的高校外实为78所）是34所，建立的比率是44%。从董事会发挥的职能看，公办高校的董事会主要有半决策型的，如汕头大学校董事会；咨询型的董事会，如暨南大学等；产学研对口支持型的，如中国矿业大学校董事会。半决策型董事会是学校建校或运行经费等的主要资助者，董事在捐建学校的股东中产生，董事长由最大的股东担任，董事会拥有学校重大事务审议指导权，校长或副校长人选提名权，但董事会不作为学校法人行使学校最高权力，如汕头大学董事会。[②] 咨询性董事会主要对学校进行基金支持，有权对学校发展规划和工作报告进行审议、质询，监督捐赠基金使用情况，并具有提名推荐校长和副校长的权力，如暨南大学。[③] 对口支持型董事会一般通过聘请对口行业领域人士担

① 《国家中长期教育改革和发展规划纲要（2010—2020年）》，中国法制出版社2010年版，第29页。

② 董事会（http：//version2008. stu. edu. cn/version2007/about/intro/ai－directorate. asp）。

③ 《暨南大学董事会章程》，http：//dsh. jnu. edu. cn/constitution. html。

任董事，指导学校发展规划、人才培养计划和项目开发工作，是一种产学研合作的形式，董事长由校长担任，对学校发展提供决策咨询，如中国矿业大学（北京）董事会。[①] 从董事会董事身份背景构成等方面来看，董事会代表的是广泛的社会群体利益，他们参与大学治理有利于完善大学内部权力制约监督机制，平衡大学内部治理关系。

从实际运行效果看，我国高校董事会在大学中的地位主要是咨询性组织，是以学校资金筹集与监管委员会的形式存在。对大学的决策还没有起到实质性的影响，这与美国高校董事会的地位是不同的。对于董事会或理事会的法律地位、组织性质，以及董事会与学校其他权力之间的关系，高等教育法、国家中长期教育改革和发展规划纲要、大学章程制定暂行办法等政策文件中都没有明确的说明，这可能与董事会进入大学仍处于探索阶段有关。

从相关大学的董事会章程了解，董事会的地位也不尽相同，如汕头大学校董会章程对董事会职责的描述是"协助政府加强对汕头大学的领导，为学校的建设和发展进行积极的实质性的工作，对学校的重大决策进行审议和指导"。[②] 董事会好像是低于政府高于学校的一个外部性行政评估与监督机构，董事会章程在省政府和教育部备案。而中国矿业大学（北京）董事会章程则将董事会规定为是学校和社会企业组成的指导、咨询和监督学校办学行为的组织，其董事会好像是社会民间组织，章程中没有提及在任何机构备案之事。[③] 暨南大学董事会章程则规定董事会是协助国务院侨务办公室办好暨南大学的咨询组织机构，董事会审批权在国务院华侨办公室，董事会章程在国务院华侨办公室备案。[④] 暨南大学董事会好像是监督大学办学行为并提供咨询的政府组织。中南大学董事会章程则规定董事会是学校的非行政常设机构，是对学校重大问题进行咨询、评议、监督的咨议组织，不影响中南大学既有的办学性质。[⑤] 中南大学董事会又显然是学校党政权力领导下的学校内部组织。

---

① 《中国矿业大学（北京）董事会章程》，http：//dpd. cumtb. edu. cn/Dsh/ZhangCheng. aspx。

② 《汕头大学校董会章程》，http：//mms. stu. edu. cn/mmsweb/detail. aspx？id = c8de65d4 - 1821 - 4e20 - b752 - 018b7161ad56。

③ 《中国矿业大学（北京）董事会章程》，http：//dpd. cumtb. edu. cn/Dsh/ZhangCheng. aspx。

④ 《暨南大学董事会章程》，http：//dsh. jnu. edu. cn/constitution. html。

⑤ 《中南大学董事会章程》，http：//ghb. csu. edu. cn/News/NewsContent. aspx？NewID = 499。

董事会与校内各权力关系的模糊性使得董事会地位比较尴尬，至少在法律上难以有恰当的定位。而根据《高教法》、《高校组织工作条例》等法规制度，董事会是不可能超越校党委会和校长办公会成为学校的最高决策权力或行政执行权力组织。从董事会的工作绩效看，董事会主要发挥了办学资金筹集与监管的职能，如中南大学校董事会的实际运行绩效主要是对学校的办学资金、科研成果转换、人才培养与就业等方面的贡献，而与大学决策的相关性不是很高。① 在这种情况下，董事会作为代表社会群体利益相关者并没有实质性地参与影响大学的重要决策，其对大学内部权力的平衡和制约效果是不明显的。

代表学校内部师生权利利益的教代会（工会）参与大学决策，平衡大学内部权力结构关系和体现教师群体民主管理与监督权利的效果还没有充分发挥出来。这一方面有学者已做了专门研究②，不再赘述。

第三节　我国高校内部权力制约机制运行评价

从制度设计而言，我国高校内部治理结构是典型的“委员会制”与“首长负责制”相结合的“混合型”权力运行的体制机制。从学校的最高决策权力而言，校党委会实行“集体领导、民主集中”与“集体决策”和“个人分工负责”的权力运行方式。校党委会内部各成员是平等的委员关系，拥有同等的权力，决策原则实行民主集中制。党委书记仅仅是会议的召集者、组织者和其他党委成员的联络人。这符合委员会制组织决策特征。校长是学校的法人代表，是学校的最高行政执行权力，享有全面负责学校行政事务的权力与责任。校长权力的运行机制主要是校长办公会议，校长通过主持校长办公会议，在充分听取全体与会人员意见后享有做出最后决定的权力。③ 校长与副校长之间不是一种平行的权力关系，副校长须向校长负责。这符合“首长负责制”组织决策特征。总体上，党委领导下的校长负责制权力决策机制是一种“混合型”决策机制。

原则上，大学内部权力制约机制设计是符合这一内部治理结构要求

① 《董事会工作简讯》，http：//ghb. csu. edu. cn/News/NewsContent. aspx？NewID＝349。

② 郭卉：《权利诉求与大学治理——中国大学教师利益表达的制度运作》，中国海洋大学出版社 2009 年版。

③ 李胜利：《对党委领导下的校长负责制的几点思考》，《中国高等教育》2011 年第 5 期。

的。但是从权力制约机制的实际运行效果看，存在一定的权力制约机制非制度化运行的情况。主要可归纳为以下几对矛盾问题：一是党委领导（决策）与党委书记领导（决策）的问题；二是大学权力与民主权利的矛盾问题；三是两个“一把手”问题；四是基于非正式人际关系的权力运行文化问题，以及法治与人治的矛盾问题和决策中的个人立场与组织立场的矛盾问题等现象。

“非制度化”在这里主要有两种指向，一是相对“制度化”而言；二是相对“制度空缺”或“无制度”而言。在前一层含义下，“非制度化”主要指权力在实际运行过程中没有按照已有的“制度”、“法规”、“规则”设计的规程、程序、路线运行，从而造成权力的运行偏离了制度设计的原有目标和运行效果，如“党委领导（决策）”与“党委书记领导（决策）”的问题，以及在“党委领导、校长负责”的框架下形成的“哥俩好”、“强弱型”和“对峙型”等校本化的权力运行问题；后一层含义下，“非制度化”主要指权力运行没有既定的制度、规则、法规可依，或者权力运行规范处于制度建制的探索阶段，如“自由裁量权”的使用与规范问题，大学里的“双肩挑”权力主体行为规范问题，以及基于非正式人际关系而形成的利益联盟关系等。

一 党委领导（决策）与实际上的党委书记领导（决策）的问题

虽然《中国共产党党章》（2012 年修订）第十条第五款、《高等学校基层组织条例》（2010 年修订）第三条，及《关于党内政治生活的若干准则》第二部分都有明确规定，高校党委领导的原则是“集体领导、民主集中、个别酝酿、会议决定”。[①] 决策的程序是“集体讨论、做出决定”，决策的主要方式是“会议决策”，即党委全委会会议决策（在党委全委会闭会期间，由校党委常委会代行党委全委会进行决策）。具体的操作程序包括，校党委书记根据党委常委的意见等确定会议议题，由校党委书记或者书记委托的党委副书记主持会议，会议遵循以上原则的基础上，采取口头、举手、无记名或记名投票等方式进行会议表决，表决遵循少数服从多数原则。党委委员要根据集体的决定和分工，切实履行自己的职责。

① 《中国共产党章程（2012 年）》，中央政府门户网站（http://www.gov.cn/jrzg/2012-11/18/content_2269219.htm）。

但是实际调研中却发现，“党委书记决策”现象是学校党委（常委）会运行中存在的一个问题，如被访的某地方本科院校副校长曾经描述，党委会的决策实际就是按照党委书记的意图进行决策的。在会前和会上，党委书记首先直接或者间接地表达个人决策的意向，然后由大家讨论决定。而这个过程中，其他成员，尤其具有副校长职务的党委委员在表决时有着复杂的心理，因为考虑到职位等个人利益的因素，他们通常偏向于根据党委书记对某一问题的决策意向进行表决。在这种情况下，决策的结果是校党委的意志还是校党委书记的意志就很难区分了。这意味着借助决策权力集体机制制约个人专制权力的设计并没有达到理想的效果。党委领导与实际上的党委书记领导，党委决策与实际上的党委书记决策的矛盾问题在一些学校仍然存在。

有学者对党委书记决策现象的原因做了分析研究，认为主要原因在于“制度设计的非周延性”，是一元化政治领导决策体制中的两元实现方式造成的。① 研究者认为，由于有关党委领导下的校长负责制制度的过于笼统描述造成了实际操作的困难。实际运行中，党委会权力的抽象性与党委书记个人权力的具体性之间的矛盾难以协调，党委委员之间的平等关系又难以替代党委书记个人身份的特殊性，因此，只能以“党委书记领导下的校长负责制”代替“党委领导下的校长负责制”落实权力运行的制度设计。这一现象形成的深层次原因是复杂的。其他如校长办公会及学术委员会权力的实际运行效果也存在类似的“个人权力与集体权力”的关系问题。不再赘述。

二　大学中的权力与权利的矛盾问题

大学权力最初是指大学的自治权力，指作为行会特许的大学自由教学权、考试权、学位授予权等。随着大学组织规模的扩大和复杂化，大学里出现了专门管理学术事务的特定职位，如校长、教务长、总务长等。这些人员从纯粹的学术事务服务者逐渐享有了学术事务的管理权甚至决策权，并逐步演化成为大学组织内部专门从事行政事务工作的官僚权力。教师和学生从主要决策权力主体逐步转变成为学术权利和民主监督权利的代表。

① 孙天华：《决策系统的有效整合与降低摩擦成本的关系：对我国公立大学决策机制的分析》，《经济经纬》2004 年第 4 期。

大学内部权力因此被分化成了两类权力——权力与权利。这里的“权利”主要指“学术权利”，而“权力”则主要指基于学术权利让渡而形成的大学里的“公权”，如具有最终决策权的董事会权力、政党权力和校长为代表的行政权力等。这些权力与学术权利之间实质上是一种“委托代理”的“契约”关系，是权力对权利负责，并受其监督制约的关系。而另一种大学权力——学术权力实际上主要是一种基于学术能力和个人人格魅力而形成的“学术权威”，它并不是学术权利让渡的结果，与学术权利之间也不存在委托代理关系。但在实际运行中，以上情况发生了异化。如作为公权的行政权力与政党权力等将自己变成了“授权主体”，与大学的权利主体及基于知识技术的学术权力之间形成了授权委托关系。

目前，我国公办大学内部的“权力”主要指处于决策地位的政治权力（校党委会）和行政权力（校长及校长办公会等），而学术权力主要指进入学术委员会，发挥学术审议和咨询功能的教授权力。学校内部的“权利”则主要由制度化的教职工代表大会代表行使，同时包括最广大的教师和学生群体。学代会的发展还不成熟，现有的学生会主要是学生管理工作的一种机制，并不代表参与学校决策的学生权利。

学术委员会的教授能否代表最广大的学术权利利益，从学术委员会实际运行和已有的研究结果看还不是很理想。以下再以学术权力和学术人员（指具有教授、副教授、讲师和助教专业技术职称的教师）参与学校决策的调查统计为例进行说明（见表 5－4①、图 5－3）。

表 5－4　　学术人员参与学校决策情况的统计

参与决策内容	参与比例（%）	未参与比例（%）
年度工作计划	31.5	68.5
重大规章制度	31.4	68.6
组织机构设置	20.3	79.7
重要人事任免	19.0	81.0
对外合作交流	24.6	75.4
年度财务预决算	13.4	86.6

① 本表根据毕先顺博士调研统计整理而成，参见毕先顺《权力整合与体制创新》，教育科学出版社 2006 年版，第 75—79 页。

续表

参与决策内容	参与比例（%）	未参与比例（%）
学科建设与设置	54.5	45.5
专技考核与评聘	61.9	38.1
津贴福利政策	33.4	66.6
学校战略规划	29.6	70.4

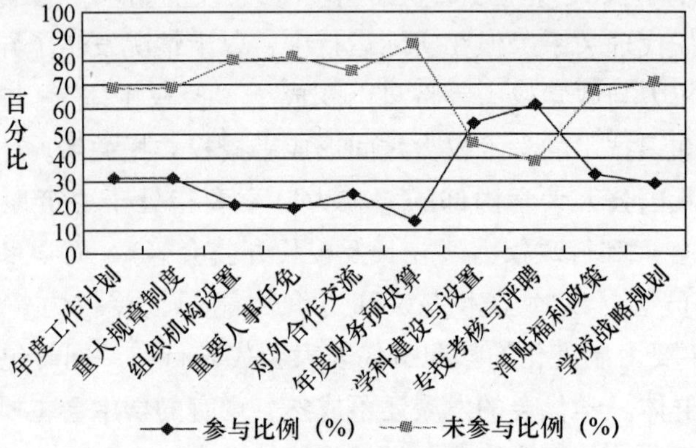

图5－3　学术人员参与学校决策的曲线

根据表5－4和图5－3，我们可以发现学术人员参与决策的主要领域依次是“专技考核与教师评聘”、“学科建设与设置”和“津贴福利政策”。参与度最低的三项是“年度财务预决算”、“（处级以上）重要人事任免”和“组织机构设置”。其他如参与学校规划与规章制度建设等的程度也是比较低的。再从学术人员期望参与学校决策的态度调查看学术权利的相关情况，见表5－5①、图5－4。

表5－5　　　　学术人员参与学校决策的期望

单位:%

	期望参与	无所谓	不期望参与
教授	81.0	18.2	0.8
副教授	82.1	14.5	2.4

① 本表根据毕先顺博士调研统计整理而成，参见毕先顺《权力整合与体制创新》，教育科学出版社2006年版，第88页。

续表

	期望参与	无所谓	不期望参与
讲师	77.1	20.8	2.1
助教	72.0	28.0	0.0

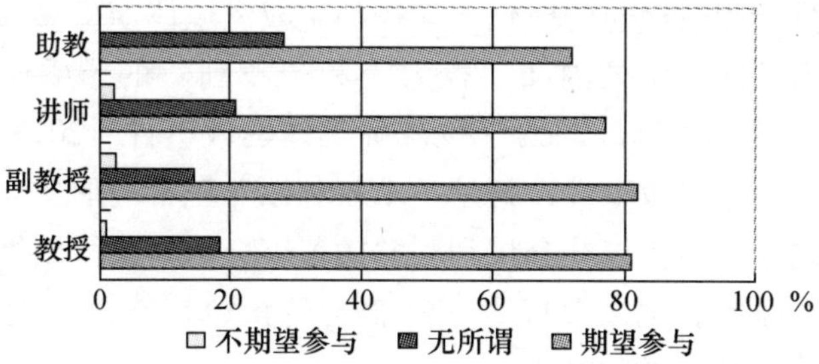

图 5－4　学术人员参与决策的期望值统计

从表 5－5、图 5－4 中可以看出，副教授是最想参与学校决策事务的群体，其次为教授和讲师，而助教为最低的原因可能与其更期望提高专业技术职称以提高待遇等原因有关。不愿意参与学校决策比例最高的学术人员同样是副教授，可能与副教授职称的学术人员处于专业定位和专业发展的重要抉择期有关。但总体上，学术人员（权利）参与学校决策的期望还是比较高的，平均期望值达到 78.05%。

表 5－4 和表 5－5 综合起来说明了学术权利参与影响学校决策的情况还不是很理想，其对学校决策权力的制约效果也是非常有限的。这与我国高校目前内部权力行政化、泛行政化运行的现状是相一致的。目前，学校的校级党、政权力集决策权、执行权与监督权于一体，控制着学校内部的人、财、物的主要配置权力，在大学内部几乎形成权力制约监督的“真空带”。从权力主体构成看，大部分学校的党委会和校长办公会成员构成重叠率较高，会议决策成员仅仅以不同的身份出席会议。① 如某地方本科院校八位校级领导同时都是校党委委员。教育部首批核准公布的东南大学的章程第 39 条明确说明校长办公会人员构成“由校长、党委书记、副校长、党委副书记、总会计师、党委常委、校长助理组成，校办主任、党办

① 刘献君：《论大学内部权力的制约机制》，《高等教育研究》2012 年第 3 期。

主任、监察处处长列席校长办公会议。必要时可指定其他部门负责人、教师代表、学生代表或相关人员列席校长办公会”。[①] 而代表学术权利利益的学术委员会和教代会的相当一部分成员是拥有官僚权力的行政人员，如某地方本科院校学术委员会委员基本由校级行政干部和各二级学院院长构成。这更加不利于平衡高校内部“权力”与“权利”之间的制约关系。

学术委员会和教代会的虚化与学校师生权利主体期望参与影响决策路径不畅的现实，使得学校内部“权力”和“权利”的矛盾比较突出，如2009 年发生在成都实验外国语学校教师集体罢教事件、2013 年发生在重庆工商大学的集体罢教事件，就是学术权利以非正常的形式与大学权力对抗和冲突的表现。而代表社会权利利益的董事会因为法律依据不清和规章制度不健全等原因，也主要以大学基金会的角色存在，对大学内部“权力”难以形成有效制约的效果。

大学内部的权力与权利关系的严重失调和异化使制度设计的“决策权、执行权、监督权”相互制约的体制机制设计在实际运行中已蜕变成“议行合一”的权力运行机制。这不仅违背了大学治理结构设计的初衷，也违背了党的十七大和十八大均提出的“建立健全权力运行制约和监督体系，确保决策权、执行权、监督权既相互制约又相互协调，确保国家机关按照法定权限和程序行使权力”[②] 的要求。以上权力运行机制没有发挥社会主义国家“人民当家做主”的民主制度的优越性。

三 两个“一把手”权力的博弈

大学校长和校党委书记虽然处在同一行政级别，但由于制度对二者关系规定和描述的模糊性与不确定性，使得校长权力在实际运行中面临接受党委的领导还是党委书记领导的矛盾现象。部分党委书记认为自己是党委会的“班长”，是名副其实的领导班子“一把手”。在实际行权中也希望尽可能多地控制关键领域的决策权和领导权，以免被“集体的名义”架空。但是在校长的立场，校长认为自己是学校法人代表和学校行政“一把手”，并且作为党委委员与党委书记之间是平等的委员关系，不存在领

---

① 《东南大学章程》，教育部网站（http：//www. moe. gov. cnjyb_ xwfbs248201308t20130812_155544. html）。

② 《党的十八大报告》，新华网（http：//www. xj. xinhuanet. com/2012 - 11/19/c _113722546. htm）。

导与被领导关系，校长工作的领导负责关系主要是校长和校党委会之间的关系。但由于认识等方面的原因，学校党政关系在一些学校变得复杂而微妙。

从制度设计和规定看，学校内部不应该存在两个“一把手”博弈的问题。因为，《高教法》、《高校组织工作条例》等规章制度都没有规定党委书记的具体权力与职责，也没有说明党委书记与校长之间关系的处理方法。但实际操作中，由于制度设计的模糊性，两个“一把手”的配合问题复杂而形式多样，并呈现校本化运行的特色。二者关系的处理，从实际调研看，主要不是靠硬性的法规制度设计，而是靠个人道德修养，甚至个人情感、人品、作风和个人素质等不确定性因素决定。这些因素对于规范和协调党政两个“一把手”权力关系有一定的风险。

此外，党政两个“一把手”问题也存在一些正式与非正式的制度性根源。如《关于党内政治生活的若干准则》声明在领导班子的“分工负责中，书记或第一书记担负着组织党委的活动和处理日常工作的主要责任，不应借口集体领导而降低和抹杀书记或第一书记在党委会中的重要作用”。[①] 这可以看作党委书记在党委会特殊身份的制度依据。而国家领导人正式与非正式的讲话中也提出了“两个‘一把手’”的问题，如江泽民1997年12月22日在全国组织工作会议讲话中提出“党政‘一把手’既是班子中平等的一员，又在班子中处于关键地位，负有特别重大的责任”。[②] 以上说法是学校党政两个“一把手”问题的正式与非正式的制度依据。

四　决策中的组织立场与个人立场的博弈

按照理性分析的制度主义观点，我国公办大学内部的权力存在一定的委托代理关系。党委书记和校长都是在上级党委和国家政府的授权委托下行使权力。大学内部其他权力与校党委和校长之间也存在一定的授权委托关系。在这种委托代理关系下，权力主体由于行权的责任和风险，存在两种决策立场与目标。一种是私人利益和私人目标，另一种是公共（学校）

---

① 《关于党内政治生活的若干准则》，中央政府门户网站（http：//www. gov. cn/test/2007－07/06/content_ 674817. htm）。

② 江泽民：《在全国组织工作会议上的讲话（1997）》，人民网（http：//www. people. com. cn/GB/channel1/10/20000529/80723. html）。

利益和公共（学校）目标。当代理制度健全，各类权力受到有效约束时，私人利益和私人目标就会倾向于服从公共（学校）利益和公共（学校）目标。但是，当制度不健全、主要权力不受制约时，权力主体在决策过程中就会以隐蔽的方式将私人利益和私人目标凌驾于公共（学校）利益和公共（学校）目标之上做出决策，导致权力发生异化甚至发生腐败。

根据前面的分析，由于大学权力制约机制存在异化运行的现象，大学内部决策实际存在私人利益和目标高于组织利益和目标的决策现象，也是大学资源短缺与资源浪费现象并存的根源。

在以上权力运行机制下，大学内部权力关系主要呈现为“螳螂捕蝉”式的隶属型、单向性权力制约监督关系。由于每一层权力的上位权力掌握着该权力的任命或推荐权，所以，基于个人的理性计算，大学内部权力容易形成基于非正式人际关系的权力或利益联盟等。不同的权力利益联盟在权力运行与决策过程中有着相互制约的实际效果。和正式制度设计的权力制约规制性效果不同，权力利益联盟关系的制约主要是基于联盟关系中个人利益或群体利益的最大化，具有明显的功利性，不利于学校组织目标的实现和学术权益的维护。

基于理性计算的权力关系是以非正式人际关系为基础，遵循的是一种非正式的权力运行规则，其对大学组织的制度化和大学决策的偏好有很大的影响。这和制度经济学派的研究发现是相吻合的。诺贝尔经济学奖得主道格拉斯·诺思提出，即使在最发达的经济体系中，非正式规则而不是正式规则主要约束着行动者行为的选择空间。① 我国公办高校内部治理结构经历了多次变革，实际上也是对完善大学内部权力制约机制的探索过程。从制度执行的实际效果看仍存在一定的问题。以下以某高校中层干部任命过程为例说明非正式规则——人际关系如何影响大学的决策行为。

案例介绍：

因为人事变动，某高校的人事处需要竞聘一名人事处处长。按照该校的中层干部竞选任命有关规定，人事处处长属于校党委和行政重要人事决策，从决策程序上需要经过民主竞选和推荐，报校党委批准。按照程序，该校首先公布岗位需求和岗位人员资格要求。经过院

① 杨宇、郑垂勇：《非正式制度理论研究》，《商场现代化》2007 年第 3 期。

系所、职能部门推荐，初步确定3名候选人。后期的候选人竞聘事宜，校党委和行政委托主管人事的副书记M全权负责。参加后期竞选与人事决策的人员主要是校级领导、中层处级干部等。

3名候选人中，A具有教授职称，本科学历，在该校具有15年的工龄，且曾经担任过教务处副处长和××所所长职务；B具有副教授职称，硕士学历，在该校有近10年的工龄，来该校前曾经做过中学校长，来该校后曾经在教务处担任过科级干部，后又分别担任过二级学院的副院长和党支部书记职务；C也具有副教授职称，并且在本轮竞选前即评上了教授职称，具有博士后学历，在该校工作近10年，和前两位竞选人不同，C长期处于教学一线，没有行政工作经历。

经过每人15分钟左右的就职竞聘陈述与评委提问答辩后，评审人员投票表决，确定B为最终候选人，党委会最后批准任命了候选人B。而A最后担任了某学院的院长，C仍为一线专任教师。

从程序上而言，整个决策过程符合民主、公平、公开的人事决策程序要求。但是，如果考虑当事人与学校关键权力主体和其他个人权力的非正式人际关系就会发现，非正式的人际网络因素在决策过程中起了很重要的作用。

为了此次竞聘成功，B实际上做了长期的人际公关努力工作，并在学校的“仕途”上从科级、副处级干部最终“爬”上了正处级干部职位。这期间B采取了“迂回”战术，有进有退，和校级关键人物构建起了非正式的亲密人际关系，最终成功打入“圈内关系”。这是B成功的关键因素。C竞聘失败后表现颓废，放弃学术，开始沉醉于与同事“打牌”的逍遥生活。用C自己的话讲：

学术强算什么，关系才是王道，你不在人家的关系圈内，你当然不可能竞选成功。大学内部关系看似简单，其实就是一个个的利益团体，就是关系圈，“进入圈、排好队”，你才有成功的机会，否则你就是“合法程序”的一个陪衬和牺牲品。作为一名一线教师，你算什么啊，整天都在和学生打交道，哪有关系背景，再说也没时间和精力去做啊。

虽然，C的观点有些偏激，但是大学内部确实存在着复杂的人际关系网，并且这些关系网一般基于偏好、情感、地缘甚至校友关系等因素形成，成为影响决策的重要因素。在学校内部人事决策过程中，除起码的学术资质要求外，获得最终成功的关键因素是非正式人际关系。这些关系网络是左右人事决策的非正式规则。不同的网络关系构成不同的权力和利益联盟，也使大学的权力运行规则从学术规则演变成了官场的逻辑规则。

这只是大学内部非正式人际关系的一个简单案例，实际上，基于非正式人际关系的大学内部权力结构更为复杂。这些复杂的利益关系左右着大学内部的权力关系格局，影响着大学学术权力和各类权力绩效的正常发挥，大学的官僚化和行政化现象仍然比较明显。

本章小结

本章主要对我国高校内部权力制约机制运行现状、效果和存在的问题进行了深入分析。根据对目的性抽样的 64 所高校“大学章程、党代会决策权相关规定、党委会和校长办公会议事规则、教代会议事规则、‘三重一大’决策制度、自由裁量权、信息公开制度及风险预警防控办法”几方面的制度制约权力机制建设情况的调查统计，我们发现“大学章程”、“党代会决策权相关规定”和“自由裁量权”三项制度建设情况是最薄弱的，但目前已受到各大学的重视。“信息公开实施办法”、“教代会议事规则”和“党委会和校长办公会议事规则”三项是调研统计中比例最高的制度建制，这与有来自教育部的指导文件及强力推行有关系。同时还发现，制度的建设不足与已有制度流于形式现象并存，权力及权力制约机制的非制度化运行现象存在。说明实现依法治校是我国高校当前和今后一段时期需要重点解决的议题。尽管国家教育部原则上要求 2015 年年底前完成“一校一章程”的章程建设，但是新时期大学章程对高校内部权力的规范和约束效果还需要一定的时间才能验证。除制度制约权力机制外，我国高校内部还存在以“集体权力、会议决策与首席负责制”为表现形式的隶属型权力制约权力机制，程序制约权力机制，以及以董事会为形式的社会权利制约权力机制等类型。

通过对高校内部权力制约机制运行绩效分析发现，权力集体化与集体决策形式对于预防个人权力专断的效果还有待提高。由于党委书记和校长身份的特殊性，集体领导与集体决策机制在实际操作中蜕变成了两个

“一把手”的权力博弈关系。并且，因为校党委书记和校长的个人能力和认识等因素影响而形成具有校本化的“哥俩好”、“强弱型”、“对峙型”权力博弈关系。依靠“个人道德修养”来规范和约束权力是典型的道德约束机制。而依靠这种权力制约机制规范学校内部顶层权力有一定的风险。以大学章程为主要形式的制度制约权力机制实际运行效果还不够理想。这与大学章程制定、修订的程序、法律效力等问题还不够明确有关。而制度设计的学术委员会、教代会权利在实际运行中存在流于形式的现象，不符合制度设计的初衷和民主治校的精神。其他有关权力运行的各项规则因为其上位法的不明确，以及法律效力问题导致其对权力规范约束的效果有限。作为社会权利制约权力机制的董事会或理事会，主要是以咨询性组织机构身份存在。再加上其与校内各权力关系的模糊性，董事会实际上主要是高校的基金委员会，是政府的高校财政分担者。其对大学内部权力制约的实际效果有待提高。

根据以上权力制约机制运行情况和实际效果判断，目前大学权力运行和制约机制存在的主要问题是权力制约机制的非制度化运行。突出表现为：一是党委领导（决策）与党委书记领导（决策）的问题；二是大学权力与权利的矛盾问题；三是两个“一把手”的问题；四是决策中的组织立场与个人立场问题等。这些问题既与法规制度的非周延性有关，也与传统的权力文化价值观念影响有一定关系。

下　篇

解决路径

第六章

我国高校内部权力制约机制完善的路径

权力制约机制是解决制度化权力关系的具体手段和方法。权力制约机制反映的是大学权力运行的微观文化，而治理结构是大学内部权力关系的正式制度设计，是权力制约机制形成的基础。但是，大学治理结构与大学权力制约机制之间不是一种线性的逻辑关系，相同或相似的大学治理结构在不同的国家可能其权力运行制约机制完全不同，这与大学权力运行的“国情”，即权力运行的文化传统、价值信念等有关系。

我国高校目前正处于转型发展的特殊时期，完善大学治理结构和大学权力制约机制是建设有中国特色的现代大学制度的题中应有之义。根据研究，我们发现大学内部权力的实际运行不仅受到正式制度设计的规范，还受到基于人际关系的非正式规则和校园文化的影响。因此，需要从正式制度和积极的非正式规则的培育中完善高校治理结构，提高权力制约机制运行的效果。而大学内部权力制约机制的非制度化运行问题和非正式规则对大学权力决策行为的影响启示我们，营造良好的权力运行文化对于完善大学内部权力制约机制很重要。这有助于解决我国大学治理中长期存在的两个“一把手”问题、大学权力与权利的失衡问题和大学行政化与泛行政化问题等。

第一节　差异决策与优势互补：权力制约权力机制完善的路径

权力制约权力机制最早可追溯至亚里士多德提出的政府“议事、行政、司法”三权分立的观点。孟德斯鸠将其发展为著名的“三权分立学说”，即立法权、行政权和司法权分别由三个不同的国家机关独立行使、相互协作、互相制衡的理论观点。权力制约权力机制强调的是相互对等的权力之间因为互相约束、限制而使彼此仅拥有有限的决定权力，以此防止权力的专制与腐败。权力制约权力机制形成的前提是分权，即将整体的权力分解为两个及以上的有限权力，这样，有限的权力之间才会形成相互制约和约束的关系。没有分权就没有制约，也就没有办法形成权力制约权力机制。

我国公办高校内部权力在结构上是一种“决策权、执行权和民主管理与监督权”相互制约与协调的权力关系。但是从权力的实际运行来看，校级党、政权力机构几乎掌握着学校全部人、财、物的配置权，校党委会具有集决策权、执行权和监督权于一体的倾向。由于党委全委会是学校最高决策权力组织，在全委会闭会期间党委全委会的决策权力由党委常委会代行，而党委常委会又是党委全委会决策的执行者。因此，从党委常委会的视角看，党委已经集决策权、执行权于一体了。再加上学校的纪委、监察部门是党委领导下的组织机构，这意味着党委在实质上已集决策权、执行权和监督权于一体。这种议行合一的权力运行机制与大学治理结构设计的初衷是不相吻合的。

再从大学的外部权力看，由于大学的上级主管部门与学校内部权力之间是相对分离的，除了原来的本科教学评估工作和目前提出的教育质量年度工作报告工作外，上级主管部门并没有对大学内部的主要权力采取定期或不定期的进校问责与评估等监督与制约手段，也没有一套比较成熟的权力监督制约机制，例如社会问责机制等。因此，我国公办高校外部权力和内部权力关系构成的实际上是一个开放的环带。上级主管部门除有一套相对成熟的授权机制外，却没有对授权主体相对成熟的制约监督机制。再加上学校内部的学术权力和民主权利因为诸多因素影响未能充分发挥民主管理与监督的职责。以上内外部原因造成学校顶层权力成为权力制约监督的相对“真空带”。这是近几年高校内部出现权力不规范操作甚至发生腐败现象的重要原因之一。

为了避免大学内部权力行政化与泛行政化运作，构建良好的权力运行制约机制，《国家中长期教育改革和发展规划纲要（2010—2020 年）》和《国家中长期人才发展规划纲要（2010—2020 年）》都明确提出实施“政校分开、管办分离”，“克服人才管理中存在的行政化、官本位倾向，取消科研院所、学校、医院等事业单位实际存在的行政级别和行政化管理模式”的计划。[①] 但是取消行政级别仅仅是完善内部权力制约机制的第一步，而最主要的是实现合理分权，即在现有治理结构设计的基础上，在保证党委领导核心地位的前提下，应着重提升学术权力和民主管理与监督权利（包括学术委员会、教代会和校董事会）在学校决策中的影响力。将学术权力由目前限于学术领域的咨询审议扩大到学校重大事务的参与决策权，落实教代会的民主管理与监督权。同时，增强学校专门负责监督检查的纪委、监察和审计职能部门的监督职责，形成内部权力差异决策、优势互补的治理格局。这种差异决策与优势互补的权力运行机制既源于大学的纵向历史经验，也源于大学权力运行的横向比较经验，同时，也是对集体权力与集体决策机制完善的一个回应。

一　从管理走向治理：校党委会及校党委书记的权力与责任

我国高校的党委会在大学中的权力地位类似于美国高校的董事会。但二者又存在职责和运行机制上的很大区别，表现在美国高校的董事会作为学校的最高决策权力组织机构，主要行使的是大学的治理权力而非管理权力。无论是公立高校还是私立高校，董事会都将大多数权力委托给了校长和校内董事会（或称校务委员会），董事会仅保留了重大决策权、校长评估权及筹款和维护大学独立与声誉的权力与职责。[②] 在具体运行机制方面，董事会通过批准学校战略目标、院校政策，以及校长的任命、审查和学科点与资源应用监督机制等方式发挥治理权力。但从董事会的实际运行看，董事会行使的主要是学校的重大决策批准权、校长的任命评估权和大学资金使用的监督权这几项权力。董事会一般不会否定校长提出的各项规划、教学人员提出的管理建议等，在学校内部形成一种校长才是高校的领导者与教师代表的治理效果。[③] 而董事会通过以上治理方式在高校内部塑造了一种董事、校长（管理者）与教授会（教学人员）共同治理大学的氛围，三种权力没有一种权力能完全掌握整个大学。但是，这种共同治理

---

① 《国家中长期人才发展规划纲要（2010—2020 年）》，http：//www. gov. cn/jrzg/2010 - 06/06/content_ 1621777. htm。

② ［美］罗纳德·G. 埃伦伯格：《美国的大学治理》，沈文钦等译，北京大学出版社 2010 年版，第 4—14 页。

③ 同上书，第 12 页。

的格局却并没有否定董事会在大学治理中的领导核心地位。

我国高校党委会作为学校的最高决策权力组织，实际发挥的主要是对高校的管理权力而非治理权力。根据《高教法》及《高校组织工作条例》的规定，校党委会的权力是比较广泛的，包括负责组织领导、思想领导和政治领导，负责讨论决定学校基本管理制度、教学科研行政管理事务、组织机构设置及负责人的选拔、任命、教育、考核和监督，负责领导工会、共青团、学生会及基层民主党派组织与思想品德教育活动。[①] 实际上，校党委通过校级党委会、院系党总支、教研室与学生党支部及各类领导权力拥有了大学的各级各类人、财、物的管理权。致使其与专门负责行政管理的校长及校长办公会或校务委员会之间出现权力边界不清，职责重叠、摩擦甚至不和谐的问题。而党政“一把手”权力的博弈与冲突正是这一问题的表现。校党委会的权力职责表面上看似加强了党的领导核心作用，但实际上却削弱了党在高校的领导核心作用。因为对学校各项事务的管理使校党委会将主要的精力耗费在了学校的日常事务决策，而不是高校长远的宏观战略规划，这容易降低校党委在学校发展中的战略领导能力。针对以上情况，教育部颁发了《教育部关于进一步推进直属高校贯彻落实“三重一大”决策制度的意见》（教监〔2011〕7号）政策文件，提出“凡属重大决策、重要人事任免、重大项目安排和大额度资金运作（以下简称‘三重一大’）事项必须由领导班子集体研究做出决定”的要求。这实际上是一项有利于厘清党政权限关系，提高校党委会战略领导能力的举措。和美国高校董事会相比较，我国高校党委会可以避免美国高校董事会发生的董事以个人偏好使决策向着有利于某一特殊组织或利益集团方向发展的现象。因为，原则上我国高校党委会代表的是执政党和整个国家的利益，不存在为社会特殊群体利益决策的现象。但是，从实际运行看，党委会和校行政因为权责划分不清、重叠和权力边界模糊导致二者在实际运行中产生了一些配合上的问题。

为了在新时期进一步加强高校党委会的领导核心作用，根据已有文件精神，建议高校党委会在保留组织、政治、思想领导权力的同时，应主要保留对学校“三重一大”决策事务的决定权、重要职能部门负责人选的任命权和问责权，以及学校重要规章制度的核准权和学校中长期战略发展

① 《中国共产党普通高等学校基层组织工作条例》（2010年修订）第三章第十条。

规划审议通过权。具体来讲，（1）在人事权力方面，校党委会可保留学校主要党政职能部门负责人的提名权，而院系行政及其他职能部门的人事权由校长办公会或校务委员会负责。（2）在重大事务方面，校党委会可保留学校重大变革的决定权力，如学校的公私营转制、学校的升格等，而将院系合并、废立及职位调整留给校长办公会和校学术委员会决定，校党委会仅保留审议批准权。（3）在资金管理方面，校党委会可对重大基础建设、重大资金项目使用情况保留核准权。其他资金项目配置使用权力则留给校长及校长办公会和教职工代表大会决定。（4）在重要规章制度建设方面，如大学章程的制定，校党委会可保留最终审议权，其他部门的章程与议事规则根据其涉及的部门性质可分属校长办公会、教代会及学术委员会决定或者提议决定，这样有利于学校内部权力的相互配合和运行绩效。

院系党总支主要通过院系党政联席会议发挥参与决策和监督的权力，其主要对校党委会负责。在此基础上，实行院长与院系教授委员会协同治理的模式，保证大学治理中的基层自治与学术自由原则。这也是符合社会主义民主基层自治精神的。

各类规章文件都没有明确规定校党委书记的具体权责，从实际运行看，党委书记代行了党委会的一些权力，和校长构成了大学名副其实的“双元首”。这原则上是不符合党委会集体领导与集体决策的运行规则，但在实践操作方面，也有其合理性。因为党委书记不仅扮演着校党委会的召集人角色，还扮演着与上级党委等主管部门的衔接者角色。根据党委书记身份的特殊性及大学组织的特性，建议党委书记由上级党委从高教系统的党组、党委委员会中遴选任命产生，并实施2年制短期任职机制，党委书记可保留会议主持权、党委会决策的宣布权，但不具有个人决策权力，以此保证党委集体领导与集体决策原则的落实。党委书记短期聘任制不影响党委领导力的发挥，相反，有利于避免具有校本特色的党政权力联盟关系的形成。

二　校长及校行政权力

美国大学的校长及校行政的权力涉及行政事务管理权、学术事务管理权，以及财务、涉外事务等方面的决策权，而其最主要的日常工作就是筹集办学经费和引进学科带头人。《国立大学法人法》（2004年）实施后的日本国立大学校长既是大学的首席行政负责人，也是大学的对外法人代表，享有管理和经营大学的双重使命与责任，其权力较之《国立大学法人法》颁布之前增强了许多。英国大学的校长分古典大学、现代大学和1992年后大学几种类型。大学校长是荣誉头衔，由常务副校长负责学校日常事务是英国大学校长权力的一个特点。在古典大学，校长由社会名流担任，属于荣誉头衔，常务副校长及代理副校长负责处理包括教育、学术事务、发展规划及人事方面的事务。20世纪70年代后，常务副校长开始处于行政管理的中心地位，成为学校首席行政执行官。而1988年教育改革法案和1992年的教育法案后，常务副校长更加成为大学的首席执行官，其既是学校的战略规划者，也是学校日常事务的管理者，校长权力得到了进一步增强。德国大学的校长及校长委员会是学校的最高执行权力，校长权力实际上也在不断扩大，但其教授治校的传统仍根深蒂固。总体而言，各国大学治理传统虽略有不同，但校长的权力均具有扩大化的趋势。

我国高校校长权力除蔡元培时期的北京大学、抗战时期的西南联大以及新中国成立初期和1985年至1989年时期外，基本处于与政治权力博弈的变革之中。校长在学校内部的角色也一直处在决策权力与执行权力的摇摆之间。1998年制定的高教法确认了校长的法人代表身份，在某种意义上预示着校长权力的提升。

但是从目前大学校长及校行政权力的运行情况看，校长及校行政权力既存在运行不足的问题，又存在异化的现象。校长及校行政在制度设计层面主要是决策执行权力，如负责执行上级行政部门和校党委会的决策，并对其负责，是决策结果的主要责任人。同时，校长在人事和教学组织管理方面具有有限的决定权力，如副校长人选和重要行政岗位责任人人选的推荐权、学术委员会人员资格确定权，以及有限的资源配置权，如有限额度的资金处置权。但从作为大学独立法人身份的角度考虑，以及与校党委会（书记）权力的比较，校长的权力是十分有限的。另外，校长又严格控制着学术委员会及其他相关组织机构权力的运行，使得学术委员会等组织机构运行趋于行政化。造成高校行政化现象的原因是复杂的，其中，“双肩挑”行政人员现象是造成大学学术权力行政化、泛行政化运行的原因之一。“双肩挑”人员在决策过程中通过变换“身份”行使手中的权力，使决策结果向着有利于自身利益的方向发展，存在打“擦边球”的现象。

而以上权力运行现状的根本原因既与制度设计的非周延性有关，也与校长及其他权力的产生方式有关。详细情况前已述及不再赘述。

从治理设计而言，校党委会是学校的最高决策权力和领导核心，应主要发挥治理权力，但实际操作中却主要扮演了管理者的角色，做了校长及校行政应该做的事情。而校长及校行政为了获得其法律赋予的权力，在与党委会博弈的过程中却不断地挤占了本该属于学术委员会决策的一些权力，从而造成大学内部各类权力错位运行的现象。因为以上原因，大学去行政化最大的阻力反而不是来自政府而是来自校长及高校官僚人员的奇怪现象。从校长产生的方式而言，校长本应该是大学师生利益的代表，是学术权力、大学组织权力的首席代表，应该由组织内部的成员——全体师生员工选举产生。但实际上，政府不仅保留了校长的任命权，而且赋予大学及大学校长以行政级别。这种做法的后果容易引致校长身份发生异化。校长往往将自己首先看成是政府的一名行政官员，其次才是一名大学管理者和学者。校长在管理学校和制定学校发展规划的过程中考虑的也首先是党和政府对大学的诉求，而不是大学组织内部学术人员（教师、学生），以及社会对大学发展的诉求。在这样一个前提下，校长管理学校的思维逻辑遵循的主要是行政思维逻辑而不再是学术思维逻辑。在处理与学校内部其他权力关系时遵循的也主要是官场规则而不是学术规则。这才是问题的根本所在。

针对以上情况，本书认为可以通过以下方式解决问题：（1）实现校长职业化，由学校委托校外组织或者学校成立专门校长遴选委员会或者由教授委员会和教职工代表大学负责遴选校长，由政府任命。校长的具体选拔程序等可结合我国国情，参考欧美国家及我国台湾地区目前校长遴选的做法批判性地借鉴实施。实际上，目前欧美国家和日本等国家的大学校长都实行选举与任命相分离、实施校长竞选的机制，这有利于大学学术群体对校长权力的认同感，有利于行政工作和学术工作的有效开展。（2）由学校内部专门的校长遴选委员会或者由教授委员会和教职工代表大会，或者学校全体教职工大会根据一定的程序和校长竞选资格要求，从学校内部成员或者政府指定的候选人中选举产生校长候选人，报教育部或政府任命产生。以上两种校长产生机制都实行遴选和任命分开的方式。选举产生的校长既代表学术利益也代表政府的利益。校长选举委员会或者学术委员会与教代会，或者全体教职工大会可保留对校长的提请解聘权和监督权力。

(3) 作为学校法人代表的校长应享有全面经营学校的各项权力，如学校发展规划制定权、协同学术委员会享有院系组织机构调整权、学科发展规划权、副校长提名权及校级以下行政干部遴选任命与解聘权，以及学校资源配置权。同时，校长还应享有法人身份的涉外权力，保证校长“人、财、物”的资源配置权力，使校长享有的权力与校长承担的责任相一致，做到权责统一。这样既有利于校长权力的发挥，也有利于对校长权力的制约和约束。同时，又满足了政府对校长管理大学的诉求和学术利益的维护。

三 学术权力与学术委员会

《高教法》第42条规定：“高等学校设立学术委员会，审议学科、专业的设置，教学、科学研究计划方案，评定教学、科学研究成果等有关学术事项。”对学术委员会权力的规定相对“着墨”较少，同时，对其运行的具体方式、成员的产生方式、权力的效力以及与其他权力的关系也没有明确规定，这是我国高校学术委员会权力趋于虚化和行政化运作的一个法理方面的原因。从学术委员会的实际运行、人员构成及法律法规设计而言，我国高校学术委员会及学术权力仍显薄弱。以教师和学生为代表的学术权利没有得到应有的保障，前面章节已进行了统计和分析，学界有关学术权力讨论的结论也基本与实际情况一致，不再展开论述。

欧美等国家高校的学术权力运行有两个特点：（1）学术权力在学校决策中具有实质性的影响力。如美国86%的高校教师评议会每年举行的频次为6次及以上，其中，53%的教师评议会主席每月至少有一次与校长或学术副校长见面的机会。① 教师评议会被认为是美国教师以独立的身份参与学校决策，体现共同治理的最主要的组织形式。德国大学评议会是学校的最高决策组织机构，享有学术事务决策权力，包括学科研究与发展、教学组织与管理、学校章程批准权力，以及选举校长的权力等。② 英国现代大学的学术评议会是学校的最高学术决策权力组织，在第二次世界大战后曾经是大学名副其实的最高决策权力。1992年后大学的学术权力主要

---

① Challenges for Governance: A National Report (http://www.usc.edu/dept/chepa.).

② Hessisches Hochschulgesetz und Gesetz zur nderung des TUD - Gesetzes sowie weiterer Rechtsvorschriften (http://www.uni - marburg.de/administration/recht/gesetz/HHG - 14122009.pdf. pp. 678 - 680).

倾向于学术事务决策。日本大学的教育研究评议会是审议教育教学研究重要事项的实体组织，是校长的法定咨询机构。在《国立大学法人法》实施前，评议会的权力类似于美国大学评议会的权力。（2）学术权力的重心主要在院系层面，如美国大学院系教授会、德国大学院系教授会、英国的学院制等。低重心的学术权力符合学术组织的文化属性。另外还有一点认识是，学术权力有从学校最高决策权力或主要决策权力转向学术治理或最高学术决策权力发展的趋势，这与大学诉求“共同治理”的权力运行模式诉求有关。

根据国内外比较，以及我国大学学术权力及学术委员会的实际运行情况，本书建议在赋予学术委员会最高学术决策权力的同时，应当赋予学术委员会重大事务参与决策权和违反大学章程否决权。学术委员会参与大学决策与大学组织的学术性属性直接相关。严格意义上讲，大学的各项决策都属于学术事务决策，都是为了大学更好地培养人才、创新知识和服务社会的目的服务。学术委员会享有违章否决权的目的就是为了保证大学教学、科研和服务社会功能与职责的正确发挥。其违章否决权主要针对大学决策权力在决策过程中如发生违反大学章程的现象，或者做出了违背学术发展规律的决策时，学术委员会可依据大学章程、《高教法》等相关规定实施最终否决权。这样有利于学术权力在大学治理的过程中切实发挥实际影响力。除此之外，学术委员会还应具备教学科研人才引进审核决定权力，科研项目与人才培养经费及学科发展与院、系、所组织机构调整的有限决定权。这是对学术委员会现有的教学科研、职称晋升、学位评定、学科发展等方面独立决定权的补充，根本目的是诉求赋予学术委员会在人事和资源配置方面有限的决定权。除学术委员会最高违章否决权外，校行政和校党委可保留以上决策的最终批准权或审议权。这有利于校党委、校长及校行政与学术委员会之间制约关系的形成和决策优势的发挥。

学术委员会应当具有独立的运行机制和委员产生的程序与办法。原则上在岗的行政人员（除主管科研的副校长和已退位的校长等外）不允许担当学术委员会的正副主任委员，确保学术权力的独立性和非行政化运作。这一点，北京师范大学、复旦大学、吉林大学、华中师范大学等已经在实践探索。如复旦大学 2010 年做出规定：学校领导和部处负责人必须退出复旦大学学术委员会、教学指导委员会，校长杨玉良以身作则率先作了表率示范。[①] 同时，为了形成行政权力和学术权力的有效分离，复旦大学还设计了专门的会议制度和“召见—问责”制度，即校学术委员会和教学指导委员会可以就其认为重要的问题单独开会，形成独立议决，并就有关情况可召见校领导问询，甚至问责。2011 年 4 月选举产生的复旦大学新一届学术委员会中，43 名委员无一校领导，原复旦大学校长王生洪也不例外。[②] 2012 年 7 月北京师范大学新任校长董奇在就职演说中承诺担任校长期间将做到“四个不”：不申报新科研课题；不招新的研究生；不申报任何教学科研奖；个人不申报院士。[③] 以上探索是值得肯定的。

《高等教育法》第 43 条规定高校以教师为主体的教职工代表大会是依法保障教职工参与民主管理和监督，维护教职工合法权益的组织形式。教代会发挥民主管理与监督职能的具体方式的关键词是“听取”、“讨论”、“审议”、“评议”和“提议”。通过以上形式维护最广大教师群体——学术权利的利益。由于教代会代表主要是受聘于校长的教职员工，他们不具备选举校长的权利，因此难以实质性地发挥对校长及校行政的监督权利。而教代会同时又是党委领导下的群众组织，这种领导关系使教代会也不可能对校党委委员的权力实施有效监督和制约。这可能是教代会流于形式的一个重要原因。这一部分主要放在后面“社会权利制约权力机制完善路径”一节讨论，此处不再展开。

以上权力结构关系体现了学校“党、政、学、社”四权差异决策、优势互补的权力运行体制机制。四类权力中，党委会是学校的战略领导核心，校党委会可以通过对重大决策的审批权等主要发挥治理权力。校长及校行政享有对学校的全面管理权力，而学术委员会在享有学术事务最高决策权的同时，应具备参与重大事务决策权和各项决策的违章否决权。教代会与董事会代表的主要是民主权利和利益相关者参与学校治理的权力。

以上权力结构关系安排主要是出于以下思考：第一，分权是权力形成制约的前提，没有分权就没有制约，就不能形成权力制约权力机制的效

---

① 佚名：《复旦大学拟定〈大学章程〉遭遇集体沉默》，http：//learning. sohu. com/20110119/n278961733. shtml。

② 王春：《学术和行政分离：复旦探索“去行政化”破冰之路》，新华网（http：//news. xinhuanet. com/edu/2011－10/09/c_ 122131161. htm）。

③ 佚名：《北师大新校长：不搞科研、致力行政》，http：//www. guancha. cn/Education/2012_ 07_ 10_ 83579. shtml。

果。我国高校内部权力目前高度集中于校级党、政机构，党政“一把手”权力已成权力监督制约的“真空带”。第二，分权和共同治理是大学治理发展的普遍趋势。第三，是大学不是行政机构，也不是纯粹的政府部门，其主要任务是传承创新知识和培养人才而不是执行行政命令。大学不仅承担着培养社会公民的职责，还承担着培养社会文明缔造者和引领者的使命，大学不能按照纯粹的行政逻辑实施管理。尊重大学组织的学术性特征，改革和完善现有的治理结构，修订完善高等教育法律法规等规章制度，进一步完善党委领导下的校长负责制体制机制是实现我国大学治理向现代化转型的必要条件。

第二节　依法治校与程序正当：制度制约权力机制完善的路径

以大学特许状及大学章程为形式，保障大学依法治校是中世纪流传下来的最基本的大学内部权力制约机制之一，也是世界上大部分国家高等教育系统坚守的一种权力制约机制形式。从高等教育比较发达的欧美国家看，大学章程大概有两种性质：一种是作为大学自治契约；另一种是作为国家行政法的组成部分。前者主要是“盎格鲁—撒克逊”，即英美法系大学章程的性质；而后者主要是罗马法，即大陆法系大学章程的性质。英美法系大学具有独立法人资格，大学章程一般由董事会审批通过即生效，而且章程一般明确规定了大学与政府之间的关系（charter）、大学内部各权力运行程序与关系（senate）以及最高决策权力机构的议事规则（by-laws），强调学校决策权、执行权与监督权的分离与制衡，以及权力运行程序的正当性。[①] 大陆法系的大学具有国家机构和公法社团地位，大学章程一般由政府审批生效。章程强调政府参与大学治理的优先权，规定大学最高权力由政府代表、企业与社会代表，以及教职工代表和学生代表构成，学校最高权力一般集决策权、执行权、监督权于一体，具有“议行合一”的特点。[②] 这一点和我国高校情况有相似之处。其主要区别在于，

---

① 周光礼、朱家德：《大学章程与大学治理：国际比较与策略选择》，载湛中乐《通过章程的大学治理》，中国法制出版社 2011 年版，第 242—243 页。

② 同上书，第 242 页。

大陆法系国家的高校比较强调基层学术自治权，如德国高校。以上两种法系的大学章程都对章程制定、修改、审批的程序作了明确说明。

我国大学章程的建设经历了三个集中的时期，前面章节已有分析。章程制定存在的问题主要有两方面：（1）章程和权力议事规则建设不足；（2）大学章程和各议事规则的法律效力不明确，大学章程、议事规则的制定者、修改权限与程序，以及与其他法律的关系不清晰。这与作为上位法的《高教法》等法律法规有关自身制定、修改的权限、程序和法律认证不明确有一定的关系。因为以上原因，大多数高校在制定章程时，基本转抄《高教法》的有关内容，章程趋同性明显，未能反映各自学校的办学特色与办学优势等。因此，其执行的力度和规范权力的效果有待提高。

从已制定的大学章程内容看，大学章程主要规定了内部权力关系及其运行机制，而对大学与政府、大学与社会权利之间的法律关系说明则不明确或者避而不谈。根本原因与我国高校独立法人地位的落实还不够到位等有关系。

因此，完善大学制度制约权力机制的前提是修订和完善高等教育法等大学章程和议事规则所依据的上位法律规章制度。这既是保证学校章程和各项规则制度法律效力的基础，也是保证程序正当的前提。针对大学章程在实际制定中存在的问题，2012 年教育部颁布实施了《高等学校章程制定暂行办法》（以下简称“暂行办法”），作为章程制定的指导性文件。该文件将我国大学章程的性质定性为“是高等学校依法自主办学、实施管理和履行公共职能的基本准则”，同时也规定了大学章程应“以宪法、法律法规为依据”，是学校内部各项规章制度及规则制定的依据。这基本上从法律层面厘清了校内外各项法律规则的关系，大学章程的性质也似行政法构成。但是以上规定和章程最终报送教育部审核备案的要求，使大学章程又像是大学自治契约。因此，大学章程的法律性质还需进一步厘清，这涉及大学是政府的公共机构还是独立法人社团的问题，也涉及大学章程为谁而制定的问题。

大学章程只是从一般意义上规定大学内外部权力关系结构与基本运行规则的情况，而具体的操作程序还需要根据章程制定各权力议事规则及权力运行流程。这涉及权力主体的资格构成、决策议题的产生方式、决策规则、决策结果合法性认证及实施监督与评估等内容。

目前，我国高校内部各项议事规则建设主要包括党代会的运行规定、校党委会（常委会、全委会）的议事规则、校长办公会议事规则、学术委员会章程、教职工代表大学议事规则等。从前面的统计看，这几项规则中，党政“两个议事规则”，及教代会议事规则建设比例比较高，而学术委员会章程相对较弱。其他有关权力运行的规则建设主要涉及，如行政自由裁量权的运行规则、“三重一大”相关运行规定、风险预警与防控办法以及信息公开实施办法等，以上规则建设仍然不够充分和完善。而且由于大学章程法律效力等因素影响，已有的各项议事规则的实际执行效果并不理想。这既与规则本身的合法性不足有关，也与规则执行的监督环节缺失有关。

从大学治理结构的制度设计而言，我国高校还设有专门负责对党政权力进行监督的“纪检、监察与审计”部门。但由于以上职能部门与被监察对象之间是领导与被领导关系，而不是独立或者平行的权力关系，监督效果可想而知。考察中国历史上有关纪检监察部门的设计发现，古代监督机构（御史台）自西汉末东汉初开始就已从行政系统分离了出来，成为皇帝直接领导的相对独立、自成系统的部门。[①] 隋唐后御史台是完全独立的专职监察机关，其不仅自成体系，而且具有财政和人事独立的特点，如监察官享有不受本台长官约束独立行使弹劾权的权力。

根据以上情况，本书认为完善制度制约权力机制应该：（1）在治理结构设计方面，除权力的合理分配设计外，应将大学纪检、监察与审计部门从学校系统中独立出来作为派驻大学的职能机构，由上级纪委、监察、审计主管部门直接领导，负责对学校内部各类权力的监督检查；（2）确定权力运行的基本程序和关键风险环节，依照部门自定、校党委与校行政审议、全体教职工代表大会讨论通过，报纪检、监察、审计部门备案的程序，制定完善各项权力运行规则，确保权力运行程序的正当性、公开性和可监控性；（3）明确各项制度的法律效力，体现制度管权、管事和管人的规范性与严肃性，确保各项权力在法定的范围内阳光、规范运行。

大学是典型的文化组织，大学制度是大学文化的表现形式之一。有学者将大学各类制度归纳为三种类型：一是基本制度，如大学章程一类的制度等；二是一般制度，指组织机构设置类制度；三是管理制度，主要指决

---

① 孙季萍、冯勇：《中国传统官僚政治中的权力制约机制》，北京大学出版社2010年版，第278—279页。

策制度、人事制度等。[①] 这些制度都是大学组织赖以运行的基本依据，其形成主要以大学的学术性、组织结构的二重性、自治性为基础。脱离了以上基础形成的任何大学制度注定是一纸空文，是难以被大学行动者实际执行的。这首先在于：（1）在大学内部，除了科层化的行政权力，还存在庞大的学术权威与权利。它们构成松散连接的扁平化学术权力或权利系统，其关系的维系主要是依靠学术创新与认同而不是行政命令。因此，一项制度能否有效执行关键取决于他们对制度的认同和接受程度。（2）现代大学是典型的结构二重性组织，是利益相关者组织。无论是科层化的行政权力系统，还是扁平化的学术权力系统，都不能单方面强制另一方无条件接受其所制定的制度。制度的形成过程应是一个协商的过程，是利益相关者之间谈判的过程。违背了以上原则形成的制度基本是难以执行的制度。由于以上原因，大学内部各项制度的建设往往遵循渐进的逻辑路径，而制度的改革或更替更是一个缓慢的过程。制度的滞后性和延续性要求制度建设需要做全面而长远的规划考虑，避免制度制定成本的增加。此外，因为制度本身是由内部人自我立法的过程，正如托克维尔所说，也难以走出内部人自我监控的窠臼，因此，还需要寻求校外强大力量，即社会权利来制约。

第三节　利益相关者参与决策：权利制约权力机制完善的路径

权利制约权力的基础是公民自治能力，这种自治能力是公民在维护自己的知情权、参与权、表达权、监督权的过程中形成的。托克维尔在考察了美国的民主制度后，认为美国的民主制度主要扎根于美国的“民情”（moeurs），“民情”主要指心理习惯方面的东西，以及人们生活习惯中所遵循的全部思想，包括信仰与言论自由，各种利益共同体，如法学团体、政治社团，以及出版自由等。[②] 托克维尔认为这种民情又扎根于历史上形成的新英格兰乡镇自治传统。而这正是美国民主制度的基础，也是相对于

① 刘献君：《论高等学校制度建设》，《高等教育研究》2010 年第 3 期。

② ［法］托克维尔：《论美国的民主》（上卷），董果良译，商务印书馆 2011 年版，第 332 页。

“权力”、“制度”对权力能构成强大约束力的“社会力量”。在托克维尔看来，只有强大的社会力量才能与政府抗衡，避免权力制约权力、制度制约权力机制的不足。托克维尔所说的社会力量就是广泛的社会权利。托克维尔认为只有社会权利参与制约权力才能避免“内部人自我监控”的不足，才能保证公民个人和群体利益不会受到政府的强权侵害。

正是基于以上“民情”，再加上美国大学创建时期的特殊困难，董事会作为代表多方利益的社会权利从一开始就介入了美国大学的治理，并已成为当今美国大部分高校的治理模式。董事会制度作为社会参与大学治理的基本形式在美国的发展已相对比较成熟，实践也证明这一体制机制有一定的积极效果。到目前为止，世界上主要发达国家都在逐步引入并实施董事会制的大学治理模式，如德国、日本等国家。我国高校董事会制度最早是在20世纪初期引入的。目前，我国高校董事会建制的政策环境已经具备，如《关于加快教育改革和发展的若干意见》（1992年）、《高等教育法》（1998年）、《高等学校章程制定暂行办法》（2012年）、《普通高等学校理事会规程（试行）》（2014年）等法规文件中都直接或者间接涉及董事会或理事会建制的问题。那么，我国高校董事会如何建制、如何定性，其参与学校决策的路径是什么？和校党委会及其他权力的关系是什么？这些是需要进一步思考的问题。下面就美国、日本、德国、英国及我国高校董事会的地位、权力、参与学校决策的方式、董事会的运行机制等进行比较，以资借鉴（见表6－1）。

表6－1　　　　五国高校董事会基本情况比较

	美国	德国	日本	英国	中国
董事会的法律地位	最高决策权力	有三种身份：高校咨询机构；教育部部内单位，负责邦教育部咨询与协调；大学行政决策机构。但主要身份是治理咨询机构	主要是学校决策咨询机构。董事长是学校法人代表，实际上一般为校长兼任	在古典大学和现代大学是咨询组织机构，在1992年以后大学是最高决策权力代表	三种身份类型：半决策型、咨询型和产学研对口支持基金会型。但主要是咨询机构。实际法律地位还有待明确

续表

	美国	德国	日本	英国	中国
董事会的主要职权	大学治理权；遴选任命、支持、评价与解聘校长，监督大学、批准发展规划和保护自治及筹措资金等权力	享有战略规划权、向主席团提供咨询权力、学校运行监督权和人事权，主要指向大学评议会推荐校级领导候选人，以及听取学校法人代理工作报告	主要职责是提供咨询，协助校长开展工作。具体就有关学校发展的中期目标规划、财务预决算、重大组织机构调整等事项向校长提供咨询和做出决策	两种形式的董事会，“Board of Trustees”的董事会享有大学资产、资金和物资监管处置权，校长等人事任命权以及章程修订与机构废设审批权等；“the court”的董事会主要享有决策咨询权力，任命荣誉校长，审议副校长提交的年度工作报告及财务报告及监督权	咨询性董事会主要寻求对学校的基金支持，有权对学校发展规划和工作报告进行审议、质询，监督捐赠基金使用情况，及提名推荐校长和副校长；对口型董事会具有指导学校发展规划、人才培养计划和项目开发工作职责，对学校发展提供决策咨询，董事长由校长担任；半决策型董事会拥有学校重大事务审议指导权，校长或副校长人选提名权，但董事会不作为学校法人行使学校最高权力
董事会运行机制	具体由下设的各委员会执行操作，如宾夕法尼亚州立大学由11个执行委员会负责董事会事务	作为咨询者直接参与学校事务决策	董事会主要由校内成员构成，校行政成员为当然成员，实施分工负责	下设各委员会负责执行	主要以基金会的形式运行

续表

	美国	德国	日本	英国	中国
董事会成员构成	州长与校长是当然成员，其他成员包括校友会、地方法官、企业人员等	校长和1名州政府代表是董事会当然成员，其余由校外社会代表、学术领域代表组成，一般由7名成员构成	由校长、校内董事（根据法人的不同情况确定）、副校长和2名监事，以及校外社会知名人士或著名校友组成	成员主要包括荣誉校长、校长、副校长、代理校长、理事会、评议会成员及地方当局和其他利益相关者群体	校友为主。有些学校校长是当然成员
董事会参与决策的方式	董事会例会及由董事申请的专门会议直接负责大学决策事务。董事会主席主持会议	每学年至少2次董事会例会。听取学校校长、财务、教学等工作报告	副校长是董事的当然成员，专门负责具体事务，通过"高层管理者会议"参与审议咨询	董事会每年至少举行1次会议，由担任董事会主席的校长主持，主要听取（副）校长年度工作报告和年度财务报告，大学近期工作汇报和理事会重要决策等事宜	董事会全体会议，每年至少召开1次。设董事会学校办公室；董事会闭会期间由秘书长负责具体事务
董事会的法律授权	公立高校董事会权力由州宪法和法律规定；私立高校根据公司法人有关条款及州颁发给学校的特许状规定，同时还受州立法、法院判决、州公司法或信托法限定	根据州高教法及大学章程	国立大学法人法，大学章程，校内董事由校长直接任命	依据特许状、相关高等教育法案	暂不明确。各个学校表述不一

从以上比较可以看出，董事会的主要运行方式是董事会例会，比较完善的运行机制是由下设的执行委员会负责完成具体工作。有关董事会在高校的决策地位，美国将其界定为最高决策权力组织，英国和日本有多重身份，但决策咨询是其主要的组织定性，且都有向决策权力定位发展的趋势，而德国则主要是决策咨询组织定位。我国高校董事会实际职能定位主要是办学资金筹集委员会或基金委员会。董事会人员构成中，美国以校外人员为主，德国和英国董事会校内外人员比例接近，而日本则主要以校内成员为主。我国高校董事会倾向于以校友为主。美国等高校董事会的主要权力职责是决策或参与决策、决策咨询，监督评估校长及学校工作，负责推荐校长候选人等。董事会的合法性主要以宪法、教育法律法规、大学章程等为依据。我国高校董事会的法律地位目前还不清晰。

董事会是社会利益相关者参与影响大学决策的一种方式。根据比较，以及我国高校董事会的实际运行情况发现，完善我国高校董事会建制需要从以下几点着手：（1）修订完善高等教育法，明确高校董事会的法律地位、运行机制、权力职责，以及董事会与大学其他权力的关系和参与决策的机制等内容；（2）在此基础上赋予董事会对学校最高决策权力和学校法人代表的质询与问责权、评估权、校长推荐权或参与遴选权；（3）完善董事会章程及大学章程相关内容，确保董事会合法运行，董事会成员在以校友为主的基础上，可以增加社会各领域代表人员，并明确董事会成员产生的方式。董事会通过听取学校工作报告、质询与问责等方式评估学校办学质量，以此满足社会对大学的知情权与监督权诉求。董事会代表校外社会利益相关者参与大学决策，将更有利于提高校党委会的战略领导能力，保证校党委能及时捕捉社会需求和市场信息，做出重要战略决策和战略规划，实现对学校的战略领导。为维护校长权力，校长可拥有按程序提请解聘董事会董事的权力。

如果说董事会是代表社会权利参与制约大学内部权力的方式，那么，教职工代表大会和学生代表大会应该是代表学校内部广大权利利益的组织形式，是教师和学生群体制约大学内部权力的重要机制。根据 2011 年 11 月 9 日第 34 次部长办公会议审议通过的《学校教职工代表大会规定》，教职工代表大会是“教职工依法参与学校民主管理和监督的基本形式”，是校党委领导下的群众组织，主要享有校务知情权、提案建议权、干部评议权和规章制度执行监督权。[①] 教代会主要通过年度大会参与和影响大学的决策，工会是其常设的职能部门。学代会的建构和运行还不成熟。从制度设计看，教代会和学代会体现了人民当家做主的社会主义民主政治的核心价值，是学术权利实现参与大学治理，保障大学学术自由与自治的基本制度与重要机制。

我国社会主义民主政治的核心价值是人民当家做主。人民通过人民代表大会制度实现当家做主的权利。前提是充分地保障和不断地扩大人民的民主权利。党的十七大报告从八个方面提出保障和扩大人民民主权利的方式和内容，即“依法实行民主选举、民主决策、民主管理、民主监督，保障人民的知情权、参与权、表达权、监督权”。[②] 以上权力和机制又通过“基层群众自治机制”、“协商民主机制”和“职工代表大会制度”予以落实，体现了社会主义政治制度的优越性和先进性。社会主义政治实践也反复证明了人民民主是社会主义的生命所在。

高校的教职工代表大会制度正是社会主义民主制度在高校组织内部的充分体现，是保障学术权利利益的重要制度，具有广泛的代表性和民主性。但是由于教代会运行规则等规章制度建设的不完善和滞后性，高校教代会的运行存在流于形式的现象，教代会还没有充分保障广大师生的“知情权、咨询权、评议权与监督权”等权利的行使。原因主要有：(1) 教代会的性质与功能仍具有一定的模糊性。2011 年修订通过的《学校教职工代表大会规定》第一章第三条规定教代会是“教职工依法参与学校民主管理和监督的基本形式”，似乎主要是从机制的层面明确教代会的性质。而在第二章第七条又分别赋予教代会三项“听取”权、一项“讨论通过”权、一项“审议”权、一项“评议”权和一项“监督”权。[③] 似乎又将教代会定性为大学的治理权力。组织制度的模糊性势必影响教代会功能的发挥。(2) 教代会究竟在监督谁的权力似乎不太明确。教代会既是在校党委的领导下开展工作，又是在作为学校法人代表的校长的管理下开展工作。教代会和大学的哪些权力之间存在授权委托关系，以及有没有授权委托关系是不明确的，也难以界定。因为教代会不具备选举

---

① 《学校教职工代表大会规定》第一章第 3 条、第 6 条；第二章第 7 条。

② 《党的十七大报告》第六条第一款。

③ 《学校教职工代表大会规定》，中华人民共和国教育部网（http：//www. moe. gov. cn/publicfiles/business/htmlfiles/moe/s6008/201201/129216. html）。

校长、选举学术委员会代表等的权利，选举权的缺失导致教代会名义上所应享有的监督权难以落实。（3）教代会存在行政化运行的问题。前已述及，不再赘述。

基于以上问题和认识，完善大学内部民主权利制约权力机制应从以下几点着手：（1）修订相关法律法规，明确教代会是大学广大教职员工行使民主管理与监督权利的一项基本制度。制定和完善教代会运行的各项规章制度，明确教代会代表的权利，保障教代会制度的法律效力。（2）赋予教代会民主选举和提请解聘相关权力的权利。选举权是民主权利的基本权利，选举权和监督权相辅相成、不可分割。权利主体通过选举的方式将属于自己的权力让渡和委托给信赖的人或组织行使，因此形成公共权力，以及权力与权利的关系问题。为了保证让渡出去的权力不偏离委托人的初衷，权力必须受权利的监督。这也是权利行使监督权的依据和目的。大学的权力本质上应该是学术权利让渡委托的结果，但是由于种种原因，大学的权力主体似乎逐渐忘记了自己权力的来源或者其来源因为外界权力的干涉而发生了变化，导致大学的权力与权利关系发生了异化。为了保障大学权力不偏离学术权利的立场，必须赋予大学学术权利民主选举、监督和提请解聘有关权力的权利。这是社会主义民主的内在要求和本质使然。（3）完善教代会的运行机制。明确教代会代表的资格及其代表产生的程序，明确教代会的常规工作内容和形式。鉴于教代会存在行政化运作的现象，应避免行政人员和“双肩挑”人员过多地挤占教代会代表的名额，甚至彻底避免行政人员担任代表角色。这也是符合党的十七大、十八大报告明确提出的决策权、执行权、监督权相互制约相互协调的权力运行机制要求，保证教代会在校党委的领导下独立自主地行使民主管理与监督权利。通过以上教代会和董事会内外部权利参与学校的治理，形成完善的权利制约权力机制。

第四节　重构学术生态文化：文化制约权力机制完善的路径

大学是自中世纪保持原名称流传下来的不多的社会组织之一。大学组织之所以如此稳定且源远流长，与大学的文化特性有很大的关系。大学不仅缔造、传承和创新着人类的文明与文化，而且它本身也是一种文化现象。一部大学史就是一部人类文明与文化的演绎史。而所有这一切都是以“大学自治、学术自由、教授治校”为基础的。这是大学最原始，也是最本质的文化属性。大学从中世纪的行会大学发展到现代大学，其功能、规模、结构、使命等虽发生了一定的变化，但是大学追求学术自由和大学自治的品质始终没有改变。学术自由与大学自治是大学的生命所在，哪里的大学有“学术自由与大学自治”，哪里的学术就繁荣昌盛。这已经被大学发展的历史所证明。如中世纪意大利和法国的大学与欧洲的文艺复兴，近代英国和德国的大学与欧洲工业革命，现代美国大学与美国的帝国之梦。高等教育中心与世界文明中心流转的关系充分证明了以上命题。

大学的学术自由与自治不仅是大学的生命，也是大学组织文化形成的基础。中世纪行会大学内部权力构成比较简单，主要是各类集体权力与组织，如同乡会、教授会与学校集体大会，校长是选举出来的集体大会的召集者和大会决策的执行者。因此，权力文化主要表现为学术权力文化，其对权力的约束和制约主要依靠学术权力主体对知识的敬畏感、信仰与神圣的誓言来实现。近代大学因为功能和规模的扩展，大学的权力构成开始复杂化，并出现行政权力与学术权力的分离，形成大学“行政—学术”二重性组织结构与文化特征。现代大学则因为成为利益相关者组织，权力构成更加复杂，大学内部权力的博弈已演变成不同社会群体文化的博弈和竞争过程。如代表政党权力的政治文化、代表学术权力的学术文化、代表行政权力的官僚文化和代表社会权利的民主文化等。它们都希望在大学这块土壤中争得一席之地。但由于外界因素的强力干涉，大学文化发生了异化，并出现了偏离大学本体性文化的现象。因此，大学发展的历史从其自身来看又是其维护学术自由与自治文化的历史。

原则上讲，政治权力文化的核心是公平与正义，学术权力文化的核心是自由、自治与自觉，行政权力文化的核心是效率与服务，而民主权利文化的核心是自由与参与。它们分别规范和约束着各自权力的正当运行。但这并不能保证大学权力本身的正当性，除非以上权力文化基于大学的本体文化——学术自由与自治文化。

根据大学内部权力构成我们可以将我国高校内部的权力文化划分为由校党委会和党员活动形成的政党文化，如党风廉政建设文化与党委会权力文化；由校长及校行政活动形成的官僚文化；由学术委员会和学术权威活动形成的学术文化；由教代会和董事会活动形成的校园民主文化等。各类文化都试图扩大自己的影响并将自己转变成大学组织的主导文化。从大学各类权力文化博弈的结果来看，大学的政治权力文化和行政官僚文化占据了我国高校组织文化的主导地位，并共同塑造了我国高校组织运行文化。学术文化和民主文化因为种种因素，在高校文化中处于边缘化的地位。这一结果对大学组织文化最大的影响是，崇拜行政权力的文化心理已经形成，并且普遍可见，而这既不利于学术的自由充分发展，也不利于我国高教强国战略目标的实现。

借用生物学科中的“生态位”① 概念解释，高校中对于同一资源竞争的权力文化实际上不利于学校组织文化的健康发展。只有基于大学组织的本体文化，构建多元互补的权力运行文化，确保每种权力文化在大学组织中独特的“生态位”，才是保证大学权力文化互补共生、繁荣昌盛的基础。因此，构建大学学术生态文化，完善文化制约权力的机制。具体应从以下几方面进行完善：（1）切实落实大学自治权力，提高学术权力在大学决策中的影响力，营造崇尚自由、尊重学术、敬畏知识、勇于创新的学术文化和教授治学的治理文化氛围。这是大学组织属性的价值诉求。（2）协调校党委会和校长及校行政权力的关系，构建党委治理、校长管理的大学政治与行政权力运行文化，这是确保党在高校领导意志实现的必然。（3）确保以上权力在大学组织系统自我“生态位”的前提下，营造崇尚正义的高校政治权力治理文化、高效负责的行政权力服务文化、自由创新的学术权力自治文化与和谐共赢的民主权利监督文化。（4）加强规范各类权力运行的制度、规则建设并公开化，促进权力运行制度、规则向权力主体价值信念的转变，以此形成权力规范运行的文化自觉性。

事实上，从文化制约权力机制与权力制约权力机制、制度制约权力机制、权利制约权力机制的比较发现，文化制约权力机制更加强调权力规范

① “生态位”是生物学科的一个基础性概念，是有关生态个体、种群和物种生存与竞争规律的一个概念。最早是由格林奈尔（J. Grinnell）在 1917 年提出的，1957 年威泰克（R. H. Whittaker）在前人研究的基础上提出了广为接受的生态位概念，认为因为竞争，每一个物种（群落）在其所处的群落（生态系统）中都拥有相对有限的时间和空间位置及其机能关系，即生态位。生态位理论的基本观点是：（1）占据同一生物群落相同生态位的两个物种，其中一个最终会灭亡；（2）同一群落中的不同物种因处于不同生态位而避免了直接竞争，保持了群落的相对稳定；（3）群落中物种在机能关系方面趋向互补而非直接竞争，因此，多种群比单一种群构成的生物群落更稳定；（4）竞争在塑造生物群落物种构成中起着关键作用，竞争将使物种更加多样发展而非灭绝。

运行的自觉性和内在性。其他三类权力制约机制则更强调了权力运行的约束性、规制性和监督性，强调的是权力制约的外在性。因此，完善大学文化制约权力机制必须和大学的其他权力制约机制相辅相成，并最终构造大学科学的决策文化、自治的学术文化、服务的行政文化、自由的创新文化这样一种大学学术生态文化，实现大学权力运行的规范性和治理的自觉性。

本章小结

本章基于我国大学权力制约机制存在的问题，以及前面章节研究的基础上，从权力制约权力机制、制度制约权力机制、权利制约权力机制和文化制约权力机制四个方面提出完善我国大学内部权力制约机制的路径和对策。

对于以权力制约权力机制的完善路径，提出校党委会应主要发挥大学的治理权，即校党委在保留原组织、政治、思想领导权力的同时，应主要保留重大决策事务的核准权、重要人事任免的批准权和问责权，以及重要制度核准权和重要战略规划审议通过权。对于校长及校行政权力，本书认为应实施校长职业化，由学校委托校外组织或者学校成立专门校长遴选委员会或者由教授委员会和教职工代表大会负责校长遴选，由政府任命；或者由全体教职工或学术委员会和教代会根据校长资格条件，从学校内部选举，由上级主管部门批准任命产生。校长应享有学校战略规划制定权。校长享有院系结构调整权、学科发展规划权、副校长提名权、处级及以下行政干部遴选任命与解聘权，以及学校资源配置权。学术委员会除享有最高学术决策权外，还应具备对校内任何决策违反章程的否决权和重要事项参与决策权。以上权力和董事会、教代会权利共同构成大学内部“党、政、学、社”四权差异决策、优势互补的权力制约关系格局。

对于制度制约权力机制的完善路径，除以大学章程和各议事规则完善为重点，明确其法律依据和法律效力外，应将大学纪检、监察与审计部门从学校系统独立出来，由上级纪委、监察、审计主管部门直接领导，实施对学校内部各权力的监督检查工作以及各权力依照制度规范运行的绩效评价；同时，完善各项权力运行的规则与程序，并报纪检、监察和审计部门备案，保证权力运行的程序正当性、公开性和可监控性。

对于社会权利制约权力机制的完善路径，主要从董事会与教代会运行机制两方面完善着手。赋予董事会对学校最高决策权力和学校法人代表的质询与问责权、评估权和校长推荐权与遴选权，明确其法律地位和参与大学决策的体制机制。鉴于教代会实际运行存在的问题，应明确教代会是广大教职员工行使民主管理与监督权利的一项基本制度。制定和完善教代会运行的各项规章制度和议事规则，保障教代会制度的法律效力；赋予教代会民主选举和提请解聘权力的权利；完善教代会的运行机制，明确教代会代表的资格要求、选举的程序，以及教代会的常规工作内容和机制。为了避免教代会行政化运作，尽量避免行政人员挤占或不占教代会代表名额。保证教代会在校党委的领导下独立自主地行使民主管理与监督权利，保障学术权利主体的“知情权、咨询权、评议权与监督权”。

文化制约权力机制主要是指依靠权力正当运行的自觉性约束权力的一种机制形式。和其他权力制约机制相比较，文化制约权力机制强调权力制约的内在性，而权力、制度、程序、社会权利等制约权力机制则更强调权力制约的外在性。文化制约权力机制的形成依赖于大学的学术文化组织属性。重构学术生态文化，构建大学科学的决策文化、自治的学术文化、服务的行政文化、民主的治理文化这样一种学校生态文化，加强规范各权力运行的制度、规则建设，促进权力运行制度、规则向权力主体价值信念的转变，并最终形成权力运行的文化自觉性。

结　语

大学权力制约机制是处理制度化权力关系的手段和方式之一，是对大学权力实际运行特征的具体反映。大学权力制约机制类型主要包括以权力制约权力机制、以制度制约权力机制、以权利制约权力机制、以文化制约权力机制等几种类型。大学权力制约机制以权力和权力关系为基本要素，以大学治理结构为基础。大学治理结构是对大学权力文化的宏观表征，是以大学所在的政治社会文化背景为基础形成的。大学权力制约机制的形成还受制于大学治理结构，但二者之间并非线性的逻辑关系。同一种治理结构设计在不同的政治社会文化背景下塑造出来的内部权力制约机制运行特征是不同的，如“决策—执行—监督”内部权力分层治理结构在盎格鲁—撒克逊传统的国家和罗马大陆法系传统的国家大学所塑造出来的权力运行文化、权力制约机制可能是不同的。

从大学内部权力制约机制形成发展的逻辑看，大学权力制约机制经历了以文化制约权力机制主导的中世纪大学时期；以制度制约权力机制和以权力制约权力机制为主导的近现代大学时期；以共同治理为特征，以社会权利制约权力机制为主导的当代大学几个发展时期。以上权力制约机制的演变历史与大学功能的拓展、大学规模的变化以及大学利益相关者的复杂化有着直接的关系，也是大学权力制约机制发展演变的主要动因。从大学内部权力制约机制的横向相比而言，大学权力制约机制主要有“盎格鲁—撒克逊”法系下，以自治契约、董事会制和民主选举为主要手段的英美大学模式；“欧洲大陆”罗马法系下，以行政控制、首长负责制、教授治学和垂直任命机制为主要手段的德国和日本模式。我国大学内部权力制约机制倾向于欧洲大陆法系下的大学权力制约机制类型。

从我国大学内部权力制约机制演变的逻辑看，行政控权下的隶属型权力制约权力机制和个人道德自觉约束机制是公立高校内部权力制约机制的主要形式。民国时期实行的学术权力治理下的分权制约机制和文化制约权力机制类型是我国高校权力制约机制发展逻辑上的一个变革，但不是主流形式。新中国成立后大学内部治理结构虽然经历了多次变革，但在权力制约机制方面，仍以自上而下的任命机制、道德约束机制为主要特征。在实际操作中，党委领导下的校长负责制体制机制的制度优越性还没有充分地发挥出来。高校的人、财、物重要决策权力的相对集中，学术权力和民主管理与监督权利的弱化和流于形式，使得诉求社会权利制约权力机制和以文化自觉约束权力的效果难以实现。

随着我国大学治理模式的转型发展以及利益相关者诉求对大学决策的影响，各种类型的权力制约机制已开始受到重视，如以董事会或理事会为主要形式的社会权利参与大学治理的权利制约权力机制、以教代会为主要形式的民主权利制约权力机制和以学术委员会为运行机制的学术权力制约权力机制已开始受到重视。加快大学章程建设，规范权力运行程序，完善大学治理结构，实现依法治校是对目前大学行政化、泛行政化和大学权力制约机制非制度化运行的回应。

但是，从权力制约机制形成的内在逻辑和效果看，权力制约权力机制、制度制约权力机制、权利制约权力机制强调对权力的约束性、规制性和监督性，是权力制约的外在性要求，而文化制约权力机制强调权力制约的自觉性和内在性。文化制约权力机制的形成与其他权力制约机制相辅相成。各类权力制约机制只有以大学的学术性文化为基础时，才能发挥规范权力运行的积极效应。

本书要解决的主要问题是如何完善和构建我国大学的内部权力制约机制。为了回答这一问题，本书围绕研究的核心概念“权力制约机制”从三个方面展开论述研究：

一是大学的权力制约机制是什么？这一部分从纵向维度，以不同历史时期的典型学校为案例，遵从“权力主体—权力关系（结构）—权力制约机制”的思路进行了深入研究，得出的基本结论和认识是，大学权力制约机制是处理制度化权力关系与结构设计的具体手段与方法，反映的是大学权力运行的微观文化，主要包括四种类型，即以权力制约权力机制、以制度制约权力机制、以权利制约权力机制、以文化制约权力机制。其中，以制度制约权力机制是大学权力制约机制的基本形式，以文化制约权力机制是大学权力制约机制的最高诉求。每一时期占主导地位的权力制约机制与大学的功能拓展、规模的变化和利益相关者构成的复杂化有关系，也与大学权力运行所处的社会政治文化有很大的关系。

二是大学权力制约机制运行的现状和效果如何？这一部分主要从纵横两方面进行了分析：横向上，对美、英、德、日四国典型学校现状进行了比较分析，同时，对我国公办高校的权力制约机制基本形式——制度规则建设情况作了调查和比较统计分析；纵向上，就各权力制约机制的具体运行效果结合某大学人事决策等事件进行了简要的案例分析。形成的基本认识是，我国大学权力运行和制约机制存在一定的非制度化运行现象，主要表现为以下几对矛盾：（1）党委领导（决策）与党委书记领导（决策）的问题；（2）大学权力与权利的矛盾问题；（3）两个“一把手”的问题；（4）决策中的组织立场与个人立场的矛盾问题等。这些问题既与法规制度的非周延性有关系，也与传统的权力文化价值观影响有关系。

三是如何完善我国大学内部权力制约机制？对于这一问题，结合前两个问题的研究认识，主要从权力制约权力机制、制度制约权力机制、权利制约权力机制和文化制约权力机制完善的角度进行了讨论，并提出了相应的完善路径和政策建议。对于权力制约权力机制，基本建议是：校党委应当主要发挥对高校的“治理权”，实现对高校的战略领导；校长及校行政作为最高行政执行和决策权力，应当享有高校的全面“管理权”，同时，实施校长遴选制，实现校长选举与任命相分离，在此基础上推进大学校长的职业化，避免行政权力的异化；学术委员会除拥有最高学术事务决策权外，还应具有各类权力违章否决权和重要事务参与决策权，即根据大学章程等有权否决不符合学术发展和大学章程规定的议决结果，以及参与重大事务决策权。同时，根据董事会或理事会与教代会制度建设要求，提高社会力量和民主力量参与大学治理和平衡大学内部权力关系的效果。通过以上路径最终形成在校党委的领导下，“党、政、学、社”四权差异决策、优势互补的内部权力运行制约机制。对于制度制约权力机制，基本建议是以大学章程和各议事规则为重点，在修订完善高教法的基础上，明确其法律依据和法律效力，实现大学“依法治校与程序正当”的社会要求。将大学纪检、监察与审计部门从学校系统独立出来，由上级纪委、监察、审计主管部门领导，实施对学校内部各权力主体的监督检查工作。对于权利制约权力机制的基本建议是，建设和完善大学董事会制度，明确董事会的合法地位及参与大学决策的机制，赋予董事会对学校最高决策权力和学校法人代表的质询与问责权、评估权和校长推荐权与参与遴选权。而对于教代会，建议赋予教代会对大学主要权力的选举权与提请罢免权，确定教代会议事规则及相关规程的法律效力，完善教代会的运行机制。为了避免教代会的行政化运作，尽量减少行政人员挤占或不占教代会代表的名额资格。确保教代会在校党委领导下独立自主地行使民主管理与监督权利，保证广大教师群体充分享有“知情权、咨询权、评议权和监督权”。对于文化制约权力机制的完善建议是，重构学术生态文化，构建党委治理、校长管理的大学政治与行政权力运行文化，营造一个政治权力领导与治理廉洁自律，行政权力的管理与服务勤勉高效，学术权力的治学自由与创新，民主权利的监督阳光正义的良好氛围，促进权力运行制度、规则向权力主体价值信念的转变，以此形成权力运行的文化自觉和规范有序、和谐共荣的权力制约文化氛围。

本书的主要贡献有以下几点：第一，从研究内容而言，通过纵横两个维度的历史与现状分析，从理论上对“大学权力制约机制”概念、大学权力制约机制形成发展的逻辑及其关系、我国大学权力制约机制运行的现状形成初步认识和结论，并从理论和实践两方面提出完善的路径和政策建议。表现在：（1）观念创新。认为校党委会应主要发挥高校治理权力，实现对大学的战略领导，保留大学重大决策（重大人事、重大机构调整、重大项目资金）的审批权，将大学的主要管理权力留给大学校长及校行政。（2）认识突破。大学权力制约机制存在非制度化运行现象，集中表现在党委领导（决策）与党委书记领导（决策）的矛盾、大学权力与权利的矛盾、两个“一把手”权力的配合问题、决策中的组织立场与个人立场的矛盾问题等方面。这些矛盾是制度设计非周延性的衍生物。因此，完善和修订相关法律法规，确保大学的学术组织属性，避免因制度的不周延而造成权力的制度性腐败是完善大学权力制约机制的关键。（3）对策建议。提出在坚持党委的核心领导下，“党、政、学、社”四权差异决策、优势互补的内部权力运行格局设计，这既是发达国家高校权力运行机制的经验总结，也是大学共同治理的价值诉求。赋予学术委员会最高违章否决权，建议给予教代会有关大学主要权力主体的选举权和提请罢免权。选举权、提请罢免权与监督权利是民主权利的基本权利，二者相辅相成，不可分割。从生态位视角提出重构大学学术生态文化，实现多元文化互生共赢、相辅相成的大学文化生态。第二，从研究方法而言，本书基于结构主义与文化主义研究范式的基础上，遵循“权力主体—权力关系与结构—权力制约机制”的研究思路，使研究的核心概念——权力制约机制具有了可操作性。同时，以案例研究为主，对涉及的22所大学的权力制约机制情况进行了案例分析，将历史研究法与案例研究法相结合，有利于对大学权力制约机制历史发展的梳理和讨论。

当然，本书的不足和缺憾也是显而易见的。首先，本书对于历史部分的权力制约机制研究只能基于文献研究，即从制度设计的应然层面的研究。而对于历史上那些学校内部权力制约机制的实际运行情况如何已无从涉足考察；其次，由于受个人认识及能力等方面的局限，本书在现状和对策部分最终未能选择以某一两所大学为完整的案例进行分析，使得本书在具体方法运用的前后逻辑上未能“尽善尽美”，个中遗憾自不用说。而另一方面需要说明的是，本书对于这一问题的研究仅提供了一种研究方法和研究视角，如果能从制度经济学、制度社会学、政治学等其他学科，以及运用定量研究方法研究可能还会有其他新的研究认识和结论，因此，本书也只是对这一问题的一个初步研究。基于这一议题全面系统的研究还不多见，因此，希望本书的多方面不足和缺憾能成为本议题进一步研究的广阔空间。

参考文献

一　中文文献

1. 著作类

[1] [加] 约翰·范德格拉夫：《学术权力——七国高等教育管理体制比较》，王承绪译，浙江教育出版社 1989 年版。

[2] [美] 伯顿·克拉克：《高等教育系统——学术组织的跨国研究》，王承绪等译，杭州大学出版社 1994 年版。

[3] 刘献君：《大学之治与大学之思》，华中科技大学出版社 2000 年版。

[4] 刘献君：《院校研究》，高等教育出版社 2008 年版。

[5] 孙季萍、冯勇：《中国传统官僚政治中的权力制约机制》，北京大学出版社 2010 年版。

[6] 郭卉：《权利诉求与大学治理——中国大学教师利益表达的制度运作》，中国海洋大学出版社 2009 年版。

[7] [美] 罗伯特·伯恩鲍姆：《大学运行模式》，别敦荣译，中国海洋大学出版社 2003 年版。

[8] [美] 罗纳德·G. 埃伦伯格：《美国的大学治理》，沈文钦译，北京大学出版社 2010 年版。

[9] 张德祥：《高等学校的学术权力与行政权力》，南京师范大学出版社 2002 年版。

[10] 张维迎：《大学的逻辑》，北京大学出版社 2004 年版。

[11] 毕先顺：《权力整合与体制创新——中国高等学校内部管理体制改革研究》，教育科学出版社 2006 年版。

[12] 夏光：《后结构主义思潮与后现代社会理论》，社会科学文献出版社

2003 年版。
[13] 张磊：《欧洲中世纪大学》，商务印书馆 2010 年版。
[14] 李兴业：《巴黎大学》，湖南教育出版社 1988 年版。
[15] 贺国庆等：《外国高等教育史》人民教育出版社 2006 年版。
[16] 邢克超：《战后法国教育研究》，江西教育出版社 1993 年版。
[17] 李硕豪：《权力博弈：一所中国大学内部权力运行的故事》，中国社会科学出版社 2011 年版。
[18] 宋文红：《中世纪大学的演进》，商务印书馆 2010 年版。
[19] 赵宝云：《西方六国权力制衡机制通论》，中国人民公安大学出版社 2009 年版。
[20]《孙中山全集》（第 4 卷），中华书局 1981 年版。
[21] [加] 约翰·斯道雷：《文化理论与大众文化导论》（第五版），北京大学出版社 2010 年版。
[22] [古希腊] 亚里士多德：《政治学》，颜一、秦典华译，中国人民大学出版社 2003 年版。
[23] 张穹、张智辉：《权力制约与反腐倡廉》，中国方正出版社 2009 年版。
[24] [法] 孟德斯鸠：《论法的精神》，申林译，北京出版社 2007 年版。
[25] [法] 卢梭：《社会契约论》，李平沤译，商务印书馆 2011 年版。
[26] [法] 托克维尔：《论美国的民主》（上卷），董果良译，商务印书馆 2011 年版。
[27] [法] 托克维尔：《论美国的民主》（下卷），董果良译，商务印书馆 2011 年版。
[28] [美] 皮亚杰：《结构主义》，倪连生、王琳译，商务印书馆 1984 年版。
[29] 罗钢、刘向愚：《文化研究读本》，中国社会科学出版社 2000 年版。
[30]《列宁选集》（第四卷），人民出版社 1977 年版。
[31] [美] 罗伯特·K. 殷：《案例研究：设计与方法》，周海涛等译，重庆大学出版社 2004 年版。
[32] [美] 查尔斯·霍默·哈斯金斯：《大学的兴起》，梅义征译，生活·读书·新知三联书店 2007 年版。
[33] [英] 海斯汀·拉斯达尔：《中世纪的欧洲大学——大学的起源》

(第一卷)，崔延强、邓磊译，重庆大学出版社 2011 年版。
[34] [英] 海斯汀·拉斯达尔:《中世纪的欧洲大学——在上帝与尘世之间》(第二卷)，崔延强等译，重庆大学出版社 2011 年版。
[35] [法] 雅克·韦尔热:《中世纪大学》，王晓辉译，上海人民出版社 2007 年版。
[36] [比] 希尔德·德·里德 - 西蒙斯:《欧洲大学史——中世纪大学》(第一卷)，张斌贤等译，河北大学出版社 2008 年版。
[37] [美] 亚伯拉罕·弗莱克斯纳:《现代大学论——美英德大学研究》，徐辉等译，浙江教育出版社 2001 年版。
[38] [美] 亚瑟·科恩:《美国高等教育通史》，李子江译，北京大学出版社 2010 年版。
[39] [美] 阿特巴赫等:《21 世纪美国高等教育——社会、政治、经济的挑战》，杨耕等译，北京师范大学出版社 2005 年版。
[40] [美] 莫顿·凯勒、菲利斯·凯勒:《哈佛走向现代——美国大学的崛起》，史静寰等译，清华大学出版社 2007 年版。
[41] 张亚群:《科举革废与近代高等教育的转型》，华中师范大学出版社 2005 年版。
[42] 璩鑫圭、童富勇:《中国近代教育史资料汇编：教育思想》，上海教育出版社 1997 年版。
[43] 璩鑫圭、唐良炎:《中国近代教育史资料汇编：学制演变》，上海教育出版社 1991 年版。
[44] 陈青之:《中国教育史》，东方出版社 2008 年版。
[45] 朱有瓛:《中国近代学制史料》(第一辑)(下册)，华东师范大学出版社 1986 年版。
[46] 朱有瓛:《中国近代学制史料》(第二辑)(上册)，华东师范大学出版社 1987 年版。
[47] 舒新城:《中国近代教育史资料》(上册)，人民教育出版社 1981 年版。
[48] 钟叔河、朱纯:《过去的学校》，湖南教育出版社 1982 年版。
[49] 高平叔:《蔡元培教育论集》，湖南教育出版社 1987 年版。
[50]《评议会规则修正案》，北京大学日刊民国九年(1921 年)四月十五日，《北京大学日刊》(第 5 册)，人民出版社 1981 年版。

[51] 王学珍、郭建荣:《北京大学史料》(第二卷)(上册),北京大学出版社 2000 年版。
[52] 高伟强等:《民国著名大学校长》,湖北人民出版社 2007 年版。
[53] 中国蔡元培研究会:《蔡元培全集》(第 3 卷),浙江教育出版社 1997 年版。
[54] 西南联合大学北京校友会:《国立西南联合大学校史》,北京大学出版社 2006 年版。
[55] 西南联合大学北京校友会校史编委会:《国立西南联合大学校史资料》,北京大学出版社、云南人民出版社 1986 年版。
[56] 于化民:《"一二一"运动中的西南联大教授会与教授们》,载《知识分子与近现代中国社会》,武汉,2007 年。
[57]《汪曾祺全集》(四),北京师范大学出版社 1998 年版。
[58] 冯友兰:《三松堂全集》(第 1 卷),河南人民出版社 2000 年版。
[59] 黄延复、马相武:《梅贻琦与清华大学》,山西教育出版社 1995 年版。
[60] 中国人民大学校史研究丛书编委会:《中国人民大学纪事》(上卷),中国人民大学出版社 2007 年版。
[61] 上海交通大学党委办公室:《上海交通大学管理改革初探》,上海交通大学出版社 1983 年版。
[62] 张金辉:《耶鲁大学办学史研究》,中央编译出版社 2009 年版。
[63] 黄福涛:《外国高等教育史》,上海教育出版社 2008 年版。
[64] 王如哲:《各国高等教育制度》,华东师范大学出版社 2010 年版。
[65] 周光礼、朱家德:《大学章程与大学治理:国际比较与策略选择》,载湛中乐《通过章程的大学治理》,中国法制出版社 2011 年版。
[66]《上海交大的教育改革》(重要资料选编),人民出版社 1985 年版。
[67] 上海高校校长负责制文集编委会:《上海高校校长负责制文集》,上海外语教育出版社 1987 年版。
[68]《国家中长期教育改革和发展规划纲要(2010—2020 年)》,中国法制出版社 2010 年版。

2. 博士、硕士论文、期刊、报纸类

[1] 李海萍:《大学学术权力现状研究》,博士学位论文,湖南师范大学,2010 年。

[2] 刘献君:《现代大学制度建设的哲学思考》,《中国高教研究》2011年第10期。
[3] 张密丹:《现代大学制度:高教改革的关键》,《光明日报》2011年7月10日。
[4] 苏步青:《相信校长能管好大学》,《人民日报》1979年12月26日。
[5] 别敦荣:《论我国高等学校领导权力分治与统整》,《清华大学教育研究》2003年第2期。
[6] 沈扬:《建立学校管理机制的整体思考》,《中国教育学刊》1993年第3期。
[7] 余白:《"校长不能个人说了算"质疑》,《教育研究与实验》1994年第2期。
[8] 邢克超:《必须建立有效的机制:简析法、德两国大学内部管理》,《比较教育研究》1996年第3期。
[9] 陈玉琨、戚业国:《论我国高校内部管理的权力机制》,《高等教育研究》1999年第3期。
[10] 王卫星:《高等院校内部控制框架体系的构建及其应用研究》,博士学位论文,南京理工大学,2008年。
[11] 胡浩、李宝娣:《高校领导干部监督工作存在的问题及对策》,《重庆交通大学学报》(社科版)2008年第6期。
[12] 田欣、张宝君:《高等学校建立完善权力运行监控机制的几点思考》,《中国成人教育》2010年第7期。
[13] 刘克利:《现代大学制度框架下学院层面的权力配置和运行》,《大学教育科学》2009年第6期。
[14] 刘献君:《论大学内部权力的制约机制》,《高等教育研究》2012年第3期。
[15] 孙天华:《大学治理结构中的委托代理问题——当前中国公立大学委托代理关系若干特点分析》,《北京大学教育评论》2004年第4期。
[16] 徐灿:《对高校内部学术权力与行政权力的探究——基于"分权制衡理论"的分析》,《吉林教育》2010年第1期。
[17] 刘献君:《论高校贯彻落实科学发展观中的十个关系》,《高等教育研究》2009年第4期。

[18] 钟秉林:《大学学术权力与行政权力的关系及其协调》,《中国高等教育》2009 年第 19 期。
[19] 王英杰:《大学学术权力和行政权力冲突解析:一个文化的视角》,《北京大学教育评论》2007 年第 1 期。
[20] 眭依凡:《论大学学术权力与行政权力的协调》,《现代大学教育》2001 年第 4 期。
[21] 费坚、巫丽君:《我国大学行政权力的重新配置——基于“三权制衡”模式的思考》,《扬州大学学报》(高教研究版)2005 年第 1 期。
[22] 刘士民:《传统与超越:高校权力结构的解构与重建》,《高教发展与评估》2006 年第 1 期。
[23] 林荣日:《论高校内部权力》,《现代大学教育》2005 年第 2 期。
[24] 秦惠民:《我国大学内部治理中的权力制衡与协调——对我国大学权力现象的解析》,《中国高教研究》2009 年第 8 期。
[25] 刘献君:《现代大学制度建设中的若干关系》,《大学》(学术版)2012 年第 1 期。
[26] 孔伟艳:《制度、体制、机制辨析》,《重庆社会科学》2010 年第 2 期。
[27] 陆扬:《“文化主义”述评》,《三峡大学学报》(社科版)2004 年第 5 期。
[28] 王晓辉:《步履蹒跚 依然优秀——巴黎索邦大学创建 800 年之思考》,《比较教育研究》2004 年第 8 期。
[29] 张斌贤等:《柏林大学建校史:1794—1810》,《高等教育研究》2010 年第 10 期。
[30] 胡钦晓:《社会资本视角下 19 世纪柏林大学之崛起》,《华东师范大学学报》(教育科学版)2008 年第 1 期。
[31] 高平叔:《北京大学的蔡元培时代》,《北京大学学报》(哲学社会科学版)1998 年第 2 期。
[32] 冯治益:《中宣部、教育部召开部分省市高校校长负责制试点工作座谈会》,《中国高等教育》1985 年第 1 期。
[33] 俞可:《“学者自治共和国”的终结——教育领导在德国大学的变革》,《比较教育研究》2008 年第 7 期。

[34] 张帆、张蓓：《德国大学的内部管理结构及特点——以马堡菲利普斯大学为例》，《大学》（学术版）2010 年第 6 期。

[35] 周丽华：《德国高等教育管理体制改革的新思维》，《华南师范大学学报》（社会科学版）2006 年第 4 期。

[36] 邢晓辉、耿景海：《法人化后日本大学内部治理结构研究——以东京大学为例》，《广东教育学院学报》2009 年第 4 期。

[37] 张国有、胡少诚：《中国大学章程建设的历程与形态》，《北京大学教育评论》2012 年第 2 期。

[38] 周群英：《合理性与合法性：中国公立高校董事会的实践与争议》，《现代教育管理》2009 年第 8 期。

[39] 李胜利：《对党委领导下的校长负责制的几点思考》，《中国高等教育》2011 年第 5 期。

[40] 杨宇、郑垂勇：《非正式制度理论研究》，《商场现代化》2007 年第 3 期。

[41] 刘献君：《论高等学校制度建设》，《高等教育研究》2010 年第 3 期。

[42] 孙天华：《决策系统的有效整合与降低摩擦成本的关系：对我国公立大学决策机制的分析》，《经济经纬》2004 年第 4 期。

二　外文类文献

[1] Baldridge J. V., *Policy Making and Effective Leadership: A National Study of Academic Management*, San Francisco: Jossey - Bass, 1978.

[2] Baldridge J. V., *Power and Conflict in the University: Research in the Sociology of Complex Organizations*, New York: John Wiley, 1971.

[3] Cohen M. D., March J. G., *Leadership and Ambiguity: the American College President*, Boston: Harvard Business School Press, 1986.

[4] Jan - Erik Lane, "Power in the University", *European Journal of Education*, Vol. 14, No. 4, Dec., 1979.

[5] Corson J., *Governance of Colleges and Universities*, New York: McGraw - Hill, 1960.

[6] Peter N. Warren, "Public Higher Education: Who Steers the Ship? ", *Academic Questions*, Spring, 1998.

[7] Catherine Bargh, Jean Bocock, Peter Scott and David Smith, *Universities Leadership: The Role of the Chief Executive*, SRHE and Open University Press, 2000.

[8] Kaplange, "Do Governance Structures Matter", *New Directions for Higher Education*, No. 127, 2004.

[9] Deborah Blackman and Monica Kennedy, "Knowledge Management and Effective University Governance", *Journal of Knowledge Management*, No. 6, 2009.

[10] Audrey Addi – Raccah, Ronit Ainhoren, "School Governance and Teachers ' Attitudes to Parents ' Involvement in Schools", *Teaching and Teacher Education*, Elsevier Ltd. , No. 25, 2009.

[11] Kerry J. Kennedy, "Higher Education Governance as a Key Policy Issue in the 21st Century", *Educational Research for Policy and Practice*, No. 2, 2003.

[12] Dennis John Gayle, Bhoendradatt Tewarie, and A. Quinton White, Jr. , *Governance in the Twenty – First – Century University: Approaches to Effective Leadership and Strategic Management*, Wiley Periodical, Inc. , 2003.

[13] Gwen B. Williams and Perry A. , Zirkel, "Academic Penetration in Faculty Collective Bargaining Contracts in Higher Education ", *Research in Higher Education*, No. 1, 1988.

[14] V. Lynn Meek, Leo Goedegebuure, and Harry De Boer, *The Changing Role of Academic Leadership in Australia and the Netherlands: Who Is the Modern Dean*? Springer Science and Business Media B. V. 2010.

[15] Jitse D. J. van Ameijde, Patrick C. Nelson, Jon Billsberry, Nathalie van Meurs, "Improving Leadership in Higher Education Institutions: a Distributed Perspective", *High Educ*, No. 58, 2009.

[16] Vesnakovac, Jasminkaledic and Branko Rafajac, "Academic Staff Particpation in University Governance: Internal Responses to External Quality Demands", *Tertiary Education and Management*, No. 9, 2003.

[17] Imanol Ordorika, "The Limits of University Autonomy: Power and Politics at the Universidad Nacional Autonoma de Mexico", *Higher Education*, No. 46, 2003.

[18] Joseph W. Garbarino, "Faculty Unionism: The First Ten Years", *Annals of the American Academy of Political and Social Science*, Vol. 448, the Academic Profession, Mar. , 1980.

[19] Michael I. Harrison and Ephraim Tabory, "Faculty Unions and the Strike Weapon", *The Journal of Higher Education*, No. 4, 1980.

[20] Don Williams, William Gore, Charles Broches and Cynthia Lostoski, "One Faculty' s Perceptions of Its Governance Role", *The Journal of Higher Education*, No. 6, 1987.

[21] Kim Cameron, "The Relationship between Faculty Unionism and Organizational Effectiveness", *The Academy of Management Journal*, No. 1, 1982.

[22] Julie Rowlands, "Accountability, Quality Assurance and Performativity: the Changing Role of the Academic Board", *Quality in Higher Education*, No. 1, 2012.

[23] J. Victor Baldrudge, David V. Curtis, Geirge Ecker, and Gary L. Riley, *Policy Making and Effective Leadership: A National Study of Academic Management*, San Francisco: Jossey – Bass, 1978.

[24] Robin Wilson, "Downturn Threatens the Faculty' s Role in Running Colleges", *The Chronicle of Higher Education*, No. 2, 2009.

[25] Eagleton, Terry, *Literary Theory: An Introduction*, Oxford: Blackwell, 1983.

[26] Hidde de Ridder – Symoens, *A History of the University in Europe*, Vol. 1, Cambridge University Press, 1992.

[27] Hastings Rashdall, *The Universities of Europe in the Middle Ages*, Vol. 1, ed. F. M. Powicke and A. B. Emden, New York: Oxford University Press Inc. , 1936.

[28] Willis Rudy, *The Universities of Europe*, 1100 – 1914, A History Associated University Press, 1984.

[29] Daniel Fallon, *The German University: A Heroic Ideal in Conflict with the Modern World*, Boulder: Colorado Associated University Press, 1980.

[30] GERH ARD KR GER (Hg .), *Die Humboldt – Univerisitt Gestern – Heute – Morgen*, VEB Deut sc – her Ver lag der Wissenschaften Berlin, 1960.

[31] W. H. Cowley, *Presidents*, *Professors*, *and Trustees*, California: Jossey – Bass Inc. , 1980.

[32] G. Kerry Smith, *Twenty – Five Year*: 1945 – 1970, California: Jossey – Bass Inc. , 1970.

[33] Ronald Story, *The Forging of Aristocracy*: *Harvard and the Boston Upper Class*, 1800 – 1870, Middletown, Conn: Wesleyan University Press, 1980.

[34] Raymond D. Cotton, J. D. , M. Sc, "Myth: College and University Presidents are Overpaid", *the Presidency*, Spring, 2012.

[35] Wallace, A. , "Search for CSU Chief to Be Done in Secrecy", *Los Angeles Times*, Aug. 5, 1997, p. A18.

[36] Tyler Kingkade, "Bill Powers, University of Texas President, Clashes With Rick Perry Over Tuition Hikes", *The Huffington Post*. 5th, 2012.

[37] Ginsberg, Benjamin, *The Fall of the Faculty*: *the Rise of the All – administrative University and Why it Matters* , Oxford University Press, Inc. , 2011.

[38] Robin Wilson, "Balance of Power: Downturn Threatens the Faculty' s Role in Running Colleges", *Chronicle of Higher Education*, Vol. 55, No. 22, Feb. , 2009.

[39] *Guide for Members of Higher Education Governing Bodies in the UK*: *Incorporates the Governance Code of Practice and General Principles*, Committee of University Chairs, 2009.

[40] Robin Middlehurst, "Changing Internal Governance: A Discussion of Leadership Roles and Management Structures in UK Universities", *Higher Education Quarterly*, No. 4, 2004.

[41] Renate Mayntz, "University Councils: an Institutional Innovation in German Universities", *European Journal of Education*, No. 1, 2002.

[42] TABATA Hirokuni, "The Incorporation and Economic Structural Reform of Japan' s National universities", *Social Science Japan Journal*, No. 1, 2005.

[43] Non. *Challenges for Governance*: *a National Report*, Center for Higher Education Policy Analysis, University of Southern California, 2003.

三 主要网络文献及网页资料

[1] 董保城：《从“学者共和国”到“学术企业体”之两难：论新版大学法草案》，http：//huang. cc. ntu. edu. tw/pdf/CCB3419. pdf。

[2] 云谷川：《集体领导体制存在很大弊端》，中国共产党新闻网，2007年1月5日。

[3] 中国人民大学校园网·历史沿革，http：//www. ruc. edu. cn/history。

[4]《教育部直属高等学校暂行条例（草案）》，http：//edu6. teacher. com. cn/tln009a/doc/d000108030207. htm。

[5]《上海交通大学·学校大事》，http：//www. sjtu. edu. cn/info/1006/3211. htm。

[6]《关于党内政治生活的若干准则》，中央政府门户网，http：//www. gov. cn/test/2007 -07/06/content_ 674817. htm。

[7]《中国共产党章程（2012）》，中央政府门户网，http：//www. gov. cn/jrzg/2012 -11/18/content_ 2269219. htm。

[8]《暨南大学董事会章程》，http：//dsh. jnu. edu. cn/constitution. html。

[9]《中国矿业大学（北京）董事会章程》，http：//dpd. cumtb. edu. cn/Dsh/ZhangCheng. aspx。

[10]《汕头大学校董会章程》，http：//mms. stu. edu. cn/mms web/detail. aspx? id = c8de65d4 -1821 -4e20 -b752 -018b7161ad56。

[11]《中南大学董事会章程》，http：//ghb. csu. edu. cn/News/NewsContent. aspx? NewID =499。

[12]《党的十八大报告》，新华网，http：//www. xj. xinhuanet. com/2012 -11/19/c_ 113722546. htm。

[13]《北京大学大事记》，北京大学档案馆，http：//www. dag. pku. edu. cn/pkuapage/dshj/dshj. htm。

[14]《关于党内政治生活的若干准则》，中央政府门户网站，http：//www. gov. cn/test/2007 -07/06/content_ 674817. htm。

[15] 江泽民：《在全国组织工作会议上的讲话（1997）》，人民网，http：//www. people. com. cn/GB/channel1/10/20000 529/80723. html。

[16]《复旦大学拟定〈大学章程〉遭遇集体沉默》，http：//learning. sohu. com/20110119/n278961733. shtml。

[17]《学术和行政分离：复旦探索“去行政化”破冰之路》，新华网，http：//news. xinhuanet. com/edu/2011 - 10/09/c_ 122131161. htm。

[18]《学校教职工代表大会规定》，中华人民共和国教育部网，http：//www. moe. gov. cn/publicfiles/business/htmlfiles/moe/s6008/201201/129216. htm。

[19] Tom Christensen, “University Governance Reforms: Potential Problems of More Autonomy”, www. Springerlink. com. December 30, 2010.

[20] Larry G. Gerber, “Inextricably Linked: Shared Governance and Academic Freedom”, http://aaup. org/AAUP/pubsres/academe/2001/MJ/Feat/gerb. htm.

[21] Board of Trustees https://secure. www. upenn. edu/secretary/trustees/.

[22] Statutes of the Trustees (2011) https://secure. www. upenn. edu/secretary/trustees/statutestrustee. html.

[23] Regulations of the Academic Senate, http://www. universityofc alifornia. edu/senate/manual/regstoc. html.

[24] *Challenges for Governance: a National Report*, Center for Higher Education Policy Analysis, University of Southern California, 2003, http://www. usc. edu/dept/chepa.

[25] The PENN State University Faculty Senate, http://www. senate. psu. edu/senate. html.

[26] Committees & Task Forces, http://www. virginia. edu/facultysenate /committees. html.

[27] The Pennsylvania State University Faculty Senate, http://www. senate. psu. edu/about_ senate/Senate%20Organizational%20Chart.

[28] Fact sheet (2012), http://www. senate. psu. edu/factsheet. pdf.

[29] Challenges for Governance: a National Report, http://www. usc. edu/dept/chepa.

[30] The Yale Corporation By - Laws, http://www. yale. edu/about /bylaws. html.

[31] Officers of the University Standing Order 100. 2 Employment Statuses, http://regents. universityofcalifornia. edu/bylaws/so1002. html.

[32] A Brief History of the University, http://www. ox. ac. uk/about_ the_

university/introducing_ oxford/a_ brief_ history_ of_ the_ university/index. html.

[33] A Brief History of the University: Early Records, http: //www. cam. ac. uk/univ/history/records. html.

[34] The Structure of the University, http: //www. ox. ac. uk/about_ the_ university/introducing_ oxford/the_ structure_ of_ the_ university/index. html.

[35] How the University Works, http: //www. cam. ac. uk/univ/works /index. html.

[36] The Proctors, http: //www. cam. ac. uk/univ/works/proctors. html.

[37] The Board of Scrutiny, http: //www. cam. ac. uk/univ/wor ks/scrutiny. html.

[38] Governance, http: //www. london. ac. uk/972. html.

[39] Council, http: //www. leeds. ac. uk/secretariat/council. html.

[40] Board of Trustees: Functions, Constitution and Dates of Meetings, 13th September 2012, http: //www. london. ac. uk/3156. html.

[41] Board of Trustees, http: //www. london. ac. uk/973. html.

[42] Ordinance A – Membership, http: //www. city. ac. uk/about/city – information/governance.

[43] Articles of Government, http: //www. uel. ac. uk/governors.

[44] Statutes of the University of Manchester, http: //www. manchester. ac. uk/medialibrary/governance/statutes. pdf.

[45] Articles of Government: Procedures for Meetings, http: //www. uel. ac. uk/governors.

[46] Bearbeitung: Iris Ehlers – Stand: 15. November 2012, https: //www. uni – hildesheim. de/media/organisation/Organigramm _ Stiftung _ Universitaet_ Hildesheim. pdf.

[47] Hessisches Hochschulgesetz und Gesetz zur nderung des TUD – Gesetzes sowie weiterer Rechtsvorschriften, http: //www. uni – marburg. de/administration/recht/gesetz/HHG – 14122009. pdf.

[48] Administration of the University, http: //www. uni – marburg. de/administration – en.

[49] Hochschulrecht, http: //www. uni – marburg. de/administration/recht.

[50] Senat, https: //www. uni – hildesheim. de/index. php? id = senat&L = 1.

[51] Informationen zum Präsidium, http: //www. uni – goettingen. de/de/894. html.

[52] Senat, http: //www. uni – goettingen. de/de/22448. html.

[53] Stiftungsrat für die gesamte Stiftungsuniversität, http: //www. uni – goettingen. de/de/11349. html.

[54] http: //www. waseda. jp/gb/about/organization. html.

[55] 大学の概要/学部・研究科 >執行体制 >役員等, http: //www. nagoya – u. ac. jp/about – nu/gov/director/。

[56] 運営組織図, http: //www. ynu. ac. jp/about/organization/manage/tree. html。

[57] 大学の概要/学部・研究科 >執行体制 >経営協議会委員, http: //www. nagoya – u. ac. jp/about – nu/gov/mgt – board/。

[58] 大学の概要/学部・研究科 >執行体制 >教育研究評議会評議員, http: //www. nagoya – u. ac. jp/about – nu/gov/edu – board/。

[59] http: //www. provost. harvard. edu/.

[60] http: //www. uni – marburg. de/administration – en.

[61] http: //www. tsukuba. ac. jp/about/administrative. html.

[62] http: //hul. harvard. edu/huarc/charter. html.

[63] http: //www. provost. harvard. edu/.

[64] http: //www. dartmouth. edu.

[65] http: //www. usc. edu/dept/chepa.

附录1 调研统计表

您好！我是华中科技大学的博士生，非常感谢您能在百忙之中接受并支持我的调研工作。我希望能对您所在学校以下内容的“有、无”情况有一个准确的了解，调研的目的仅限于一般意义上的统计研究使用，也是我博士论文的主要数据来源。在具体研究过程、研究报告和博士论文中都不会涉及您及单位任何名称信息，请您放心。谢谢您对我的帮助和支持。

调研具体内容与建设情况	有	无	制定中	拟制定	备注
1. 学校章程					
2. 党员代表大会关于决策权的相关规定					
3. 党委常委会、校长办公会议事规则					
4. 教职工代表大会议事规则					
5. “三重一大”决策制度（实施办法）					
6. 关于“自由裁量权”的制约机制					
7. 政务（信息）公开制度					
8. 风险预警与防控办法					

说明：

1. 其中“三重一大”、“自由裁量权”、“政务公开”、“风险预警与防控”等都是指各校“具体实施办法”的相关制度建设，而不是上级部门制定的宏观指导性制度。其他有特殊情况的请您在“备注栏”中注明。

2. 请您将填好的电子调研表发送至：（我的邮箱）。再次感谢您对我的支持。谢谢！

附录 2　调研访谈提纲

首先，非常感谢您在繁忙中接受我的访谈。通过对您的访谈工作，我主要想了解以下信息：学校党委会、校长办公会、学术委员会、教职工代表大会的一些基本情况，包括基本运行程序，人员构成，议题产生与决策、执行和监督管理等情况。

1. 党委会（全委会与常委会）情况

1.1. 党委常委会人员构成有哪些？基本分工是怎样的？在各自分工的范围内，有没有决定权力？如资源、人事、制度等方面的一些决策权力。

1.2. 党委会讨论的基本程序是怎样的？一般怎样做出最终决策？会议决策前都有哪些工作需要做？谁来做？党委会的决策怎么落实执行？执行的基本程序是什么？有没有明确的制度规则和监督评估程序？谁来负责监督和评估具体的执行过程？

1.3. 党委书记委托副职主持会议的情况多不多？副书记主持会议的决策程序有什么不同？决策怎么做出？最终的决策是如何做出的？

1.4. 党委会内部的成员分工配合情况如何？

1.5. 党委会目前有没有议事规则及其他相关规范规定？其法律依据是什么？

2. 校长及校长办公会情况

2.1. 校长办公会的人员构成是怎么样的？是否和党委会成员是一样的？区别仅在会议主持人不同？校长的权力有哪些？副校长有哪些实际权力？

2.2. 校长办公会决策的基本程序是怎样的？会前做哪些工作？党委会成员出（列）席会议对于校长办公会决策的影响是什么？会议如何作

出决策？

2.3. 有没有副职主持会议的现象？决策程序又是怎样的？

2.4. 校长办公会目前有没有议事规则？议事规则由谁制定并审批生效？其法律依据是什么？

3. 学术委员会运行情况

3.1. 学术委员会主任目前由谁担任？委员一般由哪些人员构成？

3.2. 学术委员会有没有实体的机构，还是挂靠职能部门？主要做什么工作？

3.3. 学术委员会有没有会议？多长时间开一次会议？谁来主持？会议决策和审议的基本程序是怎样的？审议结果校长办公会如何处理？程序是怎样的？

3.4. 学术委员会有没有《章程》或议事规则？谁制定？谁审议通过？法律依据如何？

4. 教职工代表大学情况

4.1. 教代会会员产生的方法是什么？成员构成结构如何？

4.2. 教代会的基本运行情况如何？教代会会议由谁主持？程序是怎样的？会议决策或实施监督的程序和效果如何？学校对提案处理的情况如何？

4.3. 教代会有没有具体的议事规则？谁来审议通过？其法律依据是什么？

5. 学校内部权力整体运行情况

5.1. 学校的哪些事务是由书记决定的？哪些事务是由校长做出决策的？

5.2. 院系在哪些事务上有一定的权力？哪些事务上没有或不应该有权力？

5.3. 学校内部各权力关系的整体运行效果如何？

感谢您对我访谈工作的支持。谢谢！（以上问题仅供具体访谈时参考）

附录3　吉林大学章程[①]

序　言

吉林大学是中华人民共和国教育部直属重点综合性大学，由原吉林大学、吉林工业大学、白求恩医科大学、长春科技大学、长春邮电学院于2000年6月12日合并而成，2004年，原中国人民解放军军需大学并入该学校。

在长期发展历程中，学校会聚了一批来自国内外的学术大师，为国家建设和社会发展培养了大批栋梁之材，孕育了丰富的学术思想精华，创造了众多的高水平科研成果，赢得了良好的学术声誉和社会声望，形成了优良的传统和校风，凝练出以求真务实、自由民主、开放兼容、隆法明德、与时俱进为核心的大学精神。

面向未来，学校秉承“求实创新、励志图强”的校训，遵循以人为本的办学理念，以追求真理、培育人才、研究学术、传承文明、服务社会、造福人类为己任，致力于建设高水平研究型大学，将学校建成国家高质量人才培养、高水平科学研究和成果转化、高层次决策咨询的重要基地。

为实现学校的奋斗目标，规范办学行为，建立现代大学制度，根据法律规定，制定本章程。

---

① 《吉林大学章程》，http：//guihc. buct. edu. cn/xiangguan/2007926105646. asp? newsid = 170。

第一章　总则

第一条　学校名称为吉林大学（英译为 Jilin　University），由国家设立。

第二条　学校法定住所为吉林省长春市前进大街 2699 号。

第三条　学校为非营利性事业组织，具有独立法人资格，依法享有教学、科研、行政及财务自主权，独立承担法律责任。

第四条　学校全面贯彻国家教育方针，培养德智体美全面发展，具有国际视野、创新精神和实践能力，富有良知和责任感的高级专门人才。

第五条　学校实行中国共产党吉林大学委员会领导下的校长负责制。

校长是学校的法定代表人。

第六条　学校坚持依法治校，实行教授治学，实施民主管理。

第七条　学校实行校、院两级管理为主的体制。

学校对校内公共事务实行垂直管理、延伸管理和属地管理。

学校逐步扩大学院自主管理的领域和范围，发挥学院办学的主体作用。

第二章　学校功能和教育形式

第八条　学校以人才培养和知识创新为根本任务，开展教学、科学研究和社会服务活动。

第九条　学校根据社会需要和办学条件，合理确定办学规模。

第十条　学校依法设置和调整学科、专业。

第十一条　学校依法招收学生，对学生实施教育。

学校实施普通高等教育，适当开展职业技术教育、成人高等教育，积极拓展继续教育。

第十二条　学校主要教育形式为全日制学历教育。学历教育以本科生和研究生教育为主。

学校依法确定和调整学历教育修业年限，全面推行学分制。

第十三条　学校根据人才培养的目标和要求，组织实施教学活动。

第十四条　学校依法颁发学业证书和学位证书。

学校执行国家学位制度，依法授予学士、硕士及博士学位。

第十五条　学校向为社会发展和人类文明进步做出突出贡献的杰出人士授予名誉博士学位或其他荣誉称号。

第十六条　学校积极开展基础研究和应用研究，推动学术进步、科技创新、成果转化，服务社会。

第十七条　学校积极开展国际合作与交流，促进教育国际化。

第三章　组织与结构

第一节　学校组织机构

第十八条　学校根据需要设置组织机构，决定其职权职责配置。

第十九条　中国共产党吉林大学委员会是学校的领导核心，行使对学校工作的统一领导权，主要职权和职责是：

（一）组织学习、宣传和执行党的路线、方针、政策，领导思想政治工作和德育工作，保证社会主义办学方向，维护政治稳定和校园平安，团结和动员全体教职员工和学生推进学校的改革、建设和发展，开创以公正、民主、诚信、和睦、相互认同为价值理念的和谐局面；

（二）领导制定学校发展战略，讨论决定改革发展中的重大问题；讨论决定学校内部组织机构设置和基本管理制度等重大事项；坚持党管人才原则，创造有利于人才辈出、人尽其才的条件和环境；按照干部管理权限，负责干部的选拔、任用、培养、考核和监督；

（三）加强学校各级党组织的思想、组织和作风建设，发挥基层组织在建设高水平研究型大学中的重要作用；

（四）领导学校的教职工代表大会和工会、共青团、妇委会，领导学生会、研究生会等学生社团，对校内民主党派的基层组织实行政治领导，充分发挥各类组织的作用。

中国共产党吉林大学委员会全体会议闭会期间，由它的常务委员会行使其职权，履行其职责。

第二十条　中国共产党吉林大学纪律检查委员会是学校的党内监督机构，在学校党委和上级纪委的领导下，围绕学校中心工作，检查党的路线、方针、政策、决议及学校重大决策的执行情况，保障和促进学校各项事业健康发展。

第二十一条 校长是学校行政主要负责人，其职权和职责是：

（一）拟订发展规划，制定具体规章制度和年度工作计划并组织实施；

（二）组织开展教学活动、科学研究、学科建设、师资队伍建设和国际合作与交流；

（三）拟订校内组织机构的设置方案，推荐副校长人选，按干部任免权限任免校内组织机构的负责人；

（四）聘任与解聘教职员工，对学生实施学籍管理，依照法律和学校规定对教职员工和学生实施奖励或者处分；

（五）拟订和执行年度经费预算方案，保护和管理学校资产，筹措办学经费；

（六）法律、法规规定的其他职权和职责。

第二十二条 校长行使职权、履行职责，实行校长统一领导、副校长分工负责、职能部门组织实施的工作机制。

校长主持校长办公会议，处理学校行政工作中的重要事项。

学校实行校务公开，校长向教职工代表大会报告工作。

第二十三条 校务委员会是学校咨询机构，依其工作规则对学校的事业发展规划、重大改革措施、学科建设、师资队伍建设、校园建设等重大咨询事项，提出意见和建议。

第二十四条 校学术委员会依其章程审议学科、专业的设置及教学、科学研究计划方案，评定教学、科学研究成果，审议教师职务资格，受理学术争议，处理其他相关事宜。

第二十五条 校学位评定委员会依照法律和有关规定独立负责学位的评定、授予；负责研究生指导教师遴选等工作。

学位评定分委员会根据校学位评定委员会授权开展工作。

第二十六条 教职工代表大会是教职员工参与学校民主管理和监督的重要组织形式，依其章程行使权利。

第二十七条 校内各民主党派及群众组织依各自章程开展活动。

第二十八条 党政职能机构、直属机构根据学校授权履行管理和服务职责。

职能机构根据需要可向校区派出延伸机构，实行延伸管理与服务。

校长可向校区派出代表，授权其就属地事务进行协调、管理和服务。

第二十九条 学校图书馆、博物馆、档案馆、网络中心等公共服务机构，为教职员工和学生提供服务，保障教学、科学研究、行政管理等各项工作的开展。

第三十条 学校附属的具有独立法人资格的单位，依照法律和学校规定实行相对独立运营与管理。

第三十一条 学校与外界缔结协议，联合设立组织机构，开展合作办学、合作研究与技术开发、社会实践等活动。

第二节 学院与学部

第三十二条 学校设立学院。学院作为人才培养、科学研究、学科建设的具体组织实施单位，在学校授权范围内实行自主管理。

具有独立建制的学系和教学中心，享有与学院同样的权利和义务。

第三十三条 学院根据学校的规划、规定或授权，制订学院发展规划，制订并组织实施学科专业建设、师资队伍建设、课程建设及教学计划，组织开展科学研究和其他学术活动，提出年度招生计划建议，设置内部机构，制定内部工作规则和办法，决定学院人员的聘任与管理，负责学生的教育与管理、就学生的奖惩提出意见，管理和使用学校核拨的办学经费和资产；行使学校赋予的其他职权。

第三十四条 学院院务会议是学院的决策机构，由学院院长、党委（总支）书记、副院长、副书记组成。

院务会议讨论决定人才培养、科学研究、学科建设、人才队伍建设、思想政治工作和行政管理等方面的重要事项。

院务会议主持人根据会议内容确定，属于思想政治工作、干部选拔任用等事项的，由学院党委（总支）书记主持，除此之外由院长主持。

第三十五条 院长是学院行政主要负责人，对学院的行政事务行使管理权。

院长定期向本学院全体教职员工或教职工代表大会报告工作。

第三十六条 学院党委（总支）负责学院思想政治和党建工作，保证党和国家的路线、方针、政策和学校各项决定在本学院的贯彻执行，支持并监督院长履行其职责。

第三十七条 学院（学科）学术委员会依其章程独立行使学术权力，

保障学术民主和学术自由。

第三十八条 学院可根据需要设立教授会。教授会作为教授治学和民主管理的重要组织形式，依学院制定的教授会章程开展工作。

第三十九条 独立建制的研究中心（院、所）、工程中心和重点实验室等，根据有关规定和学校授权设立相应的管理及学术机构；承担相应的人才培养、科学研究、社会服务等任务。

第四十条 学校按照学科门类及实际需要划分学部。学部一般由学科性质相近的教学科研机构组成。

第四十一条 学部设置学部长。学部长由校长任免，根据校长授权开展工作。

第四十二条 学部设置学术委员会、学位评定分委员会。

学部学术委员会和学位评定分委员会依照有关章程和规定开展工作。

第四章 教职员工

第四十三条 学校教职员工由教师、专业技术人员、管理人员和工勤人员等组成。

第四十四条 学校对教职员工实行下列任职制度：

（一）教师实行资格认证和职务聘任制度；

（二）专业技术人员实行专业技术职务聘任制度；

（三）管理人员实行聘任制度；

（四）工勤人员实行劳动合同制度。

第四十五条 学校制定人事管理制度，对教职员工定期进行考核，考核结果作为对各类人员聘任、晋升和奖惩的依据。

第四十六条 学校教职员工除享有宪法、法律、法规及规章规定的权利外，还享有下列权利：

（一）按工作职责和贡献使用学校的公共资源；

（二）公平获得自身发展所需的相应工作机会和条件；

（三）在品德、能力和业绩等方面获得公正评价；

（四）公平获得各级各类奖励及各种荣誉称号；

（五）知悉学校改革、建设和发展及关涉切身利益的重大事项；

（六）参与民主管理，对学校工作提出意见和建议；

（七）就职务、福利待遇、评优评奖、纪律处分等事项表达异议和提出申诉；

（八）学校规则或者聘约规定的其他权利。

第四十七条　学校教职员工除履行宪法、法律、法规及规章规定的义务外，还应履行下列义务：

（一）珍惜和维护学校名誉，维护学校利益；

（二）勤奋工作，尽职尽责；

（三）尊重和爱护学生；

（四）遵守学校规章制度；

（五）学校规则或者聘约规定的其他义务。

第四十八条　学校教师应为人师表，教书育人，努力创造科学新知，传播先进思想，培育精英人才。

学校尊重和爱护人才，维护学术民主与学术自由，为教师开展教学和科学研究活动、自主进行学术创新、攀登科学高峰提供必要的条件和保障。

学校规范教师的学术行为，引领教师树立良好的学术道德风尚。

第四十九条　学校依法建立权利保护机制，维护教职员工合法权益。

第五章　学生及校友

第五十条　学生是指被学校依法录取、取得入学资格，具有学校学籍的受教育者。

第五十一条　学生除享有宪法、法律、法规及规章规定的权利外，还享有下列权利：

（一）公平接受学校教育，平等利用学校公共教育资源，获得增强实践与创新能力的基本条件保障；

（二）按规定条件和程序重新选择专业，跨学科、学院选修课程；

（三）公平获得在国内外深造学习和参加学术文化交流活动的机会；

（四）为发展个性获得全面的素质教育；

（五）依照法律和学校规定组织和参加学生社团；

（六）公平获得各级各类荣誉称号和奖励；

（七）知悉涉及个人切身利益的事项，对教学活动及管理、校园文化、后勤服务、校园安全等工作提出意见和建议；

（八）对纪律处分和涉及自身利益的相关决定表达异议和提出申诉；

（九）学校规定的其他权利。

第五十二条 学生除履行宪法、法律、法规及规章规定的义务外，还应履行下列义务：

（一）珍惜和维护学校名誉，维护学校利益；

（二）遵守学校学籍管理规定和学生行为规范；

（三）遵守学校考试制度和获得学历学位的相应规定；

（四）按规定交纳学费及有关费用；

（五）爱护并合理使用教育设备和生活设施；

（六）学校规定的其他义务。

第五十三条 学校引导学生养成珍爱生命、尊重人权、尊敬师长、诚实守信、爱护自然、热心公益的良好品性。

第五十四条 学校建立学生权利保护机制，维护学生合法权益。

第五十五条 学校关怀在学习生活中遇到特殊困难的学生，为其健康成长提供必要的帮助。

第五十六条 学校对取得突出成绩和为学校争得荣誉的学生集体或个人进行表彰奖励；对违纪学生给予相应的纪律处分。

第五十七条 学校为修完教育教学计划规定内容，达到毕业要求的学生颁发毕业证书；对符合学位授予条件的，授予其学位。

第五十八条 学校以多种方式联系和服务校友，凝聚校友力量；为校友的继续教育提供便利和条件。

学校创造条件，鼓励校友参与学校建设与发展。

第六章 经费 资产 后勤

第五十九条 学校的经费来源主要包括财政拨款、事业收入和其他收入。

学校积极拓展办学经费来源渠道，筹措事业发展资金；鼓励和支持校内各单位面向社会筹措教学、科研经费及各类奖助基金。

学校充分发挥教育基金会在吸引社会捐赠、募集资金等方面的积极作用，增加办学资源。

第六十条　学校坚持勤俭办学，提高资金使用效益，建设节约型校园。

第六十一条　学校实行统一领导、集中核算、分级管理的财务管理制度，建立健全经济责任制度和审计监察制度，完善监督机制，保证资金运行安全。

第六十二条　学校对拥有的资产享有法人财产权，依法进行自主管理和使用。

第六十三条　学校保护并合理利用校名、校誉和校有知识产权。

第六十四条　学校建立健全资产管理制度，合理配置资源，提高资源使用效率。

第六十五条　学校不断完善后勤管理和服务体系，为学生和教职员工的学习、工作和生活提供保障。

第七章　校徽　校旗　校歌　校庆日　纪念日

第六十六条　学校校徽包括徽志和徽章。

学校徽志是双圆套圆形徽标，中间是由“吉林大学”英文缩写组成的天鹅飞翔图案，上方有“1946”字样，代表学校建校时间；外环上方是“中国·吉林大学”的英文大写，下方是郭沫若题写的校名。

学校徽章为教职员工和学生佩戴的题有校名的长方形证章。

第六十七条　学校校旗为天蓝色长方形旗帜，中央印有郭沫若题写的校名，左上角配以学校徽志。

第六十八条　学校校歌是《吉林大学校歌》，公木作词，王世光作曲。

第六十九条　学校确定每年的9月16日为校庆日，合校前各校的建校日为学校纪念日。

第八章　附则

第七十条　本章程经校务委员会和学校教职工代表大会审议，由中国共产党吉林大学代表大会讨论通过，报教育部备案。

本章程由中国共产党吉林大学代表大会修改。代表大会闭会期间，中国共产党吉林大学委员会可对本章程进行部分补充和修改。

附录4　兰州大学章程（草案）①

（2007年10月24日讨论修改）

第一章　总则

第一条　为规范办学行为，按照章程自主管理，建立现代大学制度，根据《中华人民共和国教育法》、《中华人民共和国高等教育法》、《中华人民共和国教师法》等有关法律、法规和行政规章，结合本校实际情况，制定本章程。

第二条　学校由国家设立，直属教育部，是教育部与甘肃省政府重点共建的全国重点综合性大学，是国家"211工程""985工程"重点建设的大学。

第三条　学校注册地址为甘肃省兰州市天水南路222号，中文全称为"兰州大学"，简称为"兰大"；英文全称为"Lanzhou University"，英文缩写为"LZU"；网址为"www. lzu. edu. cn"。

第四条　学校为非营利性事业组织，具有独立法人资格，依法享有民事权利，独立承担法律责任。校长为法定代表人。

第五条　学校坚持社会主义办学方向，全面贯彻国家教育方针，培养具有创新精神和实践能力的高素质人才，发展科学技术文化，促进经济建设、科技进步和社会发展。

学校以传承文明、探求真理、振兴中华、造福人类为己任，致力于国际知名的高水平研究型大学建设，将学校建成国家高质量人才培养、高水

① 《兰州大学章程》，http：//dpo. gzu. edu. cn/s/42/t/427/6e/6c/info28268. htm。

平科学研究和成果转化、高层次决策咨询的重要基地，成为国家和区域创新体系的重要组成部分和基本力量。

第六条　学校以本科生教育为基础，以研究生教育为重点，按需求发展继续教育，并根据社会需要和办学条件，适时调整办学格局和办学规模。

第七条　学校为综合性大学，学科涵盖哲学、经济学、法学、教育学、文学、历史学、理学、工学、农学、医学、管理学十一个门类。学校统筹规划学科布局，促进各学科协调发展。学校围绕国家、地方目标和社会需求进行重点建设和结构调整。

第八条　学校实施普通高等教育，适当开展继续教育。

学校主要教育形式为全日制学历教育。学历教育以本科生和研究生教育为主。

学校依法确定和调整学历教育修业年限，实行学分制和弹性学制。

学校依法颁发学业证书，依法授予学士、硕士及博士学位。

第九条　学校向对社会做出卓越贡献的杰出人士授予名誉学位或其他荣誉称号。

第十条　学校实行全方位开放式办学，成为国际教育、文化、科技交流的桥梁，具有国际化视野高水平创新人才培养的基地。

第二章　学校管理体制

第十一条　学校实行中国共产党兰州大学委员会领导下的校长负责制。

第十二条　学校根据需要设置职能部门、办事机构和直属单位，决定其职能或职权职责。

第十三条　中国共产党兰州大学委员会是学校的领导核心，行使对学校工作的统一领导权，主要职权和职责是：

（一）学习、宣传和执行党的路线、方针、政策，坚持社会主义办学方向，依靠全校师生员工推进学校的改革和发展，培养有理想、有道德、有文化、有纪律的社会主义事业的建设者和接班人。

（二）按照从严治党的方针，加强学校党组织的思想、组织、作风建设，发挥中层党组织的政治核心作用、党支部的战斗堡垒作用和党员的先锋模范作用。

（三）讨论决定学校改革和发展以及教学、科研、行政管理等工作中的重大问题。

（四）领导学校的思想政治工作和德育工作。

（五）按照干部管理权限负责干部的选拔、教育、培养、考核和监督。

（六）领导学校的工会、共青团、学生会、研究生会等群众组织和教职工代表大会。

（七）做好统一战线工作。对学校内民主党派的基层组织实行政治领导，支持他们按照各自的章程开展活动。

（八）其他需要党委会和党委常委会决定的重大事项。中国共产党兰州大学委员会全体会议闭会期间，由它的常务委员会行使其职权，履行其职责。

第十四条 中国共产党兰州大学纪律检查委员会是学校的党内监督机构，在学校党委和上级纪委的领导下，围绕学校中心工作，检查党的路线、方针、政策、决议及学校重大决策的执行情况，保障和促进学校各项事业健康发展。

监察处是学校的行政监督机构，受理信访和举报，调查、处理违规、违纪行为，加强监察工作的队伍和制度建设。

监察处与中国共产党兰州大学纪律检查委员会合署办公。

第十五条 校长是学校行政主要负责人，落实党委会决定的相关事项，全面负责学校的教学、科学研究和其他行政管理工作。校长主持校长办公会议，讨论决定重大行政事项。副校长和校部职能部门协助校长对学校各项行政工作进行管理。

校长行使下列职权：

（一）拟订发展规划，制定具体规章制度和年度工作计划并组织实施。

（二）组织开展教学活动、思想品德教育、科学研究、学科建设、师资队伍建设和国际合作与交流。

（三）拟订校内组织机构的设置方案，推荐副校长人选，按干部任免权限任免校内组织机构的负责人。

（四）聘任与解聘教职员工，对学生实施学籍管理，依照法律和学校规定对教职员工和学生实施奖励或者处分。

（五）拟订和执行年度经费预算方案，保护和管理学校资产，筹措办学经费，维护学校的合法权益。

（六）主持校长办公会议，决策、协调、处理学校行政工作中的重大事项。

（七）法律、法规规定的其他职权和职责。学校实行校务公开。校长向教职工代表大会报告工作。

第十六条 校学术委员会是学校学术事务的决策机构。学术委员会由校内各大学科领域在国内外学术界有较高声望的专家学者组成，依其章程审议学科、专业的设置及教学、科学研究计划方案，评定教学、科学研究成果，受理学术争议，处理其他相关事宜。

第十七条 校学位评定委员会是学校学位事务的决策机构。学位委员会成员根据国务院学位委员会的有关规定聘任。学位委员会依照法律和有关规定独立负责学位的评定、授予；负责研究生指导教师遴选等工作；审议并决策学科设置标准、研究生课程体系和培养方案；处理其他相关事宜。

第十八条 校专业技术职务聘任委员会是学校职务聘任的决策机构。专业技术职务聘任委员会依照法律和有关规定独立负责职务聘任的相关工作。

第十九条 校教职工代表大会是教职员工参与学校民主管理和监督的重要组织形式，依其章程行使权利，维护教职工合法权益。

学校工会是校教职工代表大会的办事机构。

第二十条 学校逐步建立现代大学制度，党政职能机构、直属机构根据学校授权履行管理和服务职责，不断提升管理和服务水平。

职能机构根据需要可向校区派出延伸机构，实行延伸管理与服务。

校长可向校区派出代表，授权其就属地事务进行协调、管理和服务。

第二十一条 学校附属的具有独立法人资格的单位，依照法律和学校规定实行相对独立运营与管理。

第二十二条 学校实行校、院、所三级管理体制。

第二十三条 学院作为人才培养、科学研究、学科建设的具体组织实施单位，在学校授权范围内实行自主管理。

党政联席会议对学院的重大事项进行决策，参加人员为学院院长、党委（总支）书记、副院长、副书记。

学院党委的职责为：

（一）保证监督党和国家的方针、政策及学校各项决定在本单位的贯彻执行。

（二）参与讨论和决定本单位教学、科研、行政管理工作中的重要事项。支持本单位行政负责人在其职责范围内独立负责地开展工作。

（三）加强党组织的思想、组织、作风建设，具体指导党支部的工作。

（四）领导本单位的思想政治工作。

（五）做好本单位干部的教育和管理工作。

（六）领导本单位工会、共青团、学生会、研究生会等群众组织。

学院实行院长负责制。院长是学院行政主要负责人，对学院的行政事务行使管理权。

院长定期向本学院全体教职员工或教职工代表大会报告工作。

学院可根据需要设立教授会。教授会作为教授治学和民主管理的重要组织形式，依学院制定的教授会章程开展工作。

第二十四条 研究所是学校组织实施教学、科研活动和社会服务的基本单位，学校保证其规定范围内的学术自主权。

第三章 教职员工

第二十五条 学校教职员工由教师、专业技术人员、管理人员和工勤人员等组成。

第二十六条 学校对教职员工实行下列任职制度：

（一）教师实行资格认证和职务聘任制度；

（二）专业技术人员实行专业技术职务聘任制度；

（三）管理人员实行职员制度；

（四）工勤人员实行劳动合同制度。

第二十七条 学校实行聘用合同制度，教职员工依法享有宪法、法律、法规、规章规定的权利及合同范围内的权益。被聘用的教职员工在聘期内，除履行宪法、法律、法规、规章及合同规定的义务外，有义务珍惜和维护学校名誉，维护学校利益，接受学校工作安排，尊重和爱护学生，并遵守学校各项规章制度。

第二十八条　学校建立健全各类进修、培训制度，为教职员工提供事业发展的平台。

第二十九条　学校对教职员工定期进行考核，考核结果作为对各类人员聘任、晋升和奖惩的依据。

第三十条　学校对在教学改革、人才培养、科学研究、社会服务、学校建设等方面成绩优异的教职员工，予以表彰奖励。对于违反学校规章条例、聘用合同的教职员工，给予相应处分。

第三十一条　学校设立人事争议仲裁委员会，依法保障教职员工的合法权益。

第四章　学生及校友

第三十二条　学生是指被学校依法录取、取得入学资格，具有学校学籍的受教育者。

第三十三条　学生除享有宪法、法律、法规及规章规定的权利外，还享有下列权利：

（一）公平接受学校教育，平等利用学校公共教育资源，获得增强实践与创新能力的基本条件保障；

（二）按规定条件和程序重新选择专业，跨学科、学院选修课程；

（三）公平获得在国内外深造学习和参加学术文化交流活动的机会；

（四）为发展个性获得全面的素质教育；

（五）依照法律和学校规定组织和参加学生社团；

（六）公平获得各级各类荣誉称号和奖励；

（七）知悉涉及个人切身利益的事项，对教学活动及管理、校园文化、后勤服务、校园安全等工作提出意见和建议；

（八）对纪律处分和涉及自身利益的相关决定表达异议和提出申诉；

（九）学校规定的其他权利。

第三十四条　学生除履行宪法、法律、法规及规章规定的义务外，还应履行下列义务：

（一）珍惜和维护学校名誉，维护学校利益；

（二）自觉遵守学校各类规章制度；

（三）按规定交纳学费及有关费用；

（四）爱护并合理使用教育设备和生活设施；

（五）努力学习文化知识，提升个人修养；

（六）学校规定的其他义务。

第三十五条 具有本校学籍的学生，在规定的学习年限内，修满规定学分，达到毕业要求，准予毕业，学校颁发毕业证书。达到有关规定条件者，授予相应的学位。

除有特别情形外，学校实行学分制。学生可提前或延期毕业。

第三十六条 学校为学生提供心理健康教育、咨询、心理测试、危机干预、就业指导等服务，设立奖、助学金、助学贷款、勤工助学、困难补助等形式的资助项目，采取多种措施保证学生健康成长。

第三十七条 学校鼓励和支持学生利用业余时间参加社会服务和勤工助学活动，并对其进行引导和管理。学校依法保护学生以诚实劳动和服务获得的合法收入。

第三十八条 学校对取得突出成绩和为学校争得荣誉的学生集体或个人进行表彰奖励；对违纪学生给予相应的纪律处分。

第三十九条 学校在学生中成立共青团和学生会组织，支持其按照各自的章程活动。

第四十条 学生可以在校内组织学生团体，学生社团经学校或经学校授权的组织批准成立，在法律、法规许可范围内开展活动。

第四十一条 学校建立学生权利保护机制，依法维护学生合法权益。

第四十二条 学校设立校友会，以多种方式联系和服务校友，积极创造条件，鼓励校友参与学校建设与发展。

第五章 资产与财务管理

第四十三条 学校以接受政府财政拨款为主，多渠道筹措经费，合法获取办学经费。

学校设立董事会和教育基金会，接受社会各界捐赠，鼓励社会团体、企事业单位和个人捐资办学。

校董事会负责学科发展、外部关系和多渠道筹措资金方面的咨询。董事会由著名校友、社会知名人士、著名校外专家组成。

第四十四条　学校资产指学校占有或使用的能以货币计量的经济资源，包括各种财产、债权和其他权利。具体包括固定资产（房产和建筑物、专用设备、一般设备、文物和陈列品、图书、其他固定资产）、流动资产（含现金、各种存款、应收及暂付款、借出款、存货等）、无形资产（含校名、专利权、商标权、著作权、土地使用权、非专利技术、商誉以及其他财产权利）和对外投资（指学校用货币、实物、无形资产向校办产业和其他单位的投资）等。

学校资产受法律保护。

第四十五条　学校实行“统一领导、分级管理”的财务管理体制，建立健全经济责任制度和审计监察制度，完善监督机制，保证资金运行安全。

第四十六条　学校建立健全资产管理制度，合理配置资源，提高资源使用效率。

第六章　学校的权利与义务

第四十七条　学校享有下列权利：

（一）依法自主管理和使用学校资产；

（二）按照章程管理学校，组织和实施教育教学活动；

（三）依法行使办学自主权；

（四）拟订学校内部机构设置方案，任免内部组织机构的负责人，聘任和解聘教师及内部其他工作人员，实施奖惩；

（五）对学生进行学籍管理，实施奖惩，对受教育者颁发相应的学业证书；

（六）依法保护教职工和学生的合法权益不受侵犯，拒绝任何组织和个人对教育教学活动的非法干涉；

（七）法律、法规规定的其他权利。

第四十八条　学校应履行下列义务：

（一）保护学校的资产不被侵占、破坏和流失；

（二）保证学校教育教学质量位于全国高校前列；

（三）确保学校办学水平、办学效益不断提高；

（四）确保学校章程及发展规划中目标的实现；

（五）为国家和地方经济建设和社会进步提供智力支持，为文明传承做出贡献。

第七章　校训　校徽　校旗　校歌　校庆日

第四十九条　学校校训为“自强不息，独树一帜”，学风口号为“勤奋、求实、进取”。

第五十条　学校校徽包括徽志和徽章。

学校徽志是双圆套圆形徽标，中间是校本部图书馆正面视图，下方有“1909”字样，代表学校建校时间；外环上方是中文毛体“兰州大学”字样，下方是英文“兰州大学”字样。

学校徽章为教职员工和学生佩戴的题有校名的长方形证章。

第五十一条　学校校旗为蓝色（色号 0089d2）长方形旗帜（长与高之比为 3∶2，旗面尺寸分 6 种，分别为 288 厘米 ×192 厘米、240 厘米 ×160 厘米、192 厘米 ×128 厘米、144 厘米 ×96 厘米、96 厘米 ×64 厘米、66 厘米 ×44 厘米），中央印有纯白色毛体校名，左上角配以纯白色学校徽志。

第五十二条　学校校歌是《兰州大学校歌》。

第五十三条　学校确定每年的 9 月 17 日为校庆日。

第八章　附则

教职工代表大会闭会期间，可授权学校党委常委会进行部分补充和修改，但补充和修改的内容不得与章程的原则相抵触。

第五十四条　本章程的制定和修改需经学校党委常委会审定，学校教职工代表大会审议通过，报教育部核准，并报甘肃省政府备案。

第五十五条　本章程是学校运行的基本规范，校内其他规章应依据本章程制定、修改。

第五十六条　本章程自发布之日起施行。

附录 5　中国政法大学章程[①]

第一章　总则

第一条　为了明确学校的法律地位，使学校活动有章可循，实现学校自主管理的科学化、民主化、法制化，根据《中华人民共和国教育法》、《中华人民共和国高等教育法》等法律，制定本章程。

第二条　学校名称为中国政法大学，简称“法大”；英文名称为“China University of Political Science and Law”，简称“CUPL”。

第三条　学校校址设在北京市，分为昌平区府学路校区，简称昌平校区（地址：北京市昌平区府学路 27 号）；海淀区西土城路校区，简称学院路校区（地址：北京市海淀区西土城路 25 号）。

第四条　学校由国家设立，直属中华人民共和国教育部，具有法人资格。

第五条　学校秉承推动国家政治进步、法制昌明、社会繁荣的办学传统，弘扬经国纬政、法泽天下的法大精神，尊重学术自由，鼓励学术创新，致力于人才培养、科学研究和社会服务。

第六条　学校校训是“厚德、明法、格物、致公”。

第七条　学校以中国特色社会主义理论为指导，遵循国家教育方针，尊重高等教育规律，弘扬传统，与时俱进，科学发展。学校的办学目标是开放式、国际化、多科性、创新型的世界知名法科强校。

---

① 《中国政法大学章程》，http：//www. cupl. edu. cn/html/xwgk/col1826/2012 - 12/14/20121214160209235887619_ 1. html。

第八条 学校坚持学术立校、人才强校、特色兴校、依法治校。

第九条 学校的基本教育形式是全日制本科教育和研究生教育。其他教育形式为继续教育。

学校根据国家和学校发展需要可为少数民族地区学生或国外留学生实行大学前教育。

第十条 学校设置法学、政治学、社会学、管理学、经济学、哲学、文学、史学、理学等学科。学校根据发展需要调整和设置学科、专业。

第二章 中心工作

第十一条 学校以人才培养和知识创新为根本任务。学校的中心工作是教学、科研、社会服务和国际交流。学校的其他工作服务和服从于中心工作。

第十二条 教学是学校中心工作之首。学校根据人才培养目标和要求，分级组织实施教学活动，建立健全统一的教育质量监控体系，保证教育质量不断提高。

第十三条 学校根据建设高水平研究型大学的要求，组织和鼓励师生开展学术研究，建立科学的评价体系，不断提高科研水平和创新能力。

第十四条 学校通过多种方式积极为国家和地方经济建设、政治建设、文化建设、社会建设提供人才和智力服务。

第十五条 学校实施国际化发展战略，促进国际交流与合作。国际交流与合作坚持以院所为依托，以项目为纽带，以提高学术竞争力为目标。

第三章 组织机构

第一节 学校组织机构

第十六条 学校由党政职能机构、教学科研机构及其他机构组成。成员包括教师、其他专业技术人员、学生、管理人员和工勤人员。

第十七条 中国共产党中国政法大学委员会是学校领导核心，行使对学校工作的统一领导权。学校实行党委领导下的校长负责制。

学校实行党委领导、校长负责、民主管理、依法办学的管理模式。

第十八条　中国共产党中国政法大学委员会按照《中国共产党章程》开展活动，依法领导学校工作，支持校长独立负责行使职权，保障学校各项工作的顺利进行。

中国共产党中国政法大学委员会的领导职权与职责主要是：

（一）执行中国共产党的路线、方针、政策，坚持社会主义办学方向，领导学校的思想政治工作和德育工作；

（二）领导制定学校的发展战略，讨论决定学校的改革、发展和基本管理制度等重大事项；

（三）讨论决定学校重要组织机构的设置；

（四）按照干部管理权限，负责学校中层干部的选拔、任免、管理、培训、考核；

（五）领导学校各级党组织的理论、思想、作风和组织建设；

（六）领导学校的教职工代表大会以及其他群众组织；

（七）对校内民主党派的基层组织实行政治领导，充分发挥各类组织的作用；

（八）保证以培养人才为中心的各项任务的完成。

中国共产党中国政法大学委员会全体会议闭会期间，由它的常务委员会行使其职权，履行其职责。党委实行集体领导，民主决策，学校重大问题由党委会议讨论决定。

第十九条　中国共产党中国政法大学纪律检查委员会是学校的党内监督机构，在学校党委和上级纪委的领导下，检查党的路线、方针、政策、决议及学校重大决策的执行情况，负责组织协调学校的反腐倡廉建设工作，保障和促进学校各项事业健康发展。

第二十条　学校设校长一人，校长是学校的法定代表人。

学校设副校长和校长助理若干人，协助校长行使职权。

校长在党委的领导下负责学校行政事务，行使下列职权和职责：

（一）拟订发展规划和年度工作计划，报党委全委会或常委会审议通过后组织实施；

（二）组织制定学校规章制度，并组织实施；

（三）组织教学活动、科学研究、社会服务、国际交流活动和思想品德教育；

（四）提议学校重要组织机构的设置，决定学校其他组织机构的设置；

（五）推荐副校长人选；

（六）聘任与解聘教职员工，依照法律、法规、规章和学校规定对教职员工实施奖励或者处分；

（七）组织制订招生方案；

（八）对学生进行学籍管理，依照法律、法规、规章和学校规定对学生实施奖励或者处分；

（九）拟订年度经费预算方案，报党委全委会或常委会审议通过后执行；

（十）保护和管理学校资产，维护学校的合法权益；

（十一）对外代表学校；

（十二）遇有紧急情况，采取包括禁止他人进入学校内部、暂停教学和学校其他活动等紧急措施；

（十三）法律、法规规定的其他职责。

校长办公会是校长行使职权的基本形式。校长主持校长办公会，讨论处理学校管理中的主要事项。

第二十一条 学校设立校务委员会。

校务委员会是学校咨询机构，对学校事业发展规划、重大改革措施、学科建设、师资队伍建设、校园建设等重大事项，提出意见和建议。校务委员会主席由校党委书记担任。

第二十二条 学校设立学术委员会。

校学术委员会依其章程负责审议学科、专业的设置，评定教学、科研成果，审议教师职务资格，评议学术事项，受理学术争议以及其他学术事宜。

第二十三条 学校设立学位评定委员会。

校学位评定委员会依据法律及有关规定负责学位的评定、授予，负责学科建设规划、研究生指导教师遴选等工作。

第二十四条 学校根据需要设置教学指导、招生、学生工作、国际交流等专门委员会，各委员会依据学校授权或各自章程履行职责。

第二十五条 教职工代表大会是全体教职员工在党委领导下行使民主权利，参与学校民主管理和监督的重要形式。学校尊重和支持教职工代表大会参与学校民主管理和监督，落实教职工代表大会有关决议和提案。

学校建立二级教代会和职代会。

教职工代表大会行使下列职权：

（一）修改学校章程；

（二）听取讨论校长工作报告，对学校的办学指导思想、发展规划、重大改革方案、财务工作报告及其他有关学校发展的重大问题提出意见和建议；

（三）讨论通过学校提出的校内教职员工聘任、奖惩、分配改革的原则、办法及其他与教职员工权益有关的重要规章制度；

（四）审议决定学校提出的有关教职员工生活福利的事项；

（五）根据主管机关的部署，参与民主评议领导干部，参与民主推荐学校行政领导人选。

第二十六条 校工会是学校党委和上级工会组织领导下的教职工自愿参加的群众组织，按照《中华人民共和国工会法》和《中国工会章程》开展工作，履行工会职责。学校建立校院两级工会组织。

第二十七条 学校共青团在校党委和上级团委的领导下，按照《中国共产主义青年团章程》开展活动，发挥思想政治教育、校园文化建设、维护学生合法权益、提高学生素质等方面的组织、引导等作用。

第二十八条 校内各民主党派组织及社会团体按照各自章程开展活动。

各民主党派成员和无党派人士及社会团体成员参与学校民主管理、民主监督。在本职岗位上为学校改革发展建设事业发挥作用。

第二十九条 学校根据精简、统一和效能的原则，设置党政职能机构、保障服务机构和其他机构，各机构根据学校规定履行管理、保障和服务等职责。

学校图书馆、档案馆、网络中心、出版社等机构，为教职员工和学生提供服务，保障中心工作和其他各项工作。

第三十条 学校设立的具有独立法人资格的组织，依照法律和学校规定进行运营和管理。

第三十一条 学校可以与公民、法人和其他组织联合设置教育科研机构，开展合作办学、合作研究与社会服务等活动。

第二节 教学科研机构

第三十二条 学校实行校院二级管理体制。

学院是人才培养、科学研究、学科建设、社会服务和国际交流的组织实施单位，在学校授权范围内实行自主管理。

学校设立学院（部），研究院，所（中心），重点实验室。

学院（部），研究院，所（中心），重点实验室的设立，变更或者撤销由校长提议，报党委全委会或常委会审议决定。

第三十三条 学院（部）根据学校的规划、规定或者授权，履行以下职责：

（一）发展学科和建设师资队伍；

（二）负责设置本院（部）机构；

（三）制订设置于本院（部）的专业教学计划并组织实施；

（四）组织开展科学研究和学术活动；

（五）负责院（部）聘岗位的人员聘用和管理；

（六）负责学生的教育与管理；

（七）负责院（部）内资产和财务管理；

（八）负责院（部）社会服务活动；

（九）在学校统一领导下开展国际交流与合作；

（十）行使学校赋予的其他职权。

第三十四条 学院（部）党组织发挥政治保证作用，负责学院（部）教职工及学生的思想政治和党建工作，保证党和国家的方针、路线、政策和学校的规章制度在本单位的执行，参与讨论决定本单位教学科研行政管理工作中的重要事项，支持院长（主任）行使职权并对学院（部）工作履行监督职能，对本单位改革发展、稳定负有重要责任。

第三十五条 学院（部）设院长（主任）一人，院长（主任）是学院（部）的行政负责人。

学院（部）设副院长（副主任）若干人，协助院长（主任）履行职责。

院长（主任）全面负责本学院（部）的教学、科学研究、学科建设、对外交流和其他行政管理工作。

第三十六条 学院（部）设立院（部）务会。院（部）务会是学院

（部）行政事务的决策机构。

院（部）务会由院长（主任）、分党委书记、副书记、副院长（副主任）、院（部）教代会主席和教授代表等组成，教师代表、其他工作人员代表和学生代表可以列席会议。

院（部）务会由院长（主任）或者院长（主任）指定人员主持。

第三十七条　学院设立教授委员会。

学院教授委员会是教授参与学院民主管理的重要组织形式。学院教授委员会原则上由教授组成，根据学校授权和学院教授委员会章程行使专业设置、学科建设、教师聘任、学术评议、学位评定、教学指导等事项的审议、评定职能。

第三十八条　研究院、所（中心）、重点实验室等科研机构，根据学校规定设立管理和学术机构，承担相应的科学研究、人才培养、社会服务和国际交流等任务。

科研机构参照本章程第三十条至第三十四条之规定开展活动。

第四章　教职员工

第三十九条　教师是学校办学的主体。教师由具有优良师德，具备较好知识结构，善于教书育人和能够进行学术创新的获得教师资格的人担任。

其他专业技术人员、管理人员和工勤人员应当具备良好职业道德并具有专业知识和专业技能。

第四十条　学校对教职员工实行下列任用制度：

（一）教师的资格认证和职务聘任制度；

（二）其他专业技术人员的专业技术职务聘任制度；

（三）管理人员的聘任制度；

（四）工勤人员的聘任及劳动合同制度。

第四十一条　学校实行人事聘任制、目标责任制、岗位责任制、检查评估制、民主监督制和问责制。学校对教职员工定期进行考核，考核结果作为对各类人员任用、晋升和奖惩的依据。

第四十二条　学校教职员工享有下列权利：

（一）公平使用学校的公共资源、享受福利待遇。

（二）公平获得自身发展所需的相应工作机会和条件；

（三）在品德、能力和业绩等方面获得公正评价；

（四）公平获得各种奖励和荣誉称号；

（五）知悉学校改革、建设和发展及关涉切身利益的重大事项；

（六）参与民主管理，对学校工作提出意见和建议；

（七）就职务、福利待遇、评优评奖、纪律处分等事项表达异议和提出申诉；

（八）聘约规定的权利；

（九）宪法、法律、法规、规章及学校规定的其他权利。

第四十三条 学校教职员工应履行下列义务：

（一）恪尽职守，勤勉工作；

（二）尊重和爱护学生；

（三）珍惜和维护学校声誉，维护学校利益；

（四）遵守学校规章制度；

（五）聘约规定的义务；

（六）宪法、法律、法规、规章及学校规定的其他义务。

第四十四条 学校对履行义务中业绩突出的教职员工给予奖励。

学校对不履行义务的教职员工，依照法律、法规、规章和学校有关规定给予停发职务津贴、警告、记过、记大过、解聘、除名等处分。停发职务津贴处理可以单独作出，也可以与警告、记过、记大过合并作出。

教职员工受记过、记大过处分，在受处分期间有悔改表现，处分期满后解除处分并以书面形式通知本人。

第四十五条 学校逐步提高与学校发展水平相适应的教职员工福利待遇，建立教职员工权利保护机制，维护教职员工合法权益。

教职员工通过教代会、工会、教授会等形式依法参与学校管理，维护自身权益。

第四十六条 学校尊重和保护学术自由，为教师开展教学和科学研究活动、自主进行学术创新提供必要的条件和保障。

学校规范教师的学术行为，引领教师树立良好的学术道德。

教师应为人师表，教书育人，遵守学术规范和学术道德，努力创造科学新知，传播先进思想和先进文化。

学校以教师为本，尊重教师的创造性活动。

第五章 学生

第四十七条 学生是指被学校依法录取、取得入学资格，具有学校学籍的受教育者。学生是学校办学的受益权人。

第四十八条 学生享有下列权利：

（一）公平接受学校教育，利用学校公共教育资源；

（二）按规定条件和程序选择专业，跨学科、学院选修课程；

（三）公平获得在国内外深造学习和参加学术文化交流活动的机会；

（四）取得满足学历及学位条件后的学历证书及学位证书；

（五）依照法律和学校规定组织和参加学生自治组织和学生社团；

（六）根据规定申请国家和学校的资助；

（七）公平获得各种奖励和荣誉称号；

（八）知悉学校改革、建设和发展及关涉切身利益的重大事项；

（九）参与民主管理，对学校工作提出意见和建议；

（十）对纪律处分和涉及自身利益的相关决定表达异议和提出申诉；

（十一）宪法、法律、法规、规章及学校规定的其他权利。

第四十九条 学生应履行下列义务：

（一）努力学习，完成学业，修德践行，完善人格；

（二）遵守学生行为规范，尊敬师长，养成良好的思想品德和行为习惯；

（三）珍惜和维护学校声誉，维护学校利益；

（四）遵守学校规章制度和学生行为规范；

（五）按规定缴纳各种费用，履行获得资助所承诺的相关义务；

（六）爱护并合理使用教育设备和生活设施；

（七）宪法、法律、法规、规章及学校规定的其他义务。

第五十条 学校对在德、智、体、美等方面全面发展或者在思想品德、学业成绩、科技创造、锻炼身体及社会服务等方面表现突出的学生，给予表彰和奖励。

对有违法、违规、违纪行为的学生，学校应当给予批评教育或者纪律处分。纪律处分的种类分为：警告；严重警告；记过；留校察看；开除学籍。学校给予学生的纪律处分，应当与学生违法、违规、违纪行为的性质和过错的严重程度相适应。

学生受警告、严重警告、记过的处分，在受处分期间有悔改表现，并且没有再发生违纪行为的，处分期满后，由处分决定机关解除处分并以书面形式通知本人。

学校对违反学籍管理的学生依法给予取消入学资格、退学、肄业等处理。

对不具备学位条件及受留校察看以上处分的学生依法不授予学位。

第五十一条 学校支持由学生代表大会选举产生的学生自治组织（学生委员会和学生会）按照其章程开展活动。

学生可以根据有关规定组织学生社团，依照法律和学校规定开展活动。

第五十二条 学校建立学生权利保护机制，维护学生合法权益。

学校通过听证会、座谈会和新闻发布会等制度，鼓励和支持学生参加学校的民主管理，对学校的工作提出意见或建议。

学校支持定期召开学生代表大会，听取学生代表意见和建议；在学代会闭会期间，学校支持学代会常设机构学生委员会和执行机构学生会依法参与学校管理，维护自身权益。

第六章 校友和校友会

第五十三条 校友是指在中国政法大学学习三个月以上，毕业、结业、肄业的同学；在中国政法大学工作过的教职员工；中国政法大学名誉教授、名誉博士、客座教授、兼职教授；经校友理事会批准，获得中国政法大学校友会会员资格的机构、团体和个人。

学校视校友为学校的使者，是学校声誉的代表，是学校的宝贵财富。校友应当珍惜学校的声誉。

对学校建设做出贡献的校友，学校授予荣誉称号并设志纪念。鼓励校友参与学校的建设与发展。

第五十四条 学校设立“中国政法大学校友总会”，总会依国家有关规定及章程开展活动。学校鼓励和支持校友成立具有届别、行业、地域特点的校友会和校友分会。

学校通过校友会及其他多种形式联系和服务校友。

第七章　资产、经费和后勤

第五十五条　本章程所称学校的资产是指流动资产、对外投资、固定资产、知识产权等无形资产以及依法认定为学校所有的其他权益。

学校对拥有的资产享有法人财产权，依法自主管理和使用。

第五十六条　学校建立健全资产管理制度，实行分级、分类归口管理。合理配置资源，提高资源使用效率，确保资产的保值增值。

学校加强对校名等校有无形资产的保护和合理利用。

第五十七条　学校经费来源主要包括财政拨款、学校事业收入和其他收入。

学校积极拓展资金来源渠道，吸引社会资金，不断提高办学实力。

学校对资金贡献者和引资有功人员进行各种形式的奖励。

第五十八条　学校实行校院两级管理的预算体制，建立健全内部财务监督制度，完善经济责任制度和审计监察制度，确保资金安全运行。

第五十九条　学校实行统一领导，分级管理的财务管理体制。财务工作实行校长负责制。

第六十条　学校不断完善后勤管理和服务体系，为学生和教职员工的学习、工作和生活提供保障。

第八章　校徽、校旗、校识色、校歌、校庆日

第六十一条　校徽的图形为学校的中英文名称环绕橄榄枝托起的正义剑和天平；中文为邓小平题写。

第六十二条　校旗为紫禁红旗面，旗面正中是白色中英文校名及校徽，中文为邓小平题写体。规格：192mm×128cm。

第六十三条　学校标识色（紫禁红），色值：C：26 M：100 K：28，辅助色为白色和橙色。

第六十四条　校歌（待定）。

第六十五条　校庆日为5月16日。

第九章　附则

第六十六条　本章程经校教职工代表大会审议通过后生效，报教育部备案。

第六十七条　本章程生效之后制定的学校规章制度，不得与本章程相抵触。

本章程生效之前制定的学校规章制度与本章程不一致的，以本章程为准。

第六十八条　本章程需要修改时，由校长向教职工代表大会提出要求并说明需要修改的理由，章程修正案由学校教职工代表大会审议通过后生效，并报教育部备案。

第六十九条　本章程的解释权归校教职工代表大会主席团。

第七十条　本章程自2010年5月1日起施行。

索引词汇

后 记

本书是我博士论文的修改稿。拙作的顺利出版得益于诸多先辈、亲友和同仁朋友的帮助支持。

首先特别感谢我的博士生导师刘献君教授。先生慈爱而又严谨的学者气质和大家风范让我没齿难忘。今生有幸能进入华中科技大学攻读博士学位，完全得益于先生的宽厚和慈爱。跟随先生求学，让我有了与学界泰斗谋面和博闻学海趣事的机会。读书期间，先生不仅以醍醐灌顶之势开悟我的思维，还创造各种途径和机会带我走进实践环节和调研现场，可谓先生培养弟子的风格。这是一种顶“天”立“地”的培养模式。先生期望通过对弟子们全面而系统的培养，能在华科大这个“铁打的兵营”实现“脱胎换骨”的转变。但由于我生性愚钝又不谙世事，未能如先生所愿。虽然如此，三年的规范训练和紧张学习已经让我明白了学问之法，这其实就是最大的收获。

博士学位论文选题并不容易，它不仅需要“板凳甘坐十年冷”的知识积累，更需要敏锐的学术视角和坚实的实践基础。先生高屋建瓴，根据我的思考和课题研究，最终助我敲定本选题。后续的资料收集、框架搭建和成稿定型等都凝结了先生不少的心血和付出。拙作出版之际，先生帮我写序并给予我积极鼓励。可以说，没有先生的鼎力帮助和悉心指导，拙作的呈现是不可能的。

本书研究过程中还得到了华中科技大学杨叔子院士、冯向东教授、张应强教授、沈红教授、赵炬明教授、陈敏教授、许晓东教授、余东升教授、贾永堂教授、陈廷柱教授、别敦荣教授、李太平教授、张晓明教授、周治金教授、柯佑祥教授、周艳教授等，以及《高等教育研究》编辑部曾伟老师、《高等工程教育研究》编辑部姜嘉乐老师、管和纯老师、张俊超副教授、郭卉副教授、李建国副教授、雷洪德副教授、朱新卓副教授、陈金江老师、刘会平老师、夏薇老师、王敏老师等直接或间接的帮助和支持。还要特别感谢中国人民大学的周光礼教授、武汉大学的冯友梅教授、兰州大学的李硕豪教授、西北师范大学的张学强教授和刘旭东教授、曲阜师范大学的康淑敏教授、黄淮学院的张新艳教授，以及华中科技大学的王冰、艾一梅、文锋等老师。他们都在书稿资料收集或写作等方面给予我莫大的关心和帮助。同时也感谢同门学友的互勉共进。本书出版过程中还得到了中国社会科学出版社侯苗苗编辑等各位工作人员的鼎力帮助和支持，侯编辑对书稿从字、词、句以及标点符号的规范运用进行了严密而仔细的修改工作，她为学的严谨、为人的随和友善，让我心生敬佩，没有她的帮助，拙作难以准确顺利，在此特别感谢。

谨以此书献父亲，父亲是我永远的记忆。感谢母亲这些年来为我的付出和对我的理解。小儿怡垚可爱活泼，他总让我拾起儿时的记忆，希望他健康快乐成长，并能实现自己的人生理想。感谢重庆三峡学院科技处谭泽富教授、周淑清副教授等同仁，以及重庆三峡学院文学院各位领导和同仁的鼎力支持。

本书出版得到了“重庆三峡学院学术著作出版基金资助”项目经费的支持，在此特别表示感谢。

拙作的出版得益于以上同仁好友的帮助支持，而该书中的诸多不足和缺憾则因我本人能力有限所致，未能尽善尽美，不足之处还请学界同仁多批评指正。希望本研究的不足能成为该议题进一步研究的广阔空间。

张晓冬　谨识

2016 年春